高山亨太

Takayama Kota

ろう者学と
ソーシャルワーク教育

Deaf Studies and Social Work Education

生活書院

まえがき

　当時，ろうの世界に飛び込んだばかりの高校生だった私に，あるろう者からかけられた次のような言葉が私の研究者人生の原動力である．

　　　「私の社会生活上の困りごとは，地域の中で手話を使って相談できる
　　　専門家もいないし，会社の中でも孤独なので，きっと聞こえる人には理
　　　解してもらえないし，行き場もない．それがろう者を取り巻く社会であ
　　　り，歴史なのだろう．ろう者の当たり前がなかなかわかってもらえない．
　　　でも，月一で会うろう者の飲みなかまがいるだけで幸せです．」

　『ろう文化宣言』が出版され，多くの反響があった 1995 年頃から，私が，孤独感を感じていた高校での青春を聴者のクラスメイトと過ごすよりも，ろう者に憧れを抱き，ろう者の世界に飛び込んで行ったのは自然な流れだった．そんな中で，ろう者としてのアイデンティティが芽生えてきつつあった筆者にとって，ろう者や難聴者が音声言語を中心とする社会の中で排除されているという話は，かなりショックなエピソードだった．地域で暮らす「聴覚障害者」として，私は単に家族や学校の担任に守られていただけで，聴者社会の荒波を知るゆえもなかったのだ．この経験が，ろう者としてのアイデンティティについて考えるきっかけだった．
　そこから，ろう者の問題に関心を持つようになり，なぜ既存の心理・社会福祉サービスやろう教育は，ろう者の生活を豊かにできていないのだろうかと疑問を持つようになった．現実を知りたくて，市役所の福祉課を訪ねてみると，手話で相談もできず，そして，支援が必要な人として一方的な烙印を押されたようななんとも言えない不全感だけが残ったのだ．その後，大学で精神保健の専門家としての訓練を受けたが，それは医学モデルに基づいたカリキュラムであり，私の疑問を晴らしてくれる教育経験では

なかった．しかし，長年，ろう当事者のソーシャルワーカーとして活躍していた故・野澤克哉氏との出会いを通して，ろうあ者相談員の存在を知ったことがきっかけで，世界で唯一，ろう当事者ソーシャルワーカーの養成をしているギャローデット大学の存在についても知ることになった．ギャローデット大学で，ろう者学の講義をいくつか履修したことやろう者や手話が中心のキャンパス生活がきっかけとなり，「ろう者の当たり前」こそが最も重要なのだと着眼点を得て，ろう文化，つまり，ろう者の生活で受け継がれているさまざまな複雑な文脈を解いていった．結果的に，本書にて論じたようにろう者学の知見やろう者の視点を取り入れた「ろう文化ソーシャルワーク」というのが私なりの答えであり，新たなスタートである．もちろん，ろう・難聴者のソーシャルワークや心理支援において，単純な因果関係ですべてが説明できるとは限らないのだが，そのことを承知の上で，これまで，医学モデルによって，ろう者や難聴者を無力化してきたソーシャルワーク実践に対する省察的批判も含め，本著では「聴覚障害ソーシャルワーク」ではなく，あえて「ろう文化ソーシャルワーク」とし，定義を試みた．これは，ろう・難聴者の社会生活に寄与しうる特有なソーシャルワーク実践について言語化するプロセスの中で，それらを表現する適切なネーミングが必要だと感じたからである．

　ともあれ，本書の意図がどこまで達成されているかを判断するのは，読者の方々であるのはもちろん言うまでもないが，ろう・難聴者の社会生活の現実を教えてくれた方々の思いに少しでも応えられたらと願ってやまない．そして，本書を契機に，さらに議論が深まり，ろう者学やろう文化領域のソーシャルワーク実践の充実，発展に向けて，一石を投じることができれば幸いである．

2022 年 4 月

高山亨太

ろう者学とソーシャルワーク教育

目　次

第2章 ろう者を対象にしたソーシャルワーク実践の歴史的変遷

第3章 ろう者学のカリキュラム及び理論動向

第4章　ギャローデット大学における
　　　ソーシャルワーク教育の歴史的動向

第5章　日本におけるろう文化ソーシャルワーク教育 カリキュラム試論

終　章　総合考察と将来展望

序　論
研究の背景と目的

1　研究の背景

　ろう学校でのドキュメンタリー取材を経験したジャーナリストの Andrew Solomon がろうコミュニティにおける自身の立ち位置，そして，聴者であることの意味について，彼自身の経験から次のように述べ，「Deaf loss」という概念を紹介している.

> 「(聞こえる) 私の周りで，ろう者が表情豊かに挨拶を交わし，クオリティの高いダイアローグが繰り広げられているのを見ると，ろう者になることを望む自分の存在に気づく…中略….しかし，私は，本当の意味でのろうコミュニティの構成員は，ろう =deafness としての経験をしていることを理解している.つまり，彼らに可能なことが，私には不可能であることは明らかであり，私は自分の (ろうではないという) 欠損について残念に思うのだ…中略… (ろう者としての生活や視点を医学的にも社会心理的にも経験できない) 私は，『ろうではないという障害 =Deaf loss』を抱えているのだ.[筆者訳，( ) は，筆者による加筆] (Solomon, 2014: ix-xii)」

　多くのろう者や難聴者は，社会的に「聴覚障害」という診断名を受け，音声言語が中心の社会に適応できるように，聴覚口話法や人工内耳などの

序　論　研究の背景と目的　　11

リハビリテーションを通して，聴者に近づくことを余儀無くされる．また，音声言語を聞き取れず，話すことが難しい聴覚障害者としての社会生活上の問題を抱え，必然的にソーシャルワークや社会福祉制度の対象者となる．ろう者は手話やろう文化というストレングスがあっても，社会的に「聴覚障害者」として問題が構築され，「聞こえない＝問題」であるとの言説が型作られていく．これが医学モデルの正体である．上記の Andrew Solomon が述べた Deaf loss という視点は，筆者に本書の構成や視座を検討する際に重要なインスピレーションをもたらしたのである．これは，物事を捉える視点を変えれば，誰もが社会的に規定され，言説や社会権力によって支配され，かつマイノリティや社会的弱者となり得るのである．医学モデルに支配された言説を解体し，新たな意味付けを試みるという作業に貢献し得る手段の一つが，社会構成主義であり，本書での論点展開の視座である．

1-1　ろう者を対象にしたソーシャルワーク実践の多様化

　本書の基礎をなす研究関心は，ろう者を対象にしたソーシャルワーク実践に関わるソーシャルワーカーを養成するにあたって，どのようなソーシャルワーク教育が効果的かつ持続可能性があるのか，さらに文化言語モデルに基づいたソーシャルワーク実践並びに，ろう者の福利の向上に寄与し得るソーシャルワーク教育の発展への提起がどのように可能なのかという点にある．また，ろう当事者ソーシャルワーカーの社会的存在意義や養成の意味について考察することも本書の研究関心の中核でもある．

　ソーシャルワークの対象者の一人として，ろう者もソーシャルワーク実践による最大限の利益を享受する権利がある．国際ソーシャルワーカー連盟（International Federation of Social Workers: IFSW）は，ソーシャルワークについて，以下の通りに定義付けている．

　　「ソーシャルワークは，社会変革と社会開発，社会的結束，及び人々

のエンパワーメントと解放を促進する，実践に基づいた専門職であり学問である．社会正義，人権，集団的責任，及び多様性尊重の諸原理は，ソーシャルワークの中核をなす．ソーシャルワークの理論，社会科学，人文学，及び地域・民族固有の知を基盤として，ソーシャルワークは，生活課題に取り組みウェルビーイングを高めるよう，人々や様々な構造に働きかける．（国際ソーシャルワーカー連盟 2014）〔社会福祉専門職団体協議会・日本社会福祉教育連盟訳〕」

　上記のグローバル定義に，ろう者も含まれるのであれば，高山亨太（2017: 159）は，ろう者に対するソーシャルワークのあり方やトレーニングの重要性について次のように述べている．

　　「音声言語が大多数の社会構造の中で，手話などを第一言語とするろう者や音声言語でのコミュニケーションにバリアを抱える難聴者が自分らしく生活できるよう，ろう・難聴者に対する無理解や差別の解決に向けて共に働きかけるのがソーシャルワークであり，そのためにはろう・難聴者の視点やろう文化に関する知識や理論などに関するトレーニングを受けることが求められる．（高山 2017:159）」

　つまり，社会正義の観点から鑑みても，ろう者を抑圧や不正義から解放するための手助けをする手段の一つがソーシャルワークであり，そのためには適切なソーシャルワーク教育を提供することが重要なのである．しかし，日本においてろう者の視点や経験を反映したソーシャルワーク教育プログラムは，未だ確立されていない．現在，日本における障害者に対する社会文化的視点は多様な変化を見せてきているが，とりわけ，ろう者の場合には手話という言語やろう文化という行動様式の存在もあり，1990 年代より大きな視点の転換をもたらした文化言語マイノリティで，かつ象徴的存在でもあるとされている．社会的には、ろう者やろう文化という

と，手話や補聴器，口を大きく開けて発音すれば良いなどといった理解やイメージが一般的であろう．ろう者ほど，医学モデルによる通説に支配され，かつ社会的に理解されず，誤解されている集団は見られない．手話は世界共通であるとの誤解も多く，例として，英国，米国は同じ英語を使うが，アメリカ手話とイギリス手話は全く異なる言語構造となっていることは一般的に知られていない．

　ろう文化の構成要素は，手話だけではない．手話によって形成されたろう文化には，様々な生活手段や行動様式や芸術が存在する．ろう文化にも，ろう者の視点や経験を反映したデフアートやデフポエム，デフジョークなどの芸術や慣習がある．聴文化（聴者の文化）が察する文化であるのに対して，ろう文化は明確に言語化する文化であるため，物事をお願いする際には，ストレートな表現となる場合が多い（木村 2007: 16）．例えば，酒席で，聴者は，用を足すために席を立つ時は行き先などを告げる必要はないが，ろう者の場合は，「トイレに行ってくる」，「外でタバコ吸ってくる」というように，明確に言語化することが多い．これは，ろう者は聞こえないという身体特性から，緊急時に，すぐに仲間の所在を把握する必要があるためであり，自然な行動原理である．そのため，秘密事をすることが難しく，噂もすぐに流れ，本人にも直接伝わることが日常的なのである．また，ろう者と聴者の間で，時間の捉え方や概念が異なることも知られている．電話が使えず，メールが普及する現代まで，長らく連絡手段がなかったろう者は，時間の目処をはっきりしたり，待ち合わせや次の約束を細かく決めたりする習慣がある（木村 2007: 132）．例えば，飲み会への参加確認などで，「行く」，「行かない．無理．」といった二択で明確に意思表示をしたりすることが多いが，聴者が相手の場合には，これが非常に失礼な言い方となってしまうことがある．ろう文化特有の行動様式として，初対面のろう者に対して，「卒業はどこですか？」と聞くことは普通なのであるが，質問の意味を知らない場合，「日本社会事業大学です．」などと的外れな回答になってしまう．この質問の意図は，どこのろう学校出身なのか，

確認している場合が多いのである．つまり，ろう学校出身であるかどうか，また共通の友人がいるかどうかを探るのである．初対面の相手が明らかに聴者や難聴者である場合，ろう者から「卒業はどこですか？」，「私は○○ろう学校出身で，2019年に卒業しました」といった質問や挨拶は出てこないだろう．これは，ろうコミュニティのメンバーであるかどうかの確認という文化的行動としての意味合いもある．他にも言語や文化が違うからこそ，日本手話と日本語で意味が全く異なる表現や日本語には存在しない表現もある．何か見落とした時や見る目がないことを指す場合，「目が安い」という言い方が日本手話にはあるが，日本語にはないのである．他にも「悪くない」は，日本語の意味で捉えると，あまり満足していない，仕方ないというニュアンスが含まれるが，日本手話では，「良い」という意味になってしまうことがある．また，ろう文化の世界では，オフィスのドアは開けておくのが常識であり，光や振動を使って訪問を知らせることや合図を送るといった行動様式もろう文化の特徴である．なお，ろう文化といっても，世界共通ではなく，地域や人種によっても様々な文化様相がある．米国ろう文化を例に挙げると，白人ろう文化と黒人ろう文化は異なっており，黒人ろう文化では，大きな身振りや表情を伴う黒人アメリカ手話と呼ばれる手話やコミュニケーション手段が文化の構成要素となり，かつ会話の時間が長いことで知られているのに対して，白人ろう文化では当てはまらない．このように，ろう文化を「世界共通である」と一括りすることは不可能である．

　ろう文化のみに特有な国際交流の特徴として，ろう者は海外旅行先で，自らと全く異なる手話を使うろう者と出会っても，国際的に通じる手話（国際手話）やジェスチャー，表情，空間を使って，コミュニケーションを図り，すぐに親しくなるという特徴がある．これは，他障害コミュニティとは異なるろうコミュニティ特有のストレングスとして考えられる．

　このようなろう文化の特性ではあるが，医学モデルや聴コミュニティ（聴者のコミュニティ）の視点では，社交性が低い，社会不適応，などと一

方的にラベル付けされてきたのも事実である．これに対して，クレイムを申し立てたのが，ろうコミュニティであり，ろう者学なのである．

　国際的動向としては，ろう者やその他の障害者は，医学モデルに基づいた視点や人権侵害に対してクレイムを申し立て，かつ人権の保障を目的とした障害者の国際人権条約の策定を求めてきた．2006年に制定された国連の障害者権利条約において，ろう者は，手話で教育を受け，社会生活を送る権利があることが明示された．例えば，障害者権利条約第8条「意識の向上」では，障害者に関する定型化された観念，偏見及び慣行の転換を促進するために，障害者自身が社会貢献に関わるための土台を構築することが定められている．また，第24条「教育」では，教育の権利を定めており，ろう者が文化言語マイノリティとして，手話による教育を受ける権利やろう当事者による教育を直接受ける権利が保障され，かつ聴者と同様に，ろう者独自の文化的・言語的な継承・発展の承認を受ける権利があると，明文化されている．障害者の人権保障の機運の拡大のみならず，近年は，LGBTQなどの性的マイノリティや黒人・女性に対するスティグマへの抵抗やマイノリティ集団に対するソーシャルワーク実践（Bent-Goodley, Snell & Carlton-LaNey 2017）における多様性の尊重などに見られるように，社会変容の機運が盛りあがっている．

　障害者権利条約が制定されてから10年以上経っているが，日本においては，一般的にろう者のニーズへの対応は，聴覚障害，もしくはコミュニケーション障害と捉える医学モデルを軸としたソーシャルワーク実践や所得保障による支援枠組みで捉えられているのが現況であろう．しかしながら，医学モデルに基づいた聴覚障害やコミュニケーション障害という特殊性は，ソーシャルワーカーや社会福祉専門職のろう者に対する理解や効果的なソーシャルワーク実践を困難に至らしめる要因となり得る．社会福祉士や精神保健福祉士の養成カリキュラム，特に障害者福祉論の講義において，ろう者は，医学モデルの視点で語られ，「口を大きく開けてゆっくり話す」ことが重要だと典型的に語られている場合が少なくない．すなわ

ち，ソーシャルワーク教育に関わる教育者がろう者に関する適切な認識を持たないまま，間違ったメッセージや教科書通りの定型的な講義を通して，ソーシャルワークを学ぶ学生（ろう学生を含む）を養成しているのである．近年，ソーシャルワーカーを目指すろう当事者が増えてきているが（高山 2017: 165），ソーシャルワーク教育の構造そのものには変化がないのである．それゆえ，十分なトレーニングを積んでいないソーシャルワーカーは，ろう者についての適切な文化言語的理解が不十分なまま，病理的視点による聴覚障害に関する知識だけでろう者のソーシャルワーク実践に関わっているとも言える．これは，社会正義やソーシャルワーク倫理の観点からも，至急に対策を要するソーシャルワークの構造の欠陥であり，問題点であると指摘せざるを得ない．

　また，一方で，長年にわたって地域のピアカウンセラーとして活躍しているろうあ者相談員や，日本手話の習得過程を通してろう者の生活問題についてある程度の知識と理解を持った手話通訳者が，地域におけるろう者を対象にした福祉支援を実質的に担ってきた経緯がある（高山 2007）．さらに，ろう者が，手話通訳者を始めとする支援者や支援システムを自らのろう運動のなかで，自己生産的に育ててきたという他の障害者運動とは異なる特質や歴史がある（奥田 2003）．手話通訳者は，養成機関や養成方法の多様化もあり，旧来のような社会運動家の側面を兼ね備えた手話通訳者のみならず，言語通訳者としての性格を持った手話通訳者やソーシャルワーカーとしての訓練を積み，社会福祉士を取得する手話通訳者も増えてきており，ろう者を対象にしたソーシャルワーク実践を取り巻く状況も複雑かつ多様化の傾向が顕著となっている（高山 2007）．さらに，2000 年代から，ろう者自身がソーシャルワークを学び，社会福祉士や精神保健福祉士を取得し，ろう当事者ソーシャルワーカーとして，ろう者の支援に直接関わるようになった（高山 2008）．障害のある専門職が保健・医療・福祉などの専門職で構成される多職種チームに加わることによって，障害当事者の視点からの意見発言や支援といったアドボカシーの視点を含んだ質の高

いチーム，さらにその他のチームメンバーへの障害理解の促進といったチームとしてのマンパワー向上などの多大な効果が期待できる（谷口 2005）．このことから，当事者としての生活や抑圧を体感しているろう者が当事者ソーシャルワーカーとして他専門職と協働することは，計り知れない意義がある．

　1980 年代から，欧米を中心にろう者の歴史や，ろう者の経験知や視点，また社会構造の中での文化言語的抑圧などを追及してきた「ろう者学（Deaf Studies）」を学ぶことが，ろう者を対象にソーシャルワーク実践をする際に必須条件であるとの指摘がある（高山 2017; 原 2008; 2015）．また近年は，「当事者研究」という新しい学問領域の発展が，結果的に障害領域全体に少なからず社会的影響を与えているように，ろう者へのソーシャルワーク実践を論ずる際に，ろう者学や当事者の視点を取り入れることの意義を検証することは急務な課題であろう．米国のギャローデット大学が，世界で唯一，半世紀前からろう者が人権侵害や抑圧を受けてきた歴史を研究し，ろう文化を核心としたソーシャルワークを重視し，ろう者のためのろう当事者ソーシャルワーカーの養成に取り組んでいる．

　このような状況を踏まえ，ソーシャルワーク実践の立場からろう者に関わるソーシャルワークの特性や課題を明らかにし，それらに即したソーシャルワーク教育のニーズや課題を明らかにする必要がある．そして，日本における「ろう文化ソーシャルワーク」実践を担うソーシャルワーク人材養成に耐え得るカリキュラムモデルの構築を目指すことが本書の成果である．

1-2　ろう者を取り巻く背景の多様化

　厚生労働省（2018）の実態調査によると，国内において，身体障害者手帳を交付されている聴覚障害者は，約 34 万人である．彼らはみな，「耳が聞こえない」という特質では共通しているが，失聴時期や，コミュニケーション手段，受けた教育などにより，多様な様相を呈している（原 2015）．

医学モデルでは，主に聴力損失の程度や時期に基づいて，ろう者や難聴者，中途失聴者と分類するのが一般的である．

　一方で，医学モデルに対する反発や反省から，ろう者を文化的言語的観点から捉え直そうとする国際的な動向が顕著になってきている．ろう者は，音声言語を基本とした社会構造において，教育や就労の機会の確保や継続などの社会生活上の困難を抱えており，手話で社会生活を送ること，場合によっては手話を獲得することが困難な状況に置かれている．国連の障害者権利条約において，手話は言語であると明記され，ろう者を文化言語マイノリティとして捉えようとする機運が高まっている．ろう者学の立場では，ろう者を聴力損失の観点から障害者として捉え，またリハビリテーションによって聴者に近付けることを目標としてきた医学モデルに対して，手話を使い，ろう文化を持つ健全な人々として捉えるろう文化論を基盤とした文化言語モデルが提唱されている（Erting 1978; Lane 1992）．「聞こえない」ことが当たり前の世界に生まれ，ろう者として生きてきた人々にとって，聞こえないことは必ずしもネガティブな言説ではないのである（Padden & Humphries 1988）．日本でも，木村晴美・市田泰弘（1995）によって「ろう文化宣言」が出され，「ろう者＝耳が聞こえない者」という病理的視点から，日本手話を言語として用い，ろう文化を有する者という，文化言語マイノリティという社会文化的視点へのパラダイムシフトの転換を迫り，文化言語モデルが明確かつ強烈な形でろうコミュニティにもたらされた．ろう者の多くは，ろう学校やろう者の両親の下で，日本手話を獲得し，ろう文化を身につけていくとされ（上農 2007），国内では約5万7,000人のろう者がいると推測されている（市田ら 2001）．しかし，ろう児として生まれた子どもが手話を獲得する機会がなく，ろう者として育つための環境にも恵まれなかった結果，文化言語的マイノリティとしてのろう者として，手話で生活の基盤を築くことができないだけではなく，医学的には，聞こえないことの不利益を抱えながら生活を余儀なくされるということも現状である．

仮に，ろう者を文化言語マイノリティとして捉えた場合，多文化ソーシャルワークの知識や技術が適用できるかと問われたら，その通りであるが，単に，多文化ソーシャルワークのトレーニングを積み，文化コンピテンシー（Cultural Competency）を習得すればことが済む問題ではなく，むしろ現在の日本では，かえって新たな抑圧やパターナリズムを生み出す恐れがある．なぜなら，ろう者については，病理的視点と文化言語的視点の二面性が避けられないため，医学モデルや社会モデルの観点から障害者福祉という法的枠組みの範囲内でソーシャルワーク実践が展開されることが多いからである．また，音声言語を使う外国人や，在日コリアンなどの文化言語マイノリティと異なって，ろう者からろう者が生まれるわけではないため，文化・言語継承の課題があることや，日本の国籍を持つため日本人として同化政策や教育の影響を受けやすく，異文化を持つ人々として社会的に認識されにくいのである．また，ろうコミュニティに関わるソーシャルワーク実践であることを念頭に入れると，聴者の家族やコーダ（Children of Deaf Adults: CODA）もソーシャルワークの対象者となり得る．特に，コーダは，①聴文化とろう文化の二分化アイデンティティを持つコーダ，②聴文化のみに帰属するコーダ，③医学的には聴者なのに，ろう文化に帰属するコーダ，④聴文化とろう文化のどちらにも帰属しないコーダ，など様々なコーダがいる．そのため，例えば医学モデルから見たら，聴者なのに，第一言語は日本手話で，かつ文化言語マイノリティであるコーダの場合，伝統的なソーシャルワーク実践では，適切なアセスメント及び介入が困難になる恐れがある．単一民族の色が強い日本人というマジョリティが形成したろう者の言説に支配された社会構造の中で教育を受けるため，とりわけ，難聴者は，聞こえる親やインテグレーションを促進するろう教育関係者などに囲まれて，意図的に手話やろう文化に接する機会を奪われ，社会的に難聴者として作り上げられていくのである．現状では，すべての聴覚障害者やその家族は，医師による診断を受け，聴力損失の程度や失聴時期によって，医学的・福祉的にろう者か難聴者に区分される．つまり，

医学モデルがろう者やその家族にとって，人生のスタートラインになっているのである．筆者がソーシャルワーク実践で関わってきたクライエントの中には，ろうコミュニティでの出会いを通して，アイデンティティを捉え直し，ろう者として生きる道を選択し，言語としての手話を習得した元難聴者の存在も少なくない．このように，ろうコミュニティという一つの文化言語環境によって，アイデンティティを再確立する難聴者の存在がある．以上のように，医学モデルや社会モデルの枠組みに基づく伝統的ソーシャルワーク実践から脱却し，文化言語モデルに基づくソーシャルワークを実践するための養成プログラムを検証することは社会的意義がある．

2　理論的視座

　ろう者を対象にしたソーシャルワーク実践において，医学モデルを基本とした病理的視点か，文化言語モデルに基づく社会文化的視点のどちらかに重点を置くかで，ソーシャルワーク実践のアプローチは全く異なる．多くのソーシャルワーカーが，ろう者を対象にしたソーシャルワーク実践において，困難性を感じる要因の一つとして，ソーシャルワーク実践が「人間：環境：時間：空間の相互作用」（佐藤 2001）の下で行われることが挙げられる．さらにはその「人間：環境：時間：空間の相互作用」において，クライエントの「意味世界」の交互作用の多様性や複雑性をソーシャルワーク実践の範疇として取り入れる必要性がある．この「意味世界」は，人が現実世界で生活をする中で基盤となるものであるため，クライエントの現実の生活を支援するソーシャルワークにおいて大きな意味を持つ．一方で，「意味世界」は，個別的で，また流動的であり，かつ個々人の生活経験や文化などの影響から，同一の「意味世界」は存在しないため，特にろう者を対象にしたソーシャルワーク実践においては，不確実性をもち，かつ不全感を抱くことが少なくないと考えられる．そのため，ろう者に関わるソーシャルワーク実践や教育カリキュラムを検証する際に重要な「意味

世界」についての知識や理解を整理することが求められる．また，ソーシャルワーカーは，様々な場面において，自分たちの支援が本当に「支援」なのか「社会統制」なのかと悩み，また，多くのソーシャルワーカーが何かしらの支援機関に属し，給与を受けるという雇用関係にあるがゆえに，利用者と雇用主の利益が対立した際に，ジレンマを抱えやすいのである（城戸 2010）．例えば，ろう者と聴者の視点が対立した時に，調整型ソーシャルワーカーが多い日本において，聴者が中心となる支援機関の方針や社会的文脈に背いて，ろう者の利益や視点を優先させることが可能かどうかという不確実性の中で，ソーシャルワーカーは，ソーシャルワーク実践を展開する必要がある．しかし，長らく措置制度が続いた日本のソーシャルワークにおいて，どこまで利用者主体の観点からの文化言語マイノリティたるろう者が尊重されるのか，そして，適切な言説によって語られているのかは疑問が残る．ろう者がソーシャルワーカーなどの聴者から受けるラベリングや偏見について，「専門職からみて，『障害者』にとって望ましいことは，たとえケアを受ける障害者が異議を申し立てても，『利用者のため』に認められるのである（橋本 2014: 43）」と，ケアへの依存というラベリングの存在が指摘されている．ろう者の場合には，聞こえない人，筆談が必要な人としてのラベリングがなされるとしても何ら驚かないだろう．このように，ソーシャルワークの意味世界には，長年築き上げられてきた言説が存在する．そのため，本書における理論的視座として，社会構成主義の観点から Malcolm Payne が提唱するソーシャルワークにおける視点（Payne 2006; 2014），またろう者学から提唱されている文化言語モデルを援用する．ろう者に関わるソーシャルワーク実践やその教育にあたっては，ろう者の言語やコミュニケーション手段，ろう文化の適切な分析や再認識抜きに，そのカリキュラム試案の提示や社会的意義を示すことは困難である．具体的には，日本のソーシャルワーク教育カリキュラムは，基本的に音声言語や聞こえることを前提とした聴者マジョリティの視点によって，構造的にソーシャルワーク教育カリキュラムが構築され，ろう者は音

声言語を話せず，聞こえない障害者として捉えられている．すなわち，多くの学生や教員は，「ろう者＝障害者」として構造的に刷り込まれる．結果的に，ソーシャルワーク教育の過程が，ろう者に対するソーシャルワーク実践に少なからずその判断や実践効果に影響を与えている．このようなソーシャルワークにおけるろう者の取り扱われ方について分析するためには，ポストモダン理論の視点が重要な役割を果たす．

2-1　ペイン理論

　社会構成主義とは，「世界が言語によって作られる」という共通認識によって，「ある問題が人々の間でどのようにして作り出されていくのか」という点に着目して分析をする理論である．社会構成主義と構築主義の違いが厳密に区別されているわけではないが，社会構成主義がある問題が作られていく時の「状態」を扱う一方で，構築主義がある問題が作られていく時のプロセスに関心を寄せるという点で異なっている（金澤 2013）．社会構成主義において，社会問題とは「ある状態が存在すると主張し，それらを問題として定義する人々の活動」と定義している．また，社会構成主義において，「ソーシャルワーカー」と「クライエント」という二者関係は，それぞれが社会的に構成された存在と捉えられ，その関係性は主に言語を通した社会的相互作用によって構築されるのである（Berger & Luckman 1966）．「ソーシャルワーカー」と「クライエント」というカテゴリーによって，「ソーシャルワーカー」は正しい知識を持ち，「クライエント」はそれを持たないという非対称的な二者関係となる（Pomerants 1984）．金澤貴之（2013）は，社会構成主義アプローチを援用し，ろう教育の中で「手話」に関する言説がどのように構築されていったのか明らかにし，聴者が作り上げていった価値観が必ずしも，ろう教育におけるろう者にとっての社会問題とは一致しないことを示唆している．具体的には，ろう者にとっての言語である手話の優劣や教育方針が，ろう教育専門家が紡ぎ出してきた言説のパワーポリスティックに左右されてきたことを明らかにして

いる．これは，人々の価値観やエンパワーメント，抑圧からの解放を理念とするソーシャルワーク領域においても有用な研究手法であり，これまでのろう者へのソーシャルワーク実践やソーシャルワーク教育における言説の分析にも援用が可能であると考える．

　また，Malcolm Payne（2006）は，社会構成主義の観点からソーシャルワーク実践の言説構造に基づいてソーシャルワーク理論（ペイン理論）を提唱し，三つの視点からソーシャルワークを吟味する重要性を指摘している（図1）．① Therapeutic View とは，エンパワーメントの観点からクライエントやコミュニティなどといったソーシャルワークの対象群がウェルビーイングを高められるよう，クライエント主体になって社会問題を変えていくという視点である．② Transformational View とは，社会正義などの観点から社会が変容を経なければ，抑圧を受けているクライエントのウェルビーイングを高めることは困難であるという視点である．③ Social Order View の言説は，社会福祉サービスや制度とクライエントのウェルビーイングは相関するという視点である．このペイン理論を援用することによって，それぞれの三つの視点からろう者を対象にしたソーシャルワーク実践のあり方を分析し，全体像を捉えることによって，ろう者のソーシャルワークに特化した教育カリキュラムの構成要素や課題について検討することが可能であると考える．また，Malcolm Payne（2014）は，ソーシャルワークは，ソーシャルワーカー，クライエント，社会的文脈によって社会的に相互作用的に構成され，また言説が展開されると指摘している．具体的には，①社会的・文化的領域，②機関・制度施策領域，③ソーシャルワーカー・クライエント領域の三領域並びに言説によって，ソーシャルワークは構成されているのである．①社会的・文化的領域とは，社会的・文化的文脈が相互作用する領域である．②機関・制度施策領域とは，制度や政策，またソーシャルワーカーが所属する機関が相互作用する領域のことである．③ソーシャルワーカー・クライエント領域とは，クライエントとソーシャルワーカーの関係性や言語を通して構成される意味世界と定義

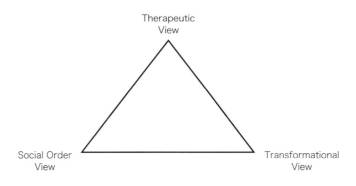

```
              Therapeutic
                View




   Social Order                    Transformational
     View                              View
```

図1　Malcolm Payne のソーシャルワークにおける三つの視点

されている．これらは，固定化されているのではなく，それぞれが外在化，内在化，客体化を経ながら，相互作用的に変容している．このような言説の影響を受けながら，ソーシャルワーカーとクライエントは相互作用的な関係性の中で，道徳的なアイデンティティを共有し，ソーシャルワーク実践を支えているとされている（Hall 2006）．また，ソーシャルワークにおける①社会的・文化的領域，②機関・制度施策領域，③ソーシャルワーカー・クライエント領域へのソーシャルアクションを行い，権力構造の変化を促すことによって，「当事者主体」を実現させることは，社会正義の代弁者としてのソーシャルワーカーの責務である（久保田 2016）．ペイン理論により，手話やろう文化，また抑圧などの複合的な要因が絡み合う，ろう者へのソーシャルワーク実践，またそのためのソーシャルワーク教育について論述する際に，より相互作用的に，また可変的な構造として捉えることが可能になると考えられる．

　本書では，これらの社会構成主義の理論枠組みを基本として，言説空間としてのろう者を対象にしたソーシャルワーク実践やソーシャルワーク教育などの構造を分析対象として，それらの言説空間での「ろう者」や「ろう文化」の語られ方を分析する．そして，ソーシャルワーク実践の対象としてのろう者の実像や言説がソーシャルワーク教育やその周縁でどのよう

に形成され，意味付けられていったのか明確にすることを試み，その後，ろう者学を反映したソーシャルワーク教育のカリキュラムの基礎的資料を提示することで，ソーシャルワーク教育におけるろう者に対する視点について，医学モデルから文化言語モデルへとパラダイムシフトの転換を試み，その重要性について論述する．

2-2 文化言語モデル

　ろう者を文化言語マイノリティとして捉えるための理論視座として，文化言語モデルがある．文化言語モデルにおいては，ろう者が聴力損失の状況に関わらず，文化的に規定される言葉や振る舞いに焦点を当て，ろう者になるプロセスが重要である（Lane 1992）．Soya Mori（2010: 137）は，文化言語モデルの背景には，従来，ろう者が医学モデルや社会モデルの観点で見なされてきたことへの抵抗があると述べている．医学モデルは，障害を心身のインペアメント（impairment）によるものと捉え，それを治療やリハビリにより解決することが望ましいという視点である．治療やリハビリの義務が障害者に強調されたため，障害者の差別，否定につながったとの指摘がされている（長瀬 1999: 21）．そのような流れから，障害，つまりディスアビリティ（disability）は，個人に帰属する心身の問題ではなく，障害者が経験する社会的不利のことであり，社会や環境によって生活が制約されるとし（長瀬 1999: 24），障害の問い直しという社会運動的側面を含んだ社会モデルの視点が障害当事者から生み出され，社会ムーブメントを引き起こしたのである．実際，社会モデルの視点により，法制化が進み，音をフラッシュで示す代替措置や，テレビ番組の字幕付加などのバリアフリー化がなされ（田門 2012a），ろう者の日常生活の向上に寄与している．社会モデルによって，社会的・政治的差別を排除し，社会を構成する人々が完全な市民権を保障された上で，すべてのサービスに公平にアクセスできるにように社会全体が責任を負うべきとの視点をもたらしたとの指摘があるが，ろう者は障害者として社会モデルに組み込まれることに違和

感や抵抗を抱いているとの指摘もある（Ladd 2003）．また，インペアメントを有する障害者としての中途失聴者や難聴者などが権利保障（disability right）として，音声言語への情報アクセスといったディスアビリティを解消するための方策としては，社会モデルは有益である（Obasi 2008）．しかし，文化言語マイノリティとしての権利保障（deaf right）に主眼を置き，かつノーマルであることに価値観（normalisation）を持つろう者には社会モデルはなじまないとの指摘もある（McDonnell 2016）．このように，社会モデルは，あくまでも社会参加の際の障壁を取り除く必要性を強調するため，個人の属性が重視されないという課題を残した（森 1999: 161）．また，ろう者が手話による情報へのアクセスを求めていても，合理的配慮として，書記言語で情報が提供された場合に，本当の意味でのろう者としての生活の保障や言語権の保障はなされない．書記言語のアクセスが保障されても，日本手話を第一言語とするろう者にとっては外国語を読むことと同じである．また，手話通訳者が同席した上で，ソーシャルワーカーと話すことが，ろう者にとって心理的にも心地よく，安心できるかといえばそうではない．ソーシャルワーカーや手話通訳者に守秘義務や倫理綱領があっても，ろう者にとっては音声言語中心の構造であることに変わりはないのである．また，ろうコミュニティは社会的共存（social co-existence）に価値を置くことに対して，障害コミュニティは，ソーシャルインクルージョン（social inclusion）に価値を見出しているとの指摘があり（Brueggemann 2010: 247），両者には依然として視点の隔たりがある．それゆえ，障害コミュニティや障害学の視点に基づいた社会モデルでは，ろう者の文化言語的ニーズを満たすことはできない部分がある．このように，主に手話や視覚情報を通して社会生活を営むろう者がディスエンパワメントされてきたとの指摘がある（Oliver & Sapey 1999: 28）．また，歴史的にも，ろう者は聴コミュニティから音声言語や書記言語の使用を強要されており，社会モデルでは，ろう者への文化言語的抑圧の解決には至っていないのである（Woodward 1982）．

　文化言語モデルの核心をなす理論構成は，Ladd（2003）によれば、ポス

トコロニアル理論であり，聴コミュニティによるろうコミュニティの植民地支配の結果とみなし，文化言語的抑圧からの解放，すなわち，ろう者が自らの手話が言語として認められることによって，適切な教育を受け，社会生活を維持することが文化言語モデルの核心なのである（Ladd 2003）．これは，社会正義の視点とも通底する．文化言語モデルは，ろう教育やソーシャルワークの分野での実践に応用され，ろう児の健全な心理発達や言語獲得（Marschark & Spencer 2000: 259），ろう者の精神保健の向上（Sheridan & White 2009: 440）といった肯定的な結果が蓄積されつつある．

　医学モデル，社会モデル，文化言語モデルの概念や違いについては，表1の通りである．医学モデルは，主に医師を中心に医療関係者が主導し，政策として，ろう者に対するリハビリテーションや聴コミュニティへの適応に主眼が置かれている．社会モデルは，社会的抑圧理論などを学問的背景に，障害者に対するあらゆる差別に対抗することによって，ディスアビリティの減少に取り組むことに焦点が置かれている．そのため，社会モデルでは，障害当事者の政治参加が重要なのである．文化言語モデルは，基本的にろうコミュニティの構成員が中心となり，ろう者のロールモデルによる教育や支援によって，文化言語マイノリティのろう者として社会生活を送るための取り組みに焦点が当てられている．それゆえ，ろう者自身の自治によるろうコミュニティの口話法や医学モデルによる長年の植民地支配からの独立・再建に焦点が置かれている．ろう者学を学問的背景，ステークホルダーとする文化言語モデルは，ポストコロニアル理論や社会構成主義，文化学が学問的背景の土台となっており，音声主義によって構築された社会構造や言説に対抗することで，ろう者が抱える抑圧の解放を促すことが文化言語モデルの核心なのである．

　本書では，文化言語モデルの視点で，ギャローデット大学ソーシャルワーク学部の教育カリキュラムがどのようにろう者学の知見を包摂してきたのか検討し，ソーシャルワーカーがろう者学を学ぶことの意義を検証する．

表1　ろう者に関する医学モデル・社会モデル・文化言語モデルの視点の比較

	医学モデル	社会モデル	文化言語モデル
法的根拠	障害者総合支援法	障害者差別解消法	国連障害者権利条約
政策	政策※	政治※	自治
学問背景	医学・特別支援教育・社会福祉	障害学・ICF	ろう者学・文化学
対象とする問題	偏見※	差別※	抑圧・植民地支配
理論背景	個人的悲劇理論※	社会的抑圧理論※	ポストモダン理論
障害の焦点	疾患・異常・欠陥・障害	能力・個性・インペアメント・ディスアビリティ	ノーマル 文化言語マイノリティ
視点	医療・リハビリ・福祉	社会側の改善・情報保障	ろう者としての生活保障
社会適応手段	補聴器，人工内耳，聴覚活用，口話，遺伝子医療，特殊教育	情報バリアフリー，就労支援，インテグレーション	手話，バイリンガル・バイカルチュラルろう教育
帰属意識	個人的アイデンティティ※	集団的アイデンティティ※	ろうアイデンティティ
教育	口話主義ろう学校及びインテグレーション教育	インクルージョン教育	ろう学校や寮生活，バイリンガル教育
権力構造	専門家支配※	個人的及び集団責任	ろう者による集団責任
主な関係者	医師，言語聴覚士，教員，聴者の両親	医師，ソーシャルワーカー，教員，文字通訳者，手話通訳者	成人ろう者，日本手話通訳者，ろう教員
言語	音声言語	音声言語・対応手話	手話，書記言語
コミュニティ	聴コミュニティ	聴者・ろうコミュニティ	ろうコミュニティ

※は，田中（2009: 43）から引用した.

3　研究の目的・方法・意義

　ろう者がより良いソーシャルワーク実践の恩恵を享受することを最終目標とし，本書では，ろう者に関わるソーシャルワークの専門性に着目し，そのソーシャルワーク実践の基盤に関わるソーシャルワーク教育を研究対象とし，結論において，今後の日本での「ろう文化ソーシャルワーカー」の養成に必要な構成要素について仮説を提示する.

研究の目的は，次の4点を論考・検証し，ろう者へのソーシャルワーク実践の動向やこれまでのソーシャルワーク教育におけるろう者に関する言説について分析し，ろう者学の知見を反映したソーシャルワーク教育の構成要素に関する仮説枠組みやその課題を提示することである．

　（1）文化言語マイノリティとしてのろう者のニーズや言説について，社会的文脈の観点から整理し，「ろう文化ソーシャルワーク」実践のために，ろう者の視点やろうコミュニティの構成要素を理解することが不可欠であることを示す．

　（2）ソーシャルワーカーがろう者の視点や意味世界を理解するための手段として，ろう者学が必須であることを示す．

　（3）ギャローデット大学におけるソーシャルワーク教育がろう者学を学問背景とする「文化言語モデル」に基づいて展開されていること，その分析を通して，ろう文化ソーシャルワーク教育のカリキュラムの構成要素を提示する．

　（4）研究目的（1）～（3）を踏まえた上で，本研究の成果とも言える，日本におけるろう文化ソーシャルワーカーの養成に寄与するためのモデル的教育カリキュラムとシラバスについて，その発展性や課題を示す．

　以上，4つの研究目的を明らかにするために，文献を基に理論研究を行う．特に，ろう者を対象にしたソーシャルワーク実践及びソーシャルワーク教育に対してどのような変容が必要とされているのか明らかにするために，ろう者当事者のニーズや，それを生み出す社会制度や構造，文脈について検討する．ソーシャルワークにおいては，「利用者としての個人，集団（組織），地域，社会（政治・変化）などの『変革』が必要となる現状をいかに認識できるか」（北川ら 2007: 26-27）が求められているとし，それらを明らかにするために，ろう当事者の視点からニーズ，社会制度側の問題，そしてそれらに対する方略を検討することが必要である．また，米国のギャローデット大学ソーシャルワーク学部におけるソーシャルワーク教育カリキュラムの歴史的変遷，カリキュラムの構成要素について検証する．具

体的な研究方法については次の通りである.

　研究目的（1）については，第1章において，多様なろう者のニーズや社会的文脈について分析し，ろう者を取り巻く言説について論述する．また，第2章において，ろう文化ソーシャルワーク実践やその歴史に関する国内外の文献研究を通して，ろう者に関わるソーシャルワーク実践に関する言説を整理する．また，黒人などの文化言語マイノリティ集団に対するソーシャルワーク実践の歴史的展開や多文化ソーシャルワークの歴史についても整理や比較をし，ろう文化ソーシャルワークの特殊性や普遍性について論述する．

　研究目的（2）については，第3章にて，文献調査や実地調査によって，欧米におけるろう者学のプログラム及びカリキュラムの現状や課題について整理し，ろう者学の視点を取り入れたろう者のソーシャルワーク実践に寄与するろう者学の構成要素について論述する．

　研究目的（3）については，第4章において，ギャローデット大学ソーシャルワーク学部における教育カリキュラムやこれまでに全米ソーシャルワーク教育連盟（Council on Social Work Education: CSWE）に提出されたセルフ・スタディ・レポート（Self-Study Report）を対象とした文献調査を通して，ろう者に関わるソーシャルワーカーの養成を目的としたソーシャルワーク教育について歴史的現状と課題について検討を加え，ろう者学の知見を反映させたソーシャルワーク教育とは何か，それらを構成する要素に関する仮説理論について歴史的事実やカリキュラムを基に論述する．

　研究目的（4）については，研究（1）〜（3）で得られた知見を基に，第5章にて，日本社会業大学手話による教養大学で開講されている「聴覚障害ソーシャルワーク総論」のシラバスと，「ろう者学総論」のシラバスを示し，ろう者学の知見を取り入れたソーシャルワーク教育のカリキュラムの構成要素やカリキュラムに含まれる潜在的メッセージについて提示する．

　奥田啓子（2004）は，ろう者を対象にしたソーシャルワーク実践におい

ては，ろうであることの「差異」を認め，「レイ・エキスパート」として
のろう者とともに，ろう者自身の「聞こえないこと」についての認識をソ
ーシャルワークに反映し，新しい言説を再構築していくことの重要性を述
べ，ろう当事者とともに取り組むべき課題であることを指摘している．し
かし，ろう者学の知見を取り入れたソーシャルワーク教育を受けたろう当
事者ソーシャルワーカーならば，ろう者の視点を理解し，内面的洞察や共
感を通して，満足度の高い支援が可能となる．本書では，これまでのソー
シャルワーク実践やソーシャルワーク教育におけるろう者の捉え方や言説
を整理し，ソーシャルワークにおける「ろう者」の社会的抑圧や言説の脱
構築を目指し，ろう者やろうコミュニティが養ってきた知見や経験，また
その総体としてのろう者学を取り入れたソーシャルワーク教育の枠組みの
構築を目的とすることが独創的であり，研究の意義であると考える．また，
最終的にはろう者学の知見に基づいたソーシャルワーク教育のカリキュラ
ム開発を目指していくことが本書の社会的責務である．

4　論文構成

　本書の構成は，図2の通りである．最終的な研究目的は，ろう者を対象
にした効果的なソーシャルワーク実践の向上に寄与し，ろうコミュニティ
が文化言語モデルの観点から多様な福利を享受することである．そのため
の基礎的資料並びにソーシャルワーク教育に関するカリキュラムモデルに
ついて検証する．具体的には，第1章において，ろう者を取り巻く歴史的
背景や社会的文脈について，ペイン理論や文化言語モデルの視点を軸に，
先行研究レビューし，第2章では，ろう者を対象としたソーシャルワーク
実践に関する文献を概観し，ペイン理論及び文化言語モデルの観点から，
ろう者が抱える社会問題やソーシャルワーク実践の現状や課題を整理する．
また，ろうあ者相談員の歴史や活動の歴史的意味についても論考するこ
とによって，研究目的（1）の「ろう文化ソーシャルワーク」実践のため

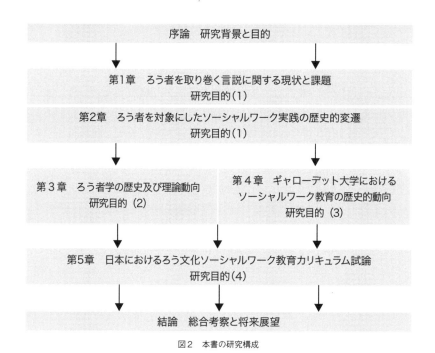

序論　研究背景と目的

↓　　　　　　　　　　　　↓

第1章　ろう者を取り巻く言説に関する現状と課題
研究目的(1)

第2章　ろう者を対象にしたソーシャルワーク実践の歴史的変遷
研究目的(1)

↓　　　　　　　　　　　　↓

第３章　ろう者学の歴史及び理論動向
研究目的（2）

第４章　ギャローデット大学における
ソーシャルワーク教育の歴史的動向
研究目的（3）

↓　　　　↓　　　　　↓

第5章　日本におけるろう文化ソーシャルワーク教育カリキュラム試論
研究目的(4)

↓　　　　↓　　　　　↓

結論　総合考察と将来展望

図2　本書の研究構成

に，ろう者の視点やろうコミュニティの構成要素を理解することの重要性についてその文化的背景や歴史的事実を示す．第３章では，ろう者学の歴史，そしてカリキュラムについて検証することによって，研究目的（2）のソーシャルワーカーがろう者の視点や意味世界を理解するための手段としてのろう者学の構成要素について示す．第４章においては，世界で唯一，ろうコミュニティに焦点を当てたソーシャルワーカーの養成プログラムを有するギャローデット大学ソーシャルワーク学部学士課程・修士課程におけるソーシャルワーク教育のカリキュラムについて，設立当初から全米ソーシャルワーク教育連盟に提出されたこれまでのセルフ・スタディ・レポートを中心に文献研究を通して，ソーシャルワーク教育カリキュラムの変遷経緯，そして課題を明らかにする．ギャローデット大学ソーシャルワーク学部の教育活動やカリキュラム，教員の視点の分析を通して，研究目的

（3）のろう文化ソーシャルワーク教育のカリキュラムの構成要素を提示する．その後，第5章において，第1章～第4章で分析した結果を踏まえた上で，日本でのろう文化ソーシャルワーカー養成の創出に寄与するソーシャルワーク教育について，日本社会事業大学で開講されている聴覚障害ソーシャルワーク総論及びろう者学総論のシラバスの構成要素や講義計画，潜在的カリキュラムについて示し，研究目的（4）の日本におけるろう者学の知見を反映したソーシャルワーク教育の試案について提示する．結論では，ろう文化ソーシャルワークの重要性について示し，かつ，そのためのソーシャルワーク教育の構成要素を提示し，さらに今後の課題について論じ，ソーシャルワーク教育における医学モデルから文化言語モデルへと新たな言説への移行の重要性と意義を示す．

5　用語の定義

　本書で使用する用語の定義は，以下の通りである．特に，「ろう者」や「聴覚障害者」に関する用語の定義を明文化することは，医学モデルと文化言語モデルの立場を明確に区分する上で重要なことである．医学モデルにおいては，全く聞こえない人がろう者，少し聞こえる人が難聴者と定義付けられるが，全く聞こえない人でも口話や手指日本語で育ったため日本手話ができない人もいるし，かなり聞こえていても日本手話を第一言語とする人もいる．前者は，医学モデルではろう者であるが，文化言語モデルでは難聴者である．後者は，医学モデルでは難聴者だが，文化言語モデルではろう者である．実際にソーシャルワークの対象者として関わる場合，聴力の程度ではなく，言葉が通じなければ支援は不可能である．つまり，ソーシャルワーク実践は，聞こえの程度ではなく，言語やコミュニケーション手段及びアイデンティティで決定されるのである．これもろう者学を取り入れたソーシャルワーク教育が必要な根拠なのである．

（1）聴覚障害者

　医学的に何らかの聴覚損失を有する者とする．国内では，厚生労働省が公表している，身体障害手帳を交付されている者のことを指す（厚生労働省 2018）．医師によって，聴覚障害の診断を受けており，両耳共に 70db 以上，あるいは，片耳が 100db 以上の聴力損失がある者を指す．

（2）ろう者

　手話とろう文化を有するマイノリティ集団（Padden & Humpries 1988）を指す．聴覚障害者集団の中にろう者が包括される．日本手話を言語とするろうの両親の下に生まれたり，幼少時からろう学校に通学したりしていたろう者は，ネイティブサイナー（native signer）であることが多い．国内では，木村・市田（1995）が，日本手話を言語とする文化言語マイノリティ集団と定義している．本書で，ろう者を指す場合は，この定義に基づいている．

（3）聴者

　主に聴覚情報に基づいて，生活を送っている者を指す（Padden 1998）．つまり，医学的に聴力が正常であり，音声言語を中心にコミュニケーションを図り，社会生活を送っている者である．

（4）難聴者

　基本的には，補聴器や人工内耳を活用しながら，音声を中心として，生活を営んでいる者を指す．しかし，多くの難聴者は，聴者の両親を持ち，音声言語を中心とした家庭環境や教育環境で育つことになるため，手話の習得機会やろう文化に触れる機会を持たないまま，成人する場合が多い（藤邑 2002）．成人してから，手話サークルなどで日本手話を学ぶ難聴者もいる．潜在的には，日本手話のレイトサイナー（late signer）として，後天性的に，ろう者としてのアイデンティティを自覚する人も多いのが現実である（藤邑 2002）．つまり，社会的に少数言語を認めないマジョリティ社会の中で，インテグレーションを中心とするろう教育や人工内耳療育，聴者である両親の教育思想によって，社会構造的に難聴者として育てられ

るろう者も多く存在していることに留意する必要がある．

　(5) 中途失聴者

　中途失聴者とは，聴覚障害者のうち，主に音声言語獲得後に聴力を損失した者である．多くの中途失聴者は，発声に不自由しないとされているが，聞き取りという点で困難があるために，音声言語によるコミュニケーションが困難になりやすい（山口 2003）．また，中高年以降に失聴した中途失聴者は，聴者としてのアイデンティティを自負し，音声言語によるコミュニケーションを中心とすることが多いため（山口 2003），本書の理論視座である文化言語モデルは適用できない場合が多い．しかし，障害者の権利条約に則って，手話による教育や支援，またはろう者としての生き方の保障がなされれば，上記（2）のようなろう者として生きている中途失聴者もいる．

　(6) コーダ

　コーダ（CODA）とは，Children of Deaf Adults の略であり，ろう者の親を持つ聞こえる子どもを指す（Preston 1995）．ろう者の両親から生まれてくる子どものうち 90％が聞こえる子どもであり，バイリンガル・バイカルチュラルのコーダとして育つ者から，ろう文化と聴文化の間で揺れ動くコーダまで，様々なコーダがいる（Preston 1995）．また，近年は，コーダを始めとする，障害を持つ親の支援を事実上担わざるを得ないヤングケアラーとしての子どもの苦悩や葛藤が注目され（澁谷 2012），そのため，コーダは文化言語マイノリティとして，ソーシャルワークの対象者となり得るとの指摘がある（Klimentova, Docekal, & Hynkova 2017）．

第1章
ろう者を取り巻く言説に関する現状と課題

1　ろう者を取り巻く言説の抽出の意義

　岡村重夫（1983）は，ソーシャルワークにおける基盤的概念である「利用者主体」について，「主体的側面」と「客体的側面」という二重構造があり，ソーシャルワークとは，クライエントの主体的側面を支援することが利用者主体の実践であるとし，その重要性を示した．ろう者が持つ意味世界やマジョリティである聴者によって構築されたろう者を取り巻く言説を分析し，ろう者を対象としたソーシャルワークにおける利用者主体としてのろう者の視点や経験を整理することによって，ろう者学の知見をソーシャルワーク教育に取り入れることの意義の検証につながる．

　本書では，社会構成主義に基づいてシステム理論的な視点を包有したPayne（2014）のソーシャルワークの構造について論じたペイン理論を分析視点として援用する．特に，Therapeutic View の観点から，ろう者が自らのウェルビーイングを高めるために，如何に社会問題や言説に向き合っていったのかを論じていく．ソーシャルワークそのものは，ソーシャルワーカー，当事者，社会的文脈という三つの要因によって変容するとされている（Payne 2014: 27）．また，ソーシャルワークは，社会的・文化的領域，機関・制度施策領域，ソーシャルワーカー・クライエント領域という三つの領域による複合体で構成される（Payne 2014: 27）．本章では，当事者であるクライエントとしてのろう者を分析対象とし，かつ社会的・文化的領

域の構造を可変的で，相互作用的な構造として捉える．具体的には，ソーシャルワークの対象としてのろう者やろうコミュニティがどのように解釈されてきたのか，すなわちソーシャルワークの構成要素である当事者としてのろう者の社会文化的言説の捉えられ方を明らかにする．そのために，①クライエントとしてのろう者の心理社会的言説の特徴，②社会システムとしてのろう文化の言説の特徴，③ソーシャルワークの対象としてのろう者が抱えるニーズに関する言説，というろう者の語られ方について明らかにする．

2　クライエントとしてのろう者の理解

2-1　ろう者の多様性

「耳が聞こえない人」と一概にいっても，個々人の残存聴力，失聴時期，第一言語，コミュニケーション手段，受けた教育，アイデンティティ，世代に応じた生活史など，ろう者の実態は多様な状況を呈している（原 2015）．また，聞こえない人々を指す用語も，聴覚障害者を始めとして，ろう者，難聴者，中途失聴者，盲ろう者などと幅広く複雑になっている．

　ろう者を定義する主なモデルは，聴力損失の観点からリハビリテーションの対象者としての障害者として捉える医学モデル，次に，手話を使い，ろう文化を持つ文化言語マイノリティとして捉える文化言語モデルの二つが挙げられる（Lane 1992; Sheridan 2001）．日本における医学モデルの代表的な典型例として，身体障害者福祉法の身体障害手帳等級における聴覚障害の定義が挙げられる．身体障害者福祉法の定義によると両耳平均聴力損失が 70dB 以上で身体障害者手帳を取得でき，身体障害者手帳を有している聴覚障害児・者は約 34 万人であり，全障害者の約 1 割である（原 2008）．なお，手話・手話通訳使用をコミュニケーション手段としていると回答している聴覚障害者は 65 歳未満で，25％，65 歳以上で 4.3％となっている（厚生労働省 2018）．また，世界保健機関（WHO）によると，聴覚障害の

定義について，聴力損失 26dB からと定めていることから（植村 2001），日本における聴覚障害認定に関する法的定義は非常に厳しいとされる．従って，身体障害者手帳の取得条件に該当しない軽度・中等度難聴者に対する支援が不十分であるとされている（仙台市 2006）．

　植村英晴（2001: 51-54）は，①医学的分類（伝音性難聴，感音性難聴，混合性難聴），②世界保健機関（World Health Organization）による国際障害分類（ICHDH），③教育的分類（普通教育学校，ろう学校），④身体障害者手帳等級，による 4 分類が可能であると示している．①医学的分類は，聴力障害が生じた部位による分類であるが，聴力障害の種類についても様々である．医学モデルに基づいたアセスメントでは，オージオグラム（聴力図）を基に聴覚障害の判断がなされる．そして，聴覚障害によって，発音や音声言語の習得が障害され，それによって心理社会的発達に影響が見られ，結果的に社会参加が困難になると考えるのが，医学モデルによるアプローチにおける一般的な共通認識である．それに加えて，①手話を使うろう者，②デフファミリー出身の先天性ろう者，③その他の先天性ろう者，④言語能力の低いろう者，⑤教育を受けていないろう者，⑥口話教育を受けた聴覚障害者，⑦普通教育学校出身の聴覚障害者，⑧中途失聴者，⑨難聴者と区分する考え方もある（Padden & Humphries 1988）．また，音声言語の基本的な概念を習得する以前の聴覚障害を言語概念習得前聴覚障害（Van Cleve 1987）とし，一方で音声言語を獲得した後の聴覚障害のことを言語概念習得後聴覚障害（Padden & Humphries 1988）に区分することがある．この区分を取り入れた分類として，長年，ろう当事者ソーシャルワーカーとして活躍した野澤克哉（2001）は，ろう者のソーシャルワーク実践における支援対象者の福祉ニーズの特徴をもとに，①言語獲得前失聴者（ろう者），②言語獲得後失聴者（難聴者・中途失聴者），③老人性難聴者，④重複聴覚障害者に区分している（野澤 2001）．ろう当事者ソーシャルワーカーの実践経験から導き出された区分であるが，文化言語モデルとして捉えうるかは検証が必要である．このように，多くろう者に関する定説がソーシ

ャルワークの分野において，伝統的な医学モデルに基づいたろう者の言説が社会的・文化的領域に根強く存在している．

　医学モデルの言説による弊害として，また，戦後から長い間，聴覚障害者は医療の対象として，可能な限り「聞こえる」ようになること，「聴者」になることが支援目標とされ，ろう教育の分野でも聴覚口話による教育を余儀なくされ，手話によるコミュニケーションの権利を奪われてきたことが挙げられる（川淵 1983）．手話を使うろうの親（デフファミリー）から生まれ育ったろう児は，初めから家庭における第一言語環境が整っており，母語として手話を獲得していく場合が多い．このようなデフファミリー出身のろう者は，「DoD（Deaf of Deaf）」と呼ばれ，日本手話のネイティブサイナーであることが多いのである（松岡 2015）．米国ではろう者の約80％がろう者と結婚するとされている（Schein & Delk　1974）．しかし，ろうの親から生まれるろう児は全体の約 10% のみである（前田・森下 1984；古田・吉野 1994）．一方で，聴者の親から生まれたろう児は，親が手話の習得意欲がない限り，音声日本語を中心とした家庭環境の中で育つことがほとんどである．このように，多くのろう者は，聴者の親から生まれてくるため，ろう者としての生き方や手話を獲得するのは困難となり，生後直後からろう児らは，多大なストレス環境にさらされるという事実は明白である．DoD に対して，「DoH（Deaf of Hearing）」は，聴者の両親の下に生まれてきたろう者を指し，手話を習得した DoH は，手話の習得時期によって，「アーリーサイナー」と「レイトサイナー」に区分できる（松岡 2015）．家庭の中で共通のコミュニケーション手段を持たないろう者は，孤立感を抱えながら成長し，うつ状態になりやすいことも報告され（Sheppard & Badger 2010），このように家庭での会話に加われない状況を、David Meek（2020）は、ディナーテーブル症候群と名付けている．そのため，多くのろう者は，ろう学校や寄宿舎の先輩，ろうの教員，手話サークルなどのろうコミュニティにて成人ろう者から手話を学び，ろう文化を継承することが多いのである（木村 2008）．

また，近年は，人工内耳による治療件数が増え，それに対して，自分の意思で治療方針や生き方を決定できないろう児に人工内耳を装用することは子どもへの人権侵害であると捉える考え方もあり（Lane 2005），これを医学モデルによる同化政策とも捉える見方もある．医学モデルは，新生児聴覚スクリーニング検査を提供することによって，聴覚障害の早期発見・早期支援が可能になり（加我 2005），結果的にろう児を診断し，損傷モデルのラベルを付加することを可能にしたのである．さらに補聴器や人工内耳は，マーケティング市場において重大な利益を占めており，医学モデルのパターナリスティックな関係を冗長していると考えられる．また，聴者優位の社会の中で，医学モデルの視点に基づいたろう者に関する言説による抑圧や弊害が，ろう者だけではなく，聴者の両親，家庭にも影響を及ぼしている．そのため，ろう者を対象としたソーシャルワーク実践においては，彼らの家族や関係者を含めた包括的なソーシャルワーク実践が重要である．

　また，日本のろう当事者全国組織である全日本ろうあ連盟は，自己選択・自己決定の観点からろう者を以下のように分類して述べている（全日本ろうあ連盟 2007: 11）.

　（1）日本語の理解があり，読み書きや手話使用の能力のある聴覚障害者の場合，手話通訳や筆談・要約筆記による情報・コミュニケーションのサポートで自己選択・自己決定が可能である．

　（2）難聴・中途失聴の障害で，普通学校で教育を受けた者は，補聴器使用，筆談・要約筆記による情報・コミュニケーションのサポートで自己選択・自己決定が可能である．

　（3）手話を日常的なコミュニケーション手段として使用しているが，日本語の獲得が十分ではなく，読み書きの能力に制約がある者には，手話通訳による情報・コミュニケーションのサポートだけではなく，自己選択・自己決定をおこなうための説明，助言・相談支援などが必要である．

　（4）標準手話が使えず，読み書きの能力も非常な困難が伴う者には，身

振り的な手話を中心とした情報保障・コミュニケーションのサポートとともに，生活支援を含めた介助などが必要である．

　以上のように，ろう者がどのように自己選択・自己決定が可能かという言説から，特に日本語の読み書きや情報保障などのサポートの必要性の有無によって，ろう者との関わり方が変わるという考え方が，特に全日本ろうあ連盟の中に根付いており，手話通訳者の養成，社会的地位の向上のためのろう運動活動の一つの柱となっている．しかしながら，日本語に焦点を当て，支援の必要性の有無について述べている点から，やや社会モデルに基づく視点であり，また医学モデルの影響がないとも言い切れない．

　なお，多様な言語や文化があふれている米国では，1990年代より障害者としての deaf（聴覚障害者）ではなく文化言語マイノリティとしての Deaf（ろう者）が当事者だけではなく聴者の専門職の間でも認識されつつある（奥田 2002）．一方で，日本でも 1995年に「ろう文化」と「ろう者」の概念が紹介され，ろう者は「日本手話を話す言語マイノリティ」であると定義がなされた（市田・木村 1995）．日本手話は，ろう者の両親やろう学校，聴覚障害者の法的な差別撤廃運動を目的として結成された全日本ろうあ連盟，その傘下団体である地域のろう協会など，ろうコミュニティの中で伝承されてきた言語である（木村 2008）．これらの言説は，1990年代に文化言語モデルとして集約され，文化言語マイノリティと自認するろう者は，医学モデルによる障害観の捉え方に一石を投じた．

2-2　手話とコミュニケーション手段の多様性

　ろう者のコミュニケーション方法は，手話，口話，聴覚活用，筆談，身振り，キュードスピーチなど多様なコミュニケーション手段があり，かつ個別的である．そのことが聴者とろう者，あるいはろう者同士のコミュニケーションの困難さを引き起こしていると考えられる．国連の障害者権利条約において，「手話は言語」として明記されているが（長瀬・東・川島 2008），手話の言語学的研究に関する歴史はまだ浅い．言語学者の William

Stokoe によって，1960 年代に独自の文法構造を持つ手話は音声言語と対等な言語であることが明らかになり（Stokoe 1960），その後の米国においてろう者は独自の言語構造を持つアメリカ手話やろう文化を持つ人々として認識されるようになった（原 2008）．

　手話には，伝統的にろう者が言語として習得するアメリカ手話（日本では日本手話）と英語（日本では日本語）の構造に合わせて手話の単語をつけた手指英語（日本では手指日本語）があり，その間のどこかに位置する手話を多くの人々が話しているのが現状である（Lucas & Valli 1989）．なお，手指日本語は，日本語対応手話とも呼ばれている．また，Katherine Roger & Alys Young（2011: 8）によれば，①手話，②口話，③対応手話（例，手指日本語），④手話と対応手話の併用，⑤手話と口話の併用（シムコムと呼ばれた時期もある），⑥対応手話と口話の併用，⑦手話・対応手話・口話の併用の 7 種類のコミュニケーション手段に区分している．これに筆談や身振りなどを加えると，ろう者の言語，コミュニケーション手段は，多種多様であることは明らかである．また，適切なろう教育を享受することができなかったため，家族や一部の人にしか通じないホームサインを使うろう者や社会生活の機会が制限されていたために言語能力が著しく低いろう者もいる（田門 2008: 10）．このような医学モデルによる支援の結果，言語獲得や言語環境に意図的に恵まれなかったろう者の問題は，言語剥奪（Language Deprivation）と指摘され（Hall 2017），社会正義の観点からも重大な人権問題として指弾されるべきである．特に，日本手話のトレーニングを積んでいない聴者のソーシャルワーカーがろう者と直接コミュニケーションを図る場合や手話通訳を介してソーシャルワーク実践する際には手話の種類の違いによるコミュニケーションのずれや誤解に留意する必要がある．ろう者が使う手話や言語，コミュニケーションは様々であり，かつ複雑であること，また教育経験やろう学校，家庭環境などの影響を受けやすい．つまり，医学モデルや文化言語モデルの言説を理解し，また，ろう者が使う手話を読み取り，尊重することが求められる．このように，ソー

シャルワーカーがろう者を対象に適切なソーシャルワーク実践やアドボカシーを展開する一つのキーワードとして日本手話の習得並びに多様なコミュニケーション手段への対応が必須となる.

2-3　ろうアイデンティティの多様性

　音声言語を媒介して社会構造が成り立つ聴コミュニティにおいて, ろう者が, 心理的な問題やストレスを起こしやすいのは想像に難くない. 聴コミュニティで, 満足に意思疎通が図れない孤独感や自尊心の低下が指摘されるが, ろう者は手話を用いて, ろうコミュニティに属し, ろう者としてのアイデンティティを持つ (稲垣 2013). これは, ろう者特有のアイデンティティであり, 健全な状態であるとされる (Weinberg & Sterritt 1986; 藤巴 2003). 肯定的な所属意識を持った状態がろうアイデンティティを確立した段階であるとされている (甲斐・鳥越 2006). ろう者の心理的成長やアイデンティティ確立にあたっては, ①手話の獲得, ②ろう文化に接する機会, が重要であり, ろう者の心理的成長には文化言語モデルに基づく視点が不可欠となる (鳥越 1999). なお, 様々な価値観や観点, また多くの情報がインターネット上にあふれている現代では, ろう者自身が自らのアイデンティティ確立にジレンマを感じやすくなっている (河﨑 2004) ろうアイデンティティ発達理論によると, ①聞こえることを正常とし価値を置く聴者段階 (第1段階), ②ろう者集団と聴者集団との価値観の間で揺れ動き, 混乱が起きる境界段階 (第2段階), ③手話やろうコミュニティにのみ没頭していく没頭段階 (第3段階), ④ろう者と聴者の文化の双方の文化的違いを受け入れる二文化段階 (第4段階) を経るとされている (Glickman & John 1993). ろうアイデンティティの発達と精神的健康の度合いは相関し, 最終的には二文化に適応した状況が最も精神的健康度が高いとの調査結果もある (Maxwell-Mc Caw & Zea 2011). ろうアイデンティティ発達理論では, 多種多様なろう者の様相を表現するのは困難であるという反論から, 2010年代より, 社会学の分野からインターセクショナリティー

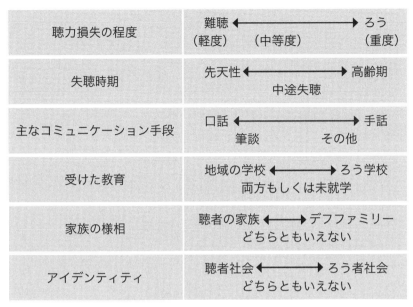

聴力損失の程度	難聴 ←――――――→ ろう （軽度）　（中等度）　（重度）
失聴時期	先天性 ←――――→ 高齢期 中途失聴
主なコミュニケーション手段	口話 ←――――――→ 手話 筆談　　　　その他
受けた教育	地域の学校 ←――→ ろう学校 両方もしくは未就学
家族の様相	聴者の家族 ←→ デフファミリー どちらともいえない
アイデンティティ	聴者社会 ←――→ ろう者社会 どちらともいえない

図 1-1　聴覚障害スペクトラム
出典：原（2015: 18）より

（Intersectionality）の概念が，ろうコミュニティにおいても認識されるようになってきた（Garcia-Fernandez 2014）．インターセクショナリティーとは，様々な差別体験やアイデンティティの「交差」に着目する視点であり，心理社会的な価値観や捉え方は，常に変化し続けるという視点である．同様に，原順子（2015: 18）は，ソーシャルワーク実践の対象者としてのろう者が抱える複雑な要因を理解するための枠組みを示した．具体的には，ろう者の聴覚障害の状況やコミュニケーション手段，アイデンティティなどの個々人の多様性を理解するために，「聴覚障害スペクトラム」を提唱している（図1-1）．しかしながら，ろうアイデンティティとろうコミュニティやろう文化との関連性については，どのように相関性があるのか，さらなる検証が必要である．

3 ろう文化の特性

　まず，文化とは，「言語，価値観．行動規範，そして昔からのしきたり
などを有する，ある集団の人々が学習して身につけてきた一連の行動」で
あり，「人は生まれた時点である文化コミュニティに属し，その文化の規
範に即して育てられ，個性とか行動も所属する文化的価値観に影響される
もの」である（Padden 1989: 14）．では，ろう文化を構成する要素は何であ
ろうか．表1-1にろう文化の構成要素に関する主な研究一覧を示す．代表
的なろう文化の構成要素の一例として，①共通の歴史（common history），
②認知傾向（set of ideas），③共通慣習（common customs），④共通の感覚
（a sense of commonality），⑤共通言語の手話が挙げられている（Padden
1989）．一方，原順子（2008: 240-241）は，ろう文化の構成要素を①独自の
言語である手話，②共通の生活習慣や行動様式，③共通の文化的価値観，
④独自の芸術やユーモア，⑤共通の歴史観の五つに区分している．ろう者
はろう文化だけではなく，その国の聴文化の音以外の部分の影響も受けざ
るを得ないとの指摘もある（斉藤 2007:44）．また，Paddy Ladd（2003）は，
ろう文化は世界共通ではなく，各国特有のろう文化があるが，ある程度ま
では深い文化的共有性を示していると述べている．

　ろう者は，手話を共通言語とするろう者や手話使用者同士での強い結び
つきがあり，そのような自然発生的な集団のことを，ろうコミュニティと
いう（Johnson 1994: 103）．ろうコミュニティでは，共通するろう学校出身
者を知っていたり，地域の手話通訳者を知っていたりすることは驚くこと
ではない．ろうコミュニティは，ろう者の社会的，文化的な生活，また手
話や独自のコミュニケーションによって成り立っており，ろうコミュニテ
ィへの所属資格は，聴覚障害の有無だけで決定されるのではなく，①ろう
者としての自覚，②そのような意識を認め合うこと，すなわち，ろう者ら
しく生きることが挙げられる（Baker & Cokely 1980）．また，「起源」の観
点から言えば，聴覚障害があること，そしてデフファミリーの存在がろう

表 1-1　ろう文化の構成要素に関する研究

	文献	構成要素
1	Padden, C.（2006）	①共通の歴史(Common history)　②認知傾向(Set of ideas) ③共通慣習（Common customs）④共通の感覚（Sense of commonality）⑤共通言語のアメリカ手話（ASL）
2	亀井（2006: 20）	①手話言語　②価値観　③慣習　④物語　⑤知識　⑥歴史感　⑦分類体系　⑧世界観　⑨帰属意識
3	New Zealand（2013）	①ろう者の生活習慣（Deaf customs）　②と功徳の行動様式（Mannerisms）　③芸術（Art）　④ユーモア（Humor）　⑤歴史（History）
4	Hamill A.C. & Stein, C.H.（2011: 390）	①社会規範（Social norm）②見解（Views）③価値（Values）④歴史的価値（Historical figures）⑤芸術（Art）　⑥アイデンティティ形成におけるユニークな力動（Unique forces acting on identity formation）⑦アメリカ手話（ASL）
5	Sinnott, C. Looney, D. & Martin, S.（2012: 2）	①独自の言語（Own Language）②芸術（Art）③生活習慣（Customs）④ろう者としての自負（Deaf pride）

出典：原（2015: 34）

コミュニティを形成する一つの要因である（Johnson 1994）．さらに，ろう者としての振る舞いや生活様式や価値観がコミュニティの中で継承されていく，「価値観の伝承」という特性が他のコミュニティと同様にろうコミュニティにも見出すことが可能である（Johnson 1994）．しかし，ろう文化は，聴者の親からろう児へ継承されるのではなく，ろう学校やろうコミュニティで継承されているという点で，他の文化とは大きく異なり，独自の文化継承パターンを有している（Padden & Humphries 1988）．また，ろう児に対するろうコミュニティの重要な役割として，積極的文化役割ロールモデル（positive cultural role model）が指摘されている（Golos, Moses, & Wolbers 2012）．なお，ろうコミュニティの定義には二つの捉え方があり，

狭義にはろう者のみで構成され，ろう文化にアイデンティティを持ち，手話を第一言語とする者の集団である．一方で，広義のろうコミュニティは，手話通訳者やろう者を対象に専門的な支援を行う者も含むとされている（Wax 1995: 681）．

　現代のろうコミュニティは，様々なろう者が存在しており，多民族的な性質を持っている（Breivik, Haualand, & Solvang 2002）．さらに，ろうコミュニティには，性的少数者，黒人などのサブコミュニティの存在も認識されている（Lane, Hoffmeister, & Bahan 1996）．ろう者や手話に対する否定的態度や抑圧などを生む対立コミュニティ，つまり聴コミュニティは抑圧的コミュニティであると指摘できる（Bahan & Nash 1996）．ろう者に対する抑圧を生むようなコミュニティでは，聞こえることがその社会へのアクセスを決定するものであり，その結果，ろう者は社会的地位や教育的成果の低さを伴うことになるのである（Woll & Ladd 2010）．ろうコミュニティがあることによって，ろう者は肯定的なアイデンティティの存在を可能にしたと考えられる．このような，ろうコミュニティの特徴ゆえに，ろう者を対象にしたソーシャルワーク実践にあたっては，ろう文化を基盤としたろうコミュニティの中で，ろう者からろう者へと継承されてきた価値観や行動様式などを理解し，特に，ろう当事者ソーシャルワーカーは，ロールモデルとしての役割を理解しながら，ソーシャルワークを実践することが重要である．

4　ろう者に対する社会の視点の歴史的変遷

　歴史上，ろう者は聴コミュニティにおける障害の捉え方や言説に影響されながら，これまでに文化言語マイノリティのろう者として，社会的承認を得るようになるまで，様々な変遷を遂げてきている．Tovah Wax（1995）によると，ろう者に対する社会の障害観は，古くは古代ギリシャ時代において，ろう者は，聴覚障害のために，完全に教育不可能であり，

知性が欠如しているという「欠損仮説」があったとされる（原 2015）．また，欧米において，慈善的観点から対応することが美徳であるというキリスト教と聴コミュニティの言説が社会的・文化的領域に強く浸透し，障害観を形成したとされる（原 2015）．その後，近代の医学の進歩により，聞こえの仕組みが解明されたことによって，聴覚障害に対する医療的試みや教育リハビリテーションが可能になり，病理視点に基づいた医学モデルが発展した（原 2015）．1880 年にイタリアで開催された国際ろう教育会議において，ろう者の円滑な社会適応のためには口話法がろう教育において用いられるべき方法論であるとし，手話によるろう教育を事実上禁ずる国際的宣言（ミラノ会議）がなされ（Lane 1984），日本のろう教育もそれに続くことになった．このミラノ会議は，医学モデルに基づいて，ろう者を手話やろう文化から引き離すことで，ディスエンパワーメントさせ，聴者による 100 年以上にわたるろうコミュニティに対する支配が続いたのである．その後，補聴器や人工内耳の開発や医療の発展によって，聴覚障害は医療の対象として捉えられるようになったことから，教育リハビリテーションの開発が進んだ．すなわち残存聴力を活用し，口話法によって，聴コミュニティに適応させようとするろう教育が 1990 年代まで長らく続いていた．黒人の公民権運動の流れを汲む，米国においてはろう文化も一つの文化言語マイノリティとしての市民権を得ているが，日本ではまだ完全に理解が広がっていないとの指摘がある（原 2015:28）．

　米国では，1980 年代にろうコミュニティの聴コミュニティに対する反発や抑圧に対する反動が高まっていた．1988 年にろう者の総合大学であるギャローデット大学において，ろうコミュニティが求めるろう学長候補選考の意向を無視し，聴者の学長を選考したことによる反対運動（DPN 運動：Deaf President Now）が起こった．この DPN 運動により，社会に対してろう者は文化言語マイノリティであると主張し，その結果，障害を持つアメリカ人法（ADA: Americans with Disabilities Act）の制定に大きな影響を与えたとされている（Shapiro 1993=1999: 117）．近年は，ろうの復活（deaf resurgence）に象徴されるように（Ladd 2003），ろう者学（Deaf Studies）が発展し，ろう者の社会的地位が認識されるようになってきたが，一方で，手話を通して専門的な関わりを持とうとする聴者など，手話使用者の人口が増えてきた．その結果，ろうコミュニティと聴コミュニティの境界が文化的戦場となり，しばしば，ろう者と聴者間での対立を生む結果になっている（Woll & Ladd 2010）．

5　ろう者が抱えるニーズの現状

　ろう者を対象としたソーシャルワーク実践は，乳幼児期から高齢期までの生涯にわたる様々なライフステージ上の心理・社会的問題に介入することが多く，ろう者のニーズは，広範囲にわたることが多い．

　野澤（2001）は，ろう者の福祉ニーズの特徴として，①早急に対応を必要とする相談が多い，②コミュニケーション能力と社会の理解の不十分さから職場などに同行することが多い，③柔軟に対応のできる筆談の技術が必要，④家族や周囲の働きかけ，協力が不可欠な相談が多い，⑤長期にわたり，解決が困難な相談が多い，⑥生活・学習・職能指導などの相談が多いことを挙げている．原（2008）は，ろう者のニーズを基本的なニーズと特別な福祉ニーズに区分している．具体的には，すべてのろう者が持つ基本的なニーズとして，①コミュニケーション・情報の保障，②就労・雇用保障，③生活に関する優遇措置，④ろう教育を挙げ，さらに特別な福祉ニーズとして，ろう高齢者福祉（介護ニーズ），ろう重複障害者福祉（介護・生活支援ニーズ），生活保護（経済的支援ニーズ），児童福祉（児童虐待・養護問題支援ニーズ）を挙げている．また，ろう児の親の約 90％が聴者であるという事実やろう教育（手話主義・口話主義），医療（補聴器・人工内耳）に対する考え方など様々な価値観が複雑に絡み合っている状況の中で，ろう者に関わるソーシャルワーカーはろう者のニーズに関して適切な認識と理解をしなければ，文化的・倫理的ジレンマが生じやすいとされる（原

2015: 23）．また，多くのろう者は，聴コミュニティの中で文化言語マイノリティとして生活しており，それゆえに①社会資源の少なさ，②守秘義務遂行の困難さ，③福祉サービスの貧弱さ，の3点がろう者を対象にした福祉サービスの特徴であり，課題として挙げられている（原 2015: 23）．

　2011年に起こった未曾有の東日本大震災において，多くのコミュニティがインフラを始め様々なつながりを断ち切られるほどの大被害を受けたが，同様に，ろうコミュニティも壊滅的なダメージを受けたのである（Takayama 2017）．津波による物理的ダメージによって，ろうコミュニティの人材ネットワークやろう者の生活基盤が破壊され，多くのろう者が避難所に避難したが，すぐに半壊状況の自宅に戻るろう者が多かったのである．これは，聴者の視点で築き上げられた避難所という文化的空間が，ろう者にとっては単に孤独というだけではなく，精神的に苦痛であり，避難所では困った人というラベル付けをされ，また，音声という言語コミュニケーションによって避難所におけるつながりの輪から排除されるからである．文化言語モデルによる災害支援の展開やろうコミュニティの状況を熟知したソーシャルワーカーによる災害支援コーディネートが，ろうコミュニティの復興には重要であり，将来的な減災活動・地域支援計画の立案には欠かせないのである（Takayama 2017）．災害時のアクセシビリティの問題などの物理的な問題は過去の災害経験が活かされないまま繰り返されているが，これは社会モデルの観点から社会構造の問題であると指摘できる．しかし，聴者が圧倒的な社会構造の中で，ろう者にとって望ましい災害支援とは，手話による支援，コミュニケーション，精神的に安定できる場の提供，ろうコミュニティのネットワークを活用した災害アウトリーチ，地域ろう協会を中心としたろうコミュニティの再建といった文化言語的ニーズに対応することなのである（White 2006）．また，他障害コミュニティにはなく，ろうコミュニティが持つストレングスとは，グローバルなネットワーク構築が容易で，かつすぐに世界各国のろうコミュニティによる支援の輪が広がることがろうコミュニティにおける災害支援の特性なのである

（Takayama 2017）．また，Kota Takayama（2017）は，文化言語モデルの観点から，効果的な減災活動や災害啓発教育，災害支援のためには，ろうコミュティのリーダーやメンバーの関わりが重要であり，ろうコミュニティが持つ経験やストレングスを活用することはソーシャルワーカーの責務であることを述べている．

6　まとめと考察

　本章では，ペイン理論を足がかりに，これまでの先行研究を整理し，ソーシャルワークの対象者としてのろう者に向けられている視点，また社会の障害観の現状と課題，今後の方向性を明らかにした．本章では，特に日本におけるろう者の「社会的・文化的領域」，「機関・制度施策領域」，「ソーシャルワーカー・クライエント領域」における様々な言説について国際的視野を持って，レビューし，ソーシャルワークの対象者としてのろう者を取り巻く状況を明示した．

　考察を展開する前に，改めて，「マイノリティ」とはいったい誰のことを，そしてどの集団のことを指すのかに触れておきたい．歴史的に鑑みて，マイノリティという概念は欧米において，少数者の取り扱いを定めた国際条約の文脈の中で発展している．その文脈の中で，発展した国際人権法の規定に依拠すると，ナショナル（national），エスニック（ethnic），宗教（religious），言語（linguistics）の四つの特性のいずれかにおいて，マジョリティとは異なることが，マイノリティとしての位置付けの第一義的条件となり，それらに加えて社会的弱者もマイノリティとして位置付けることが可能である（岩間・ユ 2007: 5）．そして，日本におけるマイノリティに対する観点は，国際人権法が定めるマイノリティの四つの特性を重視せず，社会的弱者をマイノリティとしてみなすことが特徴であるとの指摘がある（岩間・ユ 2007）．つまり，日本においてろう者はマイノリティと言えるが，「機関・制度施策領域」においては，社会福祉制度の対象者としての障害

者としての言説で捉えられているのである．

　ろう者を対象にしたソーシャルワーク実践について，Martha Sheridan & Barbara White（2009）は，エンパワーメントの観点から，医学モデルによる言説に支配された社会の障害観からの脱構築から発生した文化言語モデルを適切に認識した上で，ソーシャルワークを展開することの重要性を指摘している．また，医学モデルの弊害として，ろう者の歴史が示すように，ろう者のクライエントと聴者のソーシャルワーカーの関係がパターナリズムに陥りやすく（Lane, Hoffmeister, & Bahan 1996），結果的にろうクライエントの自己選択・自己決定が阻害されることが挙げられる．これは，一般的には，聴者であるソーシャルワーカーとろう者であるクライエントという非対称二者関係によって，パターナリズムに陥りやすく，かつディスエンパワーメントされることを示しており，それこそが「ソーシャルワーカー・クライエント領域」において支配的な言説なのである．また，医学モデルでは，ろう者のニーズを適切に把握し，ソーシャルワークを実践することが困難となり，かつ文化的・倫理的ジレンマを引き起こす恐れがある．特に，マジョリティの立場である聴コミュニティによる抑圧や障害観は，結果的に，手話の獲得やろう文化と接する機会を歴史的に制限してきた．また，近年，手話使用者が増えてきたが，結果的にろう者と聴者の間のズレや一方的な価値観の押し付けといった文化的戦場を引き起こしている事実もある．前述したように医学モデルという構造的な言説や社会の障害観への反発，抵抗の集合体概念としての文化言語モデルがろうコミュニティにどのように影響を与え，かつ文化言語マイノリティを始めとする価値観の継承がなされていったのかろうコミュニティの歴史の理解抜きに，文化言語モデルに沿ったソーシャルワークは困難だとわかる．つまり，ろう者にはろう者のやり方があり，それらは，ろうコミュニティが持つ積極的文化役割ロールモデルとしての様々な文化的資本の継承であるとするろう文化そのものの適切な理解が医学モデルでは成し得ないことを示している．なお，奥田啓子（2002）は，ろう者のろうアイデンティティやろう者

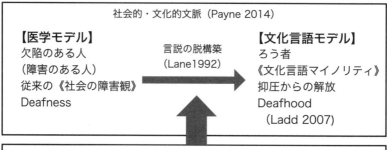

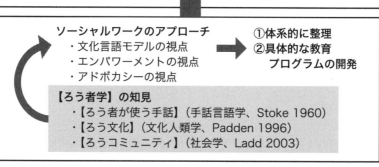

図 1-2　社会的・文化的文脈におけるろう者を取り巻く言説とソーシャルワーク実践

が使う手話など多様なコミュニケーション手段など，文化言語モデルの要素を理解した上でのソーシャルワークがエンパワーメントの観点から重要であり，これらは依然として解決されていない重大な課題であると指摘している（奥田 2007）．文化言語モデルやろうコミュニティでの独自の文化継承を理解するための手段として，ろう者学の履修が，効果的なろう文化ソーシャルワーク教育における一つのキーワードである．

　ろう者の基本的なニーズ並びに福祉ニーズを適切に理解するためには，聴力障害の程度などの医学モデルの観点からだけではなく，ろう文化やろう者が使う手話，教育環境，家庭環境，ろうアイデンティティを重視する文化言語モデルに基づく，ろう者を取り巻く社会的・文化的領域などにおける言説の理解が重要である．本章で得られた知見を整理すると，図 1-2 のような理論図が形成される．

　以上のように，ろう者がどのように文化言語マイノリティとして，医学

モデルという言説に対抗していったのかという認識は，本章で明らかにした先行研究による社会的・文化的領域におけるろう者の言説の動向とソーシャルワークの視点の歴史的動向との関連性は高い．エンパワーメント及び社会正義の観点からも文化言語モデル，ろう者学，ろう文化は重要なキーワードである．ろう者に関わるソーシャルワーカーに求められるコンピテンシーとして，ろう者を対象にしたソーシャルワークを困難なものにしているろう者を取り巻く言説への「認識」としてこれらの概念の理解は重要である．これらを踏まえた上での，ろう者学を取り入れたソーシャルワーク教育プログラムや講義シラバスについての体系的な整理，そして仮説モデルの形成が重要であり，既存のソーシャルワーク実践の現状やソーシャルワーク教育との関連性を軸とした分析が求められる．次章において，ろう者を対象としたソーシャルワーク実践の歴史や課題について論じていく．

第2章
ろう者を対象にしたソーシャルワーク実践の歴史的変遷

1 当事者の視点を取り入れたソーシャルワークとは

　ろう者に関わるソーシャルワーカーの専門性やその教育の必要性について論じる場合に，ソーシャルワーカー個人が持つ意味世界について整理をする必要がある．Payne（2014: 6）は，ソーシャルワークの理論は，「ソーシャルワークについての理論」，「ソーシャルワークの方法の理論」，「クライエントの世界の理論」の三つに区分されるとしている．ソーシャルワークには，実践の中から抽出された確かな理論が重要である（佐藤 2001: 510）．当事者主体を包有したソーシャルワークの望ましいあり方については，誰がどのように判断をするのかという問題があるが，当事者が抱えるリアリティは重視されるべきものである（田島 2013）．そのため，ソーシャルワークがクライエントの自己実現を尊重するためには，「自己決定」が当事者性の概念を構成する一つの要素であるとされる（小山 2004）．ソーシャルワーカーは，省察的実践家（reflective practitioner）としての位置付けが重要であり（Schon 1983），ソーシャルワークの専門性は，「行為の中の知（knowing in action），各種ソーシャルワーク実践行為の背景にあるソーシャルワーカーの視点や判断基準といった実践知を議論することが重要との指摘もある（日和 2014）．

　ろう者に関わるソーシャルワーカーの専門性並びに養成教育の現状や課題を整理するためには，日本で長年，ろう者に関わってきたろうあ者相談

員を始めとして，ろう当事者ソーシャルワーカーの実践知や歴史的動向の検証が必要である．その上で，ろう者を取り巻く言説に対する動向と照らし合わせ，ろう者を対象にしたソーシャルワーク実践における，多文化ソーシャルワークを含むソーシャルワークの理論や文化言語モデルの理論枠組みの整合性の検証を試み，ろう者を対象にしたソーシャルワーク実践の専門性を明らかにし，その専門性を担保するためのソーシャルワーク教育の構築に向けた基礎資料を以下に提供する．

　第1章に続き，社会構成主義に基づいてシステム論的な視点を包有したPayne（2014）がソーシャルワークの構造について論じたペイン理論を足がかりとして，本章では，ソーシャルワークを構成する「当事者」，「ソーシャルワーカー」，「社会的・文化的文脈」の構成要素のうち「ソーシャルワーカー」を研究対象とする．ソーシャルワークにおいては，それぞれが影響し合う社会構造と個人的な関わりの複合体が存在する．その複合体とは，社会的・文化的領域，機関・制度施策領域，ソーシャルワーカー・クライエント領域という複合体である（Payne 2014:27）．また，ペイン理論の三つの視点のうち，Social Order View は，ソーシャルワークサービスとクライエントのウェルビーイングは相関すると指摘している．つまり，ろう者を対象にしたソーシャルワーク実践とろう者のウェルビーイングの向上が肯定的に相関するということは何か，それらに影響を与える意味世界とは何か，検証することが求められる．この意味世界は，固定化しているのではなく，それぞれの意味世界が外在化，内在化，客体化を可変的に積み重ねていく構造である．さらに，久保紘章（2005）は，ソーシャルワークの実践モデルについて，問題改善をもたらすかどうかよりも，当事者にとって望ましいと考えられる一定の視点や理論によって提示された実践方法であると指摘しており，当事者の視点の重要性を述べている．当事者としてのろう者主体を具体化する実践モデルとは何かを明らかにするために，ろう者を対象としたソーシャルワーク実践と専門性に焦点を当て，特に，ろうあ者相談員の実践知，またその歴史について整理をする．

2　ろうあ者相談員の歴史と背景

2-1　戦後〜1980年代：手話ができる相談員を求めて

　戦後の間もない頃に，各市町村福祉事務所に身体障害者福祉司が設置されたが，彼らが手話を使うことができないため，ろう者が福祉サービスを利用できないという問題が発生した．それに対して，1953年に開催された第4回全国ろうあ者大会の決議を受けて，全日本ろうあ連盟や各地のろう協会が地方自治体に対して「ろうあ者専任福祉司の設置」，「手話のできる福祉司を」と，ろうあ者相談員制度創設に向けてろう当事者の声を挙げていった（全日本ろうあ連盟1998）．その後の1963年に，北海道旭川市に全国初のろうあ者相談員が設置され，ろう者が専任のろうあ者相談員として採用された（全日本ろうあ連盟1998）．また1967年の身体障害者福祉法の改正によって，身体障害者相談員制度が誕生したが，コミュニケーションの問題や聴覚障害やろう文化の特性により派生するろう者問題の複雑さにより，また身体障害者相談員の奉仕的な活動の枠を超える場合が増えてきたことから，ろう運動を通して，各地方自治体に身体障害者相談員とは別に，手話を通して専門的に生活支援が可能なろうあ者相談員や手話通訳者の設置要望の結果，ろうあ者相談員を採用する自治体が増加した（野澤1991）．なお，ろうあ者相談員は，市町村の聴覚障害者協会の推薦によって，就任するケースが多い（野澤1991）．全国で勤務するろうあ者相談員の要望によって，1984年に第1回全国ろうあ者相談員研修会が開催され，主にろうあ者相談員の専門性を高めるための研修が提供されるようになった．それ以降，現在まで年一回，約50名のろうあ者相談員が一堂に会し，全国各地の持ち回りで全国ろうあ者相談員研修会が開催されている．

2-2　1980年代後半〜1990年代：業務内容と身分の確立

　ろうあ者相談員の身分保障に関して，1989年以来，全国ろうあ者大会において「ろうあ者相談員の正職員採用，全国的な設置のために」をスロ

ーガンとして毎年決議している．具体的には，①国に対して，ろうあ者相談員制度の創設を求める，②地方自治体に対し，ろうあ者相談員を正職員として採用することを求める，③聴覚障害者情報提供施設に相談員を設置するための人件費の保障を求める，④ろうあ者相談員の専門性の確立と資質の向上を目指す，としている（全日本ろうあ連盟 2003; 2004; 2005a）．また，1988 年の第 5 回全国ろうあ者相談員研修会の報告書によると，ろうあ者相談員の課題として，主に，①全国ろうあ者相談員研修会の充実を図る，②専門性の確立，③全国ろうあ者相談員の組織化，④国の制度化，がある．またその他の具体的な課題として，「職場に手話通訳者がいない」，「ろうあ者相談員の仕事を専門的に見てもらえ，またアドバイスを受けられるシステム作り」，「地域に複数の相談員がいる場合は，質の均等化」，「クライエントのニーズへの対応力」，「ろうあ者相談員の倫理綱領の制定」が挙げられている（全日本ろうあ連盟 1988）．しかし，「ろうあ者相談員の倫理綱領の制定」については，現在においてもまだ実現していない．また 1991 年の第 8 回全国ろうあ者相談員研修会において，ろうあ者相談員と手話通訳士の業務内容の違いについて議論され，手話通訳士に関しての職務は，「コミュニケーションの伝達とコミュニケーションに関わる情報提供である」と確認された．ろうあ者相談員の業務は，正式に統一された定義は見あたらないが，野澤克哉（1991）は，①ろう者が持ち込むすべての問題の整理と援助，②社会資源，制度などの活用の援助と他機関との連絡調整，③地域のろう者に関係する機関，関係者への指導と援助とし，手話通訳者の業務と区別した上で，ろうあ者相談員と手話通訳者が連携してろう者への援助がより効果的にならなければならないと述べている．しかし，聴者である手話通訳者がろうあ者相談員の業務を兼ねることが増えてきているのが現状である．さらに全日本ろうあ連盟のろうあ者相談員に関する運動方針として，①相談員研修の充実を目指す，②相談員の専門性を深める，③全日本ろうあ連盟へのろうあ者相談員名簿への未登録者の登録推進及び全国の相談員の組織化，④国のろうあ者相談員制度化を要求すること

を，明示している（全日本ろうあ連盟 1991）．1993 年の第 10 回全国ろうあ者相談員研修会から，ろうあ者相談員研修会への参加資格について，「週 3 日以上公的機関に配属されている相談員」であることが求められ，ろうあ者相談員の常勤職化に向けた運動が活発になっていった．ろうあ者相談員の労働条件などの要求，全国各地へろうあ者相談員制度を拡げていくこと，聴覚障害者情報提供施設におけるろうあ者相談員の設置，相談員制度の設置要領収集などの運動は，全日本ろうあ連盟で行うことになっている．さらにろうあ者相談員の位置付けとして，①相談員は，ソーシャルワーカーと同じ相談業務である，②手話通訳の業務と共通点があり，役割分担を明確にしていくこと，が明記されている（全日本ろうあ連盟 1993）．また，1990 年代の聴覚障害者情報提供施設の法制化と設立の増加によって，ろうあ者相談員の登録数は増えてきた（全日本ろうあ連盟 1997）．しかしながら，現時点で，聴覚障害者情報提供施設に相談員を設置する法的義務はないため，その予算化は各地自体に委ねられているのが現状となっている．

2-3　2000 年代〜現在：専門性の向上と資格化の追求

　2003 年から 2005 年度までのろうあ者相談員研修会は，福祉医療機構の助成を受けて「聴覚障害者生活支援業務従事者研修会」として，ろうあ者相談員だけではなくろう者に関わる福祉施設職員などの参加者を集めて開催された．さらにろうあ者相談員の専門性の確立や身分保障の目的から，2005 年度の全国ろうあ者相談員研修会にて，「聴覚障害者福祉士」制定の計画及び検討が全日本ろうあ連盟から発表された．ろうあ者相談員の抱える相談内容や事例の複雑化により，利用者を支援するための専門的な援助技術の習得が課題となっている（日本身体障害者団体連合会 2002）．また 2005 年度の全国ろうあ者相談員研修会にて，①聴覚障害者などの相談に応じて，助言や援助を行い，必要な行政制度へつなげる，②常に相談業務に関する調査研究を行い，資質の向上を図る，③地域社会への聴覚障害者問題，手話の普及を図るように努めること，④全国のろうあ者相談員と

のネットワークづくりを行うこと，さらに⑤職務上知り得た秘密を漏らさないこと，とろうあ者相談員の業務内容の定義が発表された．また，ろう者の支援に関わる手話通訳者の位置付けについて，全日本ろうあ連盟（2004）は，「聴覚障害者のコミュニケーション支援と生活支援は密接に結びついており区別できない」という認識に立ち「手話通訳者は聴覚障害者のニーズに合わせて，聴覚障害者の福祉専門職として，通訳のみならず，生活支援をすることも必要とされる場合がある」としており，手話通訳者にもソーシャルワーク機能を求めている．これまでの全国ろうあ者相談員研修会の講演テーマは表 2-1 の通りである．全国ろうあ者相談員研修会は，講義と事例検討を研修会開催の柱としていることから，当時のろうあ者相談員が抱えていた課題や社会情勢をテーマとした講演を設け，グループで事例検討を行っていたと考えられる．全国ろうあ者相談員研修会は，報告書を発行していないことから，講演会や事例検討の詳細は不明である．しかし，全国ろうあ者相談員研修会の歴代講演テーマを概観すると，当時のろうあ者相談員が抱えていた専門家としての力量的課題やろう運動の方向性が見えてくる．具体的には，1980 年代は，ろうあ者相談員の制度のあり方やそれに準ずる社会福祉制度の動向に関する講演テーマが多く見られるが，その後は，精神障害に関する講演テーマが多くなっている．それは，ろうあ者相談員がソーシャルワークではなく，ケースワーク的観点から，またピアカウンセラーの観点から，ろう者や家族の生活ニーズにどのように対応し，また適切な関係機関やろう者関連の社会資源につなぐのかといった調整型ケースワーク的機能が重視されていたからである（野澤 2001）．なお，全日本ろうあ連盟の報告書によれば，ろうあ者相談員の 80.6％ が「聴覚障害者が利用できる事業所を知っている」と回答しているが，ソーシャルワーカーとしてのトレーニングを受けていないことから，20％のみしか問題把握のためのアセスメントを実施しておらず，福祉事務所のケースワーカーや上司の支援を受けているのが実情となっている（全日本ろうあ連盟 2007）．具体的には，「他職種に相談する（74.8％）」，「相談業務に関

表 2-1　全国ろうあ者相談員研修会の歴史と概要

開催年度	講演内容及び講師名，発表テーマ
第 1 回 (1984 年)	「援助としての相談活動 - その意義と課題」東京都立大学教授 窪田暁子
第 2 回 (1985 年)	「改正された身体障害者福祉法と年金法—手話通訳制度とろうあ者相談員の関わりについて—」厚生省社会局更生課身体障害者福祉専門官 丸山一郎 事例テーマ「出社拒否症」
第 3 回 (1986 年)	「身体障害者職業の展望」日本身体障害者雇用促進協会 手塚直樹 「権利としての社会福祉の展望」日本社会事業大学 佐藤久夫 事例テーマ「重複障害」
第 4 回 (1987 年)	「これからの日本の福祉」日本社会事業大学 仲村優 「ろうあ者相談員の方向」全日本ろうあ連盟理事長 高田英一 事例テーマ「自由」
第 5 回 (1988 年)	「最近の福祉の動向について」大阪外語大学助教授 二宮厚美 「今後のろうあ者相談員」東京都心身障害者福祉センター 野沢克哉 「ろうあ者相談員の実態と課題」に関する実態調査発表 事例テーマ「自由」
第 6 回 (1989 年)	「心因反応について——そのカウンセリング」駒木野病院精神科医師 亀井啓輔 事例テーマ「自由」
第 7 回 (1990 年)	「心因反応について」京都市聴覚言語障害センター嘱託医師 藤田保 事例テーマ「自由」
第 8 回 (1992 年)	「聴覚障害者をとりまく家族のあり方」東京都心身障害者福祉センター 相楽多恵子 ろうあ者相談員と手話通訳との関わりについての懇談会開催 事例テーマ「家族関係」
第 9 回 (1993 年)	「高齢ろうあ者について」京都いこいの村梅の木寮所長 大矢暹
第 10 回 (1994 年)	「高齢者保健・医療・福祉の動向とろうあ者相談員の役割への期待」 社会福祉法人中央共同募金会総務部副部長 扇沢真治
第 11 回 (1995 年)	「カウンセリングの理論と実際」広島市精神保健指導センター 相談指導課主任 藤沢敏幸 全国のろうあ者相談員設置一覧発表 事例テーマ「今，聴覚障害者問題は‥」サブテーマ 1 聴覚障害者の精神障害 2 盲ろう重複障害者問題 3 ろうあ夫婦家庭の教育問題 4 その他
第 12 回 (1996 年)	「カウンセリングの理論と実際」北星学園大学社会福祉学部教授 米本秀仁
第 13 回 (1997 年)	「聴覚障害者外来の経験から - 心理士の立場で -」琵琶湖病院心理士 古河恵理子 ろうあ者相談員の啓発パンフレット案の提案
第 14 回 (1998 年	「聴覚障害者のケアとケアマネジメントについて」厚生省大臣官房障害保健福祉部 企画課社会参加推進室専門官 坂本洋一 登録ろうあ者相談員の現況集計表の発表
第 15 回 (1999 年)	「介護保険制度への取り組み」京都市聴覚言語障害センター副所長 近藤幸一 「知的障害者施設に勤めて」社団法人香川県ろうあ協会理事 立井徳美 立井明美
第 16 回 (2000 年)	「人間関係の中で人間は育つ」精神科医 吉田脩二「介護保険と障害者」姫島診療所 MSW・介護支援専門員 宇都宮勝 関東ろうあ者相談員連絡会事業報告・発足発表

第 17 回 (2001 年)	「何重ものバリアに囲まれた人の人権保障」金沢大学教授 井上英夫「2003 年度のケアマネジメントの動向報告」野沢克哉
第 18 回 (2003 年)	「障害者支援費制度の狙いと問題点」日本障害者協議会常務理事 藤井克徳 「相談支援のあり方をめぐって」大阪聴力障害者協会副会長 中岡正人 埼玉県社会事業団障害者交流センター聴覚障害支援課ろうあ者相談員 岩田恵子 田中清 「聴覚障害者のニーズの支援あり方」近藤幸一 岡本初実 「支援費支給の流れ」横浜市福祉局障害福祉課制度担当課長 斉藤勝敏 ※独立行政法人福祉医療機構助成による開催 ろうあ者相談員以外の参加可能
第 19 回 (2004 年)	「聞こえない立場からの地域コミュニティ」松本晶行 「支援費制度施行後の状況等について」石渡博幸 「岩手／高齢聴覚障害者等ミニデイサービスひびきの会について」小笠原ひとみ ※独立行政法人福祉医療機構助成による開催 ろうあ者相談員以外の参加可能
第 20 回 (2005 年)	「障害者福祉の改革方向と聴覚障害者施策のあり方」安藤豊喜 ※独立行政法人福祉医療機構助成による開催 ろうあ者相談員以外の参加可能
第 21 回 (2006 年)	「高次脳機能障害，障害者自立支援法，精神障害者について」 厚生労働省社会援護局障害保健福祉部精神保健福祉課課長 矢島徹也 「聴覚障害者福祉士（仮称）の資格化について」全日本ろうあ連盟事務局長 石野富志三郎
第 22 回（2007 年）〜第 25 回（2011 年）資料なし	
第 26 回 (2012 年)	「災害時における相談支援」聴覚サポートなかま小海秀純
第 27 回 (2013 年)	「障害者総合支援法について」厚生労働省社会・援護局 障害保健福祉部 企画課自立支援振興室 情報支援専門官 鈴木敏弘氏
第 28 回 (2014 年)	「生活相談員へ緊急提言」石野富志三郎
第 29 回 (2015 年)	「震災後の生活を振り返って，今・・・〜東日本大震災から 4 年，ろうあ者の生活や労働への支援から見えた課題とは〜」田脇博子，小林泉，齋藤智子
第 30 回 (2016 年)	『聴覚障害者への合理的配慮とは〜「障害者差別解消法」と「改正障害者雇用促進法」から考える〜』篠田あゆみ，辻川圭乃，松本正志
第 31 回 (2018 年)	「障害者差別解消法及び改正障害者雇用促進法施行後から 1 年半，聴覚障害者の就労支援及び相談支援等の合理的配慮について」尾上浩二，新田峰雄
第 32 回 (2019 年)	「相談・支援におけるチーム支援の構築について」林文彦，大堀信子，篠田誠，久松三二

して支援してくれる人がいる（74.8％）」，「相談内容について先輩と相談する（78.6％）」となっている（全日本ろうあ連盟 2007）.

　なお，介護保険制度や障害者自立支援法などの福祉構造改革の影響を受けた 2000 年代は，介護保険や障害者支援費制度などといった制度デザインそのものの理解を深めることを目的とした講演テーマが多く，かつ役人や大学教授による講演が増えている．2010 年代以降は，2011 年の東日本大震災での災害救援活動に関する活動報告や障害者差別解消法に関する講演が設定されている．つまり，1990 年代までは，個別支援の知識やカウンセリング技法の基礎などのミクロレベルに焦点を当てた研修が多かったが，2000 年代以降は，制度や政策動向といったマクロレベルに焦点化した研修が増えてきている．ろうあ者相談員の専門性の向上や専門職としての身分保障のためには，ソーシャルワーカーとしての基礎トレーニング並びにろう者の問題を適切にアセスメントするためのトレーニングを受けることが重要である．これまでは，ろうあ者相談員自身の熱意や情熱によって支援が続けられ，ろうあ者相談員制度が地域のろうコミュニティによって維持されてきたため，専門性よりも市役所などの公的機関における総合対応窓口としての機能が重視されてきたのである（木下 2008）．これらのことから，ソーシャルワーク機能ではなく，複雑な制度の理解や関係機関との連絡調整といった調整型ケースワークの機能を強化するための講演テーマが多く設定されてきたと考えられる.

　ろうあ者相談員は，国の制度ではなく自治体独自の制度であるため，名称も一般的な「ろうあ者相談員」を始め，「ろう者福祉指導員」，「ろう者生活指導員」など様々である．また，ろう者の生活問題に精通した社会福祉主事任用資格などを有するろう者が任命される場合が多いが，その身分は正職員，常勤的，非常勤や嘱託などと様々な雇用形態になっている．しかし，正職員での雇用は少なく，多くのろうあ者相談員が非常勤などの不安定な雇用状況であるとされている（野澤 1991）．2005 年度の聴覚障害者生活支援業務従事者研修会にて，ろうあ者相談員は，男性はろう者が多く，

聴者に女性が多いことを指摘し，その勤務形態としては，多くが嘱託であり，正職員は，北海道，福岡，大阪に多く，その名称についても，ろうあ者専門相談員から生活相談員，福祉指導員と様々な職名になっているとの指摘がなされている（全日本ろうあ連盟 2005）．ろうあ者相談員の定義として，2005 年度全国ろうあ者相談員研修会にて「常勤専任職員であり，公務員と同等または準する者で，福祉事務所，社会福祉協議会，聴覚障害者センター，聴覚障害者団体事務所に所属する者とする」と決議がなされた（全日本ろうあ連盟 2005b）．2006 年には，188 名がろうあ者相談員として全国各地の市町村などにて勤務している（全日本ろうあ連盟 2006）．しかし，多くのろうあ者相談員が情報保障や業務上必要な知識や情報や研修の機会が得られないといった課題を抱えている（一色 2008）．

　ろうあ者相談員制度が事業として確立されつつある数少ない市町村では，運営の根拠となると考えられる設置綱領が作成されている．なお詳細に明記されている例として，全国でも先駆的に全区にろうあ者相談員を設置している北海道札幌市は，その設置綱領に「実施主体」，「選任者」，「任命権者」，「身分」，「雇用形態」，「相談日」，「勤務時間」，「設置場所」，「任用要件」，「職務」，「報酬」，「呼称」について明記している．なお，各行政機関のろうあ者相談員設置綱領を比較し，整理してみると，多くの市町村が「実施主体」，「選任者」，「任命者」などの設置に関わる項目と「身分」，「設置場所」，「任用要件」，「職務」，「呼称」などの運営に関わる項目を明記していることが理解できる．しかし，ろうあ者相談員制度の実施に関わる具体的な職務内容や任用要件については，明記されているものの，多くの市町村はろうあ者相談員自身に関わる身分保障については，具体的に明記されておらず，不安定な雇用形態になっていると考えられる．しかしながら，ソーシャルワーカーとしての訓練の有無や社会福祉士などの国家資格の有無が任用要件として明記されている綱領は見当たらない（表 2-2）．

　上記のろうあ者相談員が抱えている身分保障や専門性の向上などの課題の解決に向けて，2006 年に，全日本ろうあ連盟は「聴覚障害福祉士」案

を提案し，さらにそれを国家資格として制定することを提言している（全日本ろうあ連盟 2006）．聴覚障害福祉士とは，①聴覚障害者と同じ言語・コミュニケーション手段をもって相談支援ができ，②聴覚障害の特性，生活実態，社会的背景などを理解し，③社会福祉援助技術など，社会福祉士の資格を取得するために必要とされる養成に準じた相談支援の専門性を有する者としている（表2-3）．聴覚障害者福祉士の養成カリキュラム構成案は，①社会福祉のサービスに関する基礎知識及び相談援助の理論と方法については社会福祉士のカリキュラムに準じた内容，②聴覚障害者福祉に関する専門的な知識・技術に関しては，聴覚障害に関する医学的知識や日常生活用具給付の制度などといった医学モデルに基づいた講義内容が中心で，ろう者の歴史やろう者の生活観，言語観などのろう者学の成果を反映していない．聴覚障害者福祉士のカリキュラムは，計6日間で，これらの研修を実施し，試験を課すが，社会福祉士や精神保健福祉士に課せられている現場実習は必須条件とはなっていない．社会福祉士は大学において，講義と現場実習の履修を基本とし，かつ合格率が低い国家試験に合格する必要があるが，聴覚障害者福祉士は，実習も国家試験も想定されていない．なお，聴覚障害福祉士は，社会福祉士や精神保健福祉士などの国家資格の所有を前提条件とはしていないため，ろうあ者相談員及び聴覚障害福祉士をろう当事者ソーシャルワーカーとして社会的に位置付ける場合には，専門性の確保という観点から考えても解決するべき課題が多く残されている．また，ソーシャルワーカーについては，社会科学における占有的・特殊的な知識体系と伝達可能な専門的技術，一定の教育と政府の監督下において公的試験を基にした専門的資格，専門職の団体，専門的実践のための綱領などの要件が必須条件となる（秋山 2007）．そのため，ろうあ者相談員制度の枠組みや聴覚障害福祉士のカリキュラムが，専門職の要件を満たすためには未だ多くの課題が残っている．

　前述のように，ろうあ者相談員が，専門職としての社会的地位を確立させようとする動きがある一方で，高等教育機関で社会福祉学やソーシャル

表 2-2　地方自治体におけるろうあ者相談員設置綱領の比較

	札幌市	横浜市	川崎市	長野県	島根県
実施主体	市	市	市	県	県
選任者	区保健福祉部長	受託者	社会福祉協議会の長	協会の長	
任命権者	区保健福祉部長	市長	市長	協会の長	
実施形態		一部委託	委託	委託	委託
運営		横浜市リハビリテーション事業団	川崎市社会福祉協議会	長野県聴覚障害者協会	
身分	採用困難職		社会福祉協議会職員		
雇用形態	非常勤週30時間				
相談日	月～金	月～金		地区ごとに月6回，自宅訪問	
設置場所	各区保健福祉部保健福祉サービス		社会福祉協議会	協会事務所	鳥取県西部総合事務所福祉保健局
任用要件	①社会福祉に関して理解と熱意を有すること②地域の実情に精通しており，相談，助言の能力を有すること	①聴覚障害者等の福祉に関する事業に従事した経験を有する者②身体障害者福祉の知識を有する者	①聴覚障害者等の福祉に関する事業に従事している者②福祉一般に相当の知識を有する者	ろうあ者であって社会的信望があり，ろうあ者の福祉に理解と熱意を有する者	
職務	①聴覚障害者の日常生活上の各種の相談に応じ，必要な指導，助言を行うこと②必要に応じ，関係機関と連携を取り，その業務に協力に協力すること③聴覚障害者に対する市民の認識と理解を深めるため，救護思想の普及に努めること④全各号に掲げるほか，聴覚障害者の福祉の向上を図る上で，必要と認められる業務を行うこと	①聴覚障害者等の日常生活の各種相談に応じ，必要な指導，助言を行うこと②必要に応じて関係機関と連携を取り，問題解決すること③聴覚障害者等に関する認識と理解を深めるための啓発に関すること④その他の聴覚障害者等の福祉の向上を図る上で必要と認められること	①聴覚障害者等の相談，助言に関すること②聴覚障害者等と関係諸機関の仲介に関すること③その他の本事業の効果的運営を図るために必要な事項	①ろうあ者の日常生活，結婚，就職そのほか各種の相談に応じ，必要な助言，指導を行うこと②ろうあ者の更正援護につき，関係機関が行う業務に協力すること③そのほか，前各号に附帯する業務を行うこと	①聴覚障害者等に係る相談，助言及び援助に関すること②聴覚障害者等のケアマネジメントに関すること③関係機関への相談等の連絡・調整に関すること
報酬	月額				
呼称	ろうあ相談員	聴覚障害者相談員	ろうあ相談員	ろうあ相談員	聴覚障害者相談員
施行日	平成10年4月1日	平成4年10月1日	平成2年4月1日	昭和60年4月1日	

	広島市	広島県廿日市市	愛媛県松山市	福岡県春日市
実施主体	市	市	市	市
選任者		市長		
任命権者		市長		
実施形態	委嘱	委嘱	委託	
運営	社会福祉法人			
身分	嘱託	特別職	兼務可能	嘱託
雇用形態	非常勤	非常勤週30時間	兼務可能	
相談日				
設置場所			身体障害者福祉センター	
任用要件	①心身共に健全であること②福祉に関し理解と熱意があること③聴覚障害者等と手話法により，意思疎通が出来る程度に技能に習熟した者	①一定の手話技術を有し，手話及び口話による障害者と意思疎通が出来る者②市長が相談員として適格性があると認めた者		聴覚障害者等の福祉の増進に関し，理解と熱意を有し，手話に堪能である者
職務	所属長の指揮監督を受け，聴覚障害者と更正援護に関する相談に応じ，必要な指導を行うとともに手話による意思伝達の仲介業務を行う	①障害者の更正援護に関する相談，助言，指導②手話等による意思伝達の仲介業務	①障害者デイサービス事業の実施②身体障害者の福祉団体に対する便宜の供与など③身体障害者の福祉の増進を図るため，必要に応じボランティア養成のための事業を行うとともに，身体障害者または地域住民に対する啓発等の事業を行う	①各種の福祉に関する相談②生活，身上に関する相談③前2号に掲げるもののほか，必要と認められる事項に関する相談
報酬				
呼称	手話相談員	手話相談員		聴覚障害者相談員
施行日		平成11年3月26日	平成3年4月1日	平成11年3月29日

表2-3　聴覚障害者福祉士の研修試案

(1) 社会福祉のサービスに関する基礎知識及び相談援助の理論と方法	
1) 社会福祉のサービスに関する基礎知識	現代と社会福祉，高齢者に対する支援，障害者に対する支援，児童・家庭に対する支援，低所得者に対する支援，地域福祉の理論と方法，社会保障，保健医療サービス，就労支援サービス，心理学理論
2) 相談援助の理論と方法	相談援助の理論と方法，相談援助演習
(2) 聴覚障害者福祉に関する専門的な知識・技術	
1) 聴覚障害者に関する知識	聴覚障害者の理解と支援方法（重複聴覚障害者・盲ろう者・高齢聴覚障害者の理解を含む），聴覚障害者に関する福祉政策と福祉サービス
2) 聴覚障害者に対する相談援助の理論と方法	聴覚障害者に対する相談援助の理論と方法（ケアマネジメント理論と方法を含む），聴覚障害者相談援助演習（事例研究・ロールプレイ）
3) 手話によるコミュニケーション方法	手話による事例報告と討議

出典：全日本ろうあ連盟「聴覚障害者の相談の資格・認定に関する調査研究及び聴覚障害者支援へのケアマネジメント等の研修事業報告書」

ワークを学ぶろう学生が増え（斉藤1999），新世代のソーシャルワーカーの台頭が見られるようになった．なお，高等教育におけるろう学生への支援などの取り組みは進んできているが，社会福祉を学ぶ様々な障害学生やろう学生の現場実習の課題などに関する課題は，依然として残されている（伊藤1998; 沖倉1999; 赤畑・高山2005; 浅原2005）．このようにソーシャルワークを学ぶろう学生やろうあ者相談員として活躍してきたろう者が自ら国家資格を取得しようとする流れの中で，ろう当事者として高度な専門知識や技術を持つソーシャルワーカーが増えてきている（高山2017）．近年は，全国に聴覚障害者情報提供施設が設立されつつある中で，そこに就労するろう当事者ソーシャルワーカーも増えてきている．日本においては，国立身体障害者リハビリテーションセンターの外山和郎や東京都心身障害者福祉センターの野澤克哉がろう当事者ソーシャルワーカーとしての草分けとして知られている（第11回世界ろう者会議組織委員会1992）．その後，1991年には，ろう者が初めてホームヘルパー2級を取得し（全日本ろうあ連盟

2005c），2002 年にはろう者が精神保健福祉士を初めて取得したように（稲 2006），ろう者が社会福祉士や精神保健福祉士国家資格を取得し，ろう者を支援する当事者ソーシャルワーカーとして活躍するようになった．2004 年頃から社会福祉士や精神保健福祉士を取得したろう者を中心に，ろう者を対象にしたソーシャルワークの専門性を高め，その普及を目指す動きが見られるようになった．そして，ろう当事者や聴者でろう者に関わっている社会福祉士や精神保健福祉士の専門職能団体として，2006 年 7 月に「日本聴覚障害ソーシャルワーカー協会（Japanese Association of Social Workers for Deaf and Hard of Hearing: JASWDHH）」が設立された（高山 2017）．加入条件は，社会福祉士もしくは精神保健福祉士を所有し，かつ，ろう者の支援に関わっていることとなっている．2017 年 10 月時点での会員数は 126 名で，ろう者の会員は，32 名である（高山 2017）．日本聴覚障害ソーシャルワーカー協会は，年に 2 回の会員を対象とした研修会・研究大会を開催している．研修会は，事例検討などを中心とした研修会プログラムが組まれており，社会福祉士もしくは精神保健福祉士を持ち，かつ法的に守秘義務が課せられている協会会員のみが参加できる点が全国ろうあ者相談員研修会との相違点である（表 2-4）．一方で，ろう者を対象としたソーシャルワーク実践の理解普及を目的とした一般公開講演会を含む研究大会も年に一度開催されている（表 2-5）．研修テーマ及び講演テーマを概観すると，設立当初は，ろう者を対象にしたソーシャルワークのあり方を問う研修テーマが設定されていたが，2011 年の東日本大震災以降，しばらくは，災害支援がテーマの研修会や研究大会が続いていた．2015 年以降は，ろう者を対象とした司法ソーシャルワークや成年後見人制度などの複雑で困難なソーシャルワーク現場における実践についての講演や事例検討が中心となっている．また，シンポジストを日本社会福祉士会や日本精神保健福祉士協会から招待するなど，ソーシャルワーク専門職能団体とのネットワーク構築や連携強化の意図も汲み取れる．原順子（2018）が日本聴覚障害ソーシャルワーカー協会を通して 14 名のソーシャルワーカーを対象にイ

ンタビュー調査を実施している．それによると，ろう者に関わるソーシャルワーカーとしての専門性に関する特性や課題について，①ろう文化視点，②聴覚障害者の特性，③マイノリティの3点を示し，文化モデルアプローチの概念を提唱している．①ろう文化視点は，ろう文化の価値や主体性を肯定的に捉えるものであるが，一方で，ろう文化そのものの概念理解が不十分なソーシャルワーカーらによるろう文化批判の発言についても報告されている．しかし，ろう文化についての具体的内容については明らかになっていない．また，②聴覚障害者の特性では，ソーシャルワーカーによるろう文化批判の発言に見られるような聴者の視点や医学モデルから捉えたろう者の特性として，「こだわりが強い」，「聴者社会のルールがわからない」，「意思疎通が難しい」，「生活情報量が少ない」といった例が挙げられており，ろう者に関わるソーシャルワーカーの養成の困難さが伺える．なお，③マイノリティについては，ソーシャルワーカーがろう文化視点と聴覚障害者の特性の視点のどちらでろう者を捉えているかによって，マイノリティとしてのろう者の捉え方や意味が異なることを指摘し，日本における文化モデルアプローチの構造の明確化の困難さが課題となっている．日本聴覚障害ソーシャルワーカー協会の構成員を含めたろう者に関わるソーシャルワーカーを対象としたろう者学や文化言語モデルに基づくトレーニングプログラムの開発が急務となっている（原 2018）．

　2011 年 3 月 11 日に東北を中心に甚大な被害をもたらした東日本大震災は，ろう者の生活にも壊滅的な被害をもたらした．災害時の緊急支援に関わることのできるソーシャルワーカーや心理士の養成は急務である（Takayama 2017）．震災当時，日本聴覚障害ソーシャルワーカー協会が日本財団，全日本ろうあ連盟との協力関係の下，東北地域で被害を受けたろう者の面接，アセスメントを実施し，支援に関わった．ろう当事者の社会福祉士や精神保健福祉士であるからこそ，精神的な側面でのアセスメントが可能であった．東日本大震災での災害支援活動を経て，ろうコミュニティにおけるソーシャルワーカーの社会的意義が少しずつ認知されるように

表2-4　日本聴覚障害ソーシャルワーカー協会研修会の歴史と概要

開催年度	講演内容及び講師名，発表テーマ
第1回 （2007年）	【研修会テーマ】「聴覚障害者に対する詐欺商法について」都民総合法律事務所　弁護士　田門浩
第2回 （2008年）	【研修会テーマ】「北海道から聴覚障害者の相談支援のあり方を考える」 【講演】「聴覚障害者の相談支援」日本聴覚障害ソーシャルワーカー協会会長　野澤克哉 【報告】「聴覚障害者の相談の資格・認定に関する調査研究及び聴覚障害者相談へのケアマネジメント等の研修事業委員に携わって」筑波大学大学院教授　奥野英子
第3回 （2009年）	【研修会テーマ】「聴覚障害者に対する専門的な相談支援・生活支援の現状と課題」 【講演】「聴覚障害者を取り巻く相談支援・生活支援制度の現状」厚生労働省 【基調講演】「聴覚障害者に対する専門的な相談支援・生活支援の現状と課題」日本聴覚障害ソーシャルワーカー協会　事務局長　矢野耕二
第4回 （2010年）	【研修会テーマ】「宮城から考える聴覚障害者に対する専門的な相談支援・生活支援とは」 【講演】「聴覚障害者に対する専門的な相談支援・生活支援とは」東京聴覚障害者自立支援センター相談支援員　矢野耕二 【講演】「聴覚障害者の心の相談とは？」日本聴覚障害ソーシャルワーカー協会会長　大阪ろうあ会館相談員　稲淳子
第5回 （2011年）	【研修会テーマ】「震災支援活動におけるソーシャルワーカーの役割〜専門職として何が求められているか〜」 【事例検討会】助言者　東日本大震災被災聴覚障害者相談支援事業　社会福祉士　小海秀純
第6回 （2012年）	【研修会テーマ】「支援活動にあたっての現任ワーカーの視点」 【事例検討会】助言者　四天王寺大学教授　原順子
第7回 （2013年）	【研修会テーマ】「聴覚障害者と司法ソーシャルワーク」 【講演】「司法と福祉の連携を考える〜法を犯した聴覚障害者の背景から見えたもの〜」神戸大学教授・臨床心理士　河崎佳子
第8回 （2014年）	【研修会テーマ】「聴覚サポートなかま」 【報告】「聴覚サポートなかまの現状と課題」聴覚サポートなかま派遣コーディネーター　矢野耕二
第9回 （2015年）	【研修会テーマ】「更生とは何か」 【講演】「更生とは何か？〜長崎定着の実践から見えてきたもの〜」長崎県地域生活定着支援センター所長　伊豆丸剛史 【講演】「就労支援について〜事例から〜」日本聴覚障害ソーシャルワーカー協会理事　倉知延章 【講演】「精神保健福祉支援について」日本聴覚障害ソーシャルワーカー協会理事　稲淳子
第10回 （2016年）	【研修会テーマ】「聴覚障害者の司法ソーシャルワーク」 【講演】「聴覚障害者の司法ソーシャルワーク」大阪弁護士会　弁護士　荒木晋之介 【パネルディスカッション】 大阪府地域生活定着支援センター所長　山田真紀子 京都社会福祉士会　司法と福祉委員会委員長　濱本耕司 大阪ろうあ会館専従手話通訳者　前原ゆかり 日本聴覚障害ソーシャルワーカー協会会長　稲淳子
第11回 （2017年）	【研修会テーマ】「聴覚障害者の司法ソーシャルワーク」 【講演】「罪を犯した聴覚障害者への思い」淡路ふくろうの郷施設長　大矢暹 【パネルディスカッション】 大阪弁護士会　弁護士　荒木晋之介 淡路ふくろうの郷施設長　大矢暹 大阪府地域生活定着支援センター　當洋彰 あさやけ社会福祉士事務所　渡辺洋祐
第12回 （2018年	【研修会テーマ】「聴覚障害者の司法ソーシャルワーク〜罪を犯した聴覚障害者の社会復帰支援を考える〜」 【講演】「出所した聴覚障害者の社会復帰支援に関わって」いこいの村　栗の木寮施設長　木村公之 【トークセッション】「聴覚障害者の社会復帰を考える」大阪弁護士会　弁護士　荒木晋之介・いこいの村　栗の木寮施設長　木村公之

表2-5　日本聴覚障害ソーシャルワーカー協会研究大会の歴史と概要

開催年度	講演内容及び講師名，発表テーマ
第1回 (2007年)	【大会テーマ】「聞こえないひとたちへの相談支援の専門性について」 【基調講演】「障害者福祉の動向と障害者自立支援法」筑波大学大学院教授　奥野英子 【シンポジウム】「日本聴覚障害ソーシャルワーカー協会の設立と今後の課題」
第2回 (2008年)	【大会テーマ】「聴覚障害者とソーシャルワーク実践」 【講演】「ソーシャルワーク実践を振り返って～生活支援の視点から～」日本精神保健福祉士協会理事　精神保健福祉士　大塚淳子 【講演】「聴覚障害ソーシャルワークの構築に向けて」四天王寺大学准教授　原順子
第3回 (2009年)	【大会テーマ】「大阪から聴覚障害ソーシャルワークを考える」 【講演】「聴覚障害者の相談支援の専門性と社会資源の開拓」大阪聴力障害者協会会長　清田廣
第4回 (2010年)	【大会テーマ】「聴覚障害者に対する専門的な相談支援とは何か」 【講演】「聴覚障害児・者の社会生活力を高める支援」筑波大学大学院教授　奥野英子 【シンポジウム】「聴覚障害者への専門的相談支援研究事業を終えて」
第5回 (2011年)	【大会テーマ】「総合的かつ継続的な支援を目指して」 【シンポジウム】「総合的かつ継続的な支援を目指して」
第6回 (2012年)	【大会テーマ】「ソーシャルワーカーの技術と質（コンピテンス）とは」 【報告】聴覚サポートなかま報告　東日本大震災被災聴覚障害者相談支援事業　社会福祉士　小海秀純 【講演】「ソーシャルワークにおけるアセスメントとは？」四天王寺大学教授　原順子 【講演】「なかま事業でのアセスメントについて」東日本大震災被災聴覚障害者相談支援事業　社会福祉士　小海秀純
第7回 (2013年)	【大会テーマ】「ソーシャルワーカーの技術と質（コンピテンス）とは」 【報告】「なかま事業から全国展開を見据えて～改めて聴覚障害ソーシャルワークを深め合う～」聴覚サポートなかま派遣コーディネーター　矢野耕二 【講演】「聴覚障害者に対するソーシャルワーク」前佐倉市福祉部長　川根紀夫 【事例検討】助言者　日本聴覚障害ソーシャルワーカー協会理事　倉知延章
第8回 (2014年)	【大会テーマ】「聴覚障害者と成年後見制度」 【講演】「聴覚障害者の成年後見について～事例から～」都民総合法律事務所　弁護士　田門浩 【講演】「聴覚障害ソーシャルワーク実践を理論化する試み」四天王寺大学教授　原順子
第9回 (2015年)	【大会テーマ】「聴覚障害と発達障害」 【講演】「発達障害を併せ持つ聴覚障害児・者の特性」東京学芸大学　大鹿綾 【事例検討】聴覚サポートなかま
第10回 (2016年)	【大会テーマ】「ろう学校ソーシャルワーク支援について考えよう」 【基調講演】「スクールソーシャルワークについて」大阪府立大学　山野則子 【基調報告】「聴覚サポートなかまのスクールソーシャルワーク支援実践活動について」日本聴覚障害ソーシャルワーカー協会副会長　矢野耕二 【パネルディスカッション】「ろう学校のスクールソーシャルワーク」
第11回 (2017年)	【大会テーマ】「特別支援教育制度におけるろう学校のスクールソーシャルワークの実現に向けて～きこえない子ども達の未来のために～」 【基調講演】「スクールソーシャルワークの現状と課題」日本社会事業大学　内田宏明 【全体報告】「聴覚サポート『なかま』事業の支援活動4年を振り返って～ろう学校スクールソーシャルワークの取り組みの意義と必要性～」聴覚サポートなかま派遣コーディネーター　矢野耕二・日本聴覚障害ソーシャルワーカー協会事務局長　館脇千春 【現況報告】報告者：秋田県率聴覚支援学校　小林宇文・群馬県立聾学校・筑波技術大学障害者高等教育研究支援センター教授　大杉豊 助言者：日本スクールソーシャルワーク協会副会長　内田宏明
第12回 (2018年)	【大会テーマ】「障害者差別解消法と聴覚障害ソーシャルワークの課題 【報告】『聴覚サポートなかま』事業からみえたもの～」 【事例検討】「聴覚サポートなかま」事業事例報告・事例検討会 【基調講演】「聴覚障害児・者の暮らしを支えるための相談支援を考える」全日本ろうあ連盟　理事長　石野富志三郎 【基調報告】「聴覚サポートなかま」事業の支援活動を振り返って～聴覚障害当事者ソーシャルワーカーの現状と課題～」日本聴覚障害ソーシャルワーカー協会　副理事長　矢野耕二 【シンポジウム】障害者差別解消法と聴覚障害ソーシャルワークの課題」
第13回 (2019年)	【基調講演】「聴覚障害者への成年後見における課題について」都民総合法律事務所　弁護士　田門浩 【シンポジウム】「聴覚障害者への成年後見における課題について」

なりつつある（Takayama 2017）．しかし，ろう者が社会福祉士や精神保健福祉士を取得し，ろう者に関わる当事者ソーシャルワーカーとして，ソーシャルワーク実践の現場で活躍するためには，①ろう当事者ソーシャルワーカーとしてのトレーニング機会の確保，②勤務先における情報保障の確保，③適切な実習先の確保，④適切なスーパーバイザーや実習指導者の確保，⑤就職先の確保，などが課題となっている（高山 2017）．単に，手話通訳や要約筆記などの情報保障や合理的配慮を提供すれば解決する問題ではないのである．野澤（2001）は，職務遂行のために必要な手話通訳を長年の勤務によって認められたこと，また稲淳子（2006）は，国家資格取得後の就労や研修の機会の確保が困難であることを実体験に基づいて述べており，依然としてろう当事者ソーシャルワーカーの就労や研修機会の確保が厳しい現状にある（高山 2009）．また，資格取得までのサポートのみならず，職場環境におけるサポート体制も重要である．また，社会福祉士と精神保健福祉士は国家資格であり，基本的には書記日本語による国家試験を受けなければならない．したがって，日本語が第一言語ではないろう者にとっては，国家試験における日本語の障壁は大きい．この課題を解決するために，日本社会事業大学は，社会福祉士や精神保健福祉士を志すろう者を対象にした手話による国家試験対策講座を 2011 年度より開催している（高山 2017）．

　また，全日本ろうあ連盟（2003）が全国の聴覚障害者情報提供施設を対象に実施したニーズ調査及び全国手話通訳問題研究会（2004）による支援費制度における聴覚障害者の支援に関する調査研究の両調査の回答において，ろう当事者の雇用及びろう者に対応した相談援助業務の確立が重要な課題，要望として示され，ろう当事者ソーシャルワーカーの意義が汲み取れる．ろう当事者ソーシャルワーカーの意義とは，彼ら自身が「聞こえない」ことからの差別や抑圧を主観的に体験してきていること，手話を含むコミュニケーションが可能なことである（高山 2017）．このようにソーシャルワークの対象者としての「ろう者」を適切に捉えたソーシャルワーク

表2-6　ろう者に関わるソーシャルワーカーの状況 - 日米間比較

	日本	米国
教育	高校卒業程度から専門学校もしくは4年制大学と様々である	大学院修士課程
資格	社会福祉士及び精神保健福祉士 (名称独占資格)	ソーシャルワーカー資格(LGSW)及び臨床ソーシャルワーカー資格(LCSW)
養成機関	特になし	Gallaudet University 学部・大学院修士課程
SWer の数	日本聴覚障害ソーシャルワーカー協会　正会員106名 ろうあ者相談員約220名	ソーシャルワーク修士号取得者　約250名 学部の卒業生　約300名
歴史	地域のろうあ者相談員制度や聴覚言語障害者更生施設の取り組みを中心に、ソーシャルワーク実践が展開されてきた. 現在，聴覚障害者情報提供施設で勤務する相談員が増えている.	スティーブン・コー博士をきっかけにろう学校や精神障害を持つろう・難聴者の支援からソーシャルワーク実践が広がった.
概念	スペシフィック・ソーシャルワークではあるが，業務内容はジェネラリスト・ソーシャルワークである.(原 2008)	ジェネラリスト・ソーシャルワークを基本とし，ろう・難聴者に関する様々な知識や技術の重要性について述べている.(Sheridan & White 2008)
実践方法	医学モデルや社会モデルに基づいたソーシャルワーク実践が基本となっている	文化言語モデルに基づくソーシャルワーク実践
スーパービジョン	スーパービジョン文化が定着していない·年1回の研修会への参加が多い	スーパービジョンが必須となっており，職場での理解も得られていることが多い
専門職能団体・研修会	日本聴覚障害ソーシャルワーカー協会　2006年設立. 全国ろう者相談員研修会(全日本ろうあ連盟) 1984年設立.	American Society of Deaf Social Workers が1979年に設立されたが1980年代後半には活動停止.

出典：筆者調べ

実践のためには，ろう当事者が当事者ソーシャルワーカーとなるためのソーシャルワーク教育が重要であるのは言うまでもない．Ladd (2003) は，ろう者を専門職として雇用することが増えているが，ろう専門職に「ろう独自の視点」を取り入れたトレーニングを実施することが，様々な差別によって甚大な損益を受けてきたろうコミュニティの再建のための人材確保につながるのであると主張しており，ろう当事者ソーシャルワーカーの意義を追究し，教育することはこの考えと一致する．そのためには，ろう当事者が自身のろうアイデンティティやろうコミュニティについて洞察する機会を得られるろう者学のトレーニングを受けることが重要である（高山 2017）．しかしながら，ろう当事者を含めた，効果的なろう者のソーシャルワーク実践のためのソーシャルワーク教育の効果ついては，また検証が

なされていない．表 2-6 は，日米のろう者に関わるソーシャルワーカーの状況について比較したものである．

3　ろう者に対するソーシャルワーク実践の変遷

3-1　医学モデルに基づいたソーシャルワーク実践に対する批判

　近年の障害学に代表されるように，障害者とソーシャルワーカーの関係性やソーシャルワークの存在自体に対する批判的問題提起がなされてきている（松岡 2007）．英国で発展した障害学によると，障害者を無力化（disempowerment）させる障害者のため（for）の観点ではなく，ともに（with）社会生活上の障害（disability）を解決していくという観点での障害者ソーシャルワークのあり方が提唱されている（Oliver & Sapey 2006）．これは，障害者に対する従来のソーシャルワーク実践が，病理学的な視点に基づき，かつリハビリテーションの対象とし，社会的に支援が必要な人として見立てることに主眼が置かれ，結果的に彼らが持つ能力や可能性を無力化（disempowerment）してしまうことに対する批判なのである．障害学においては，医学モデルは，援助者と非援助者の関係を生じさせる以外の何ものでもないとの主張がなされている．そのため，ソーシャルワーカーが障害学の履修を通して，医学モデルによる弊害を理解し，かつ社会モデルや障害者の視点を理解することの重要性が認識されている（Oliver & Sapey 2006）．一方で，社会福祉士の新カリキュラムに対応した養成テキストにおいて，ろう者の支援に当たっては，「ろう文化」を理解することが重要であるとの記述が散見されるようになったが，具体的な内容の記述まではなされていないのが現状である．

　ろう者は音声言語が中心の社会において，教育や就労の機会の確保や継続などの社会生活上の困難を抱えていることはこれまでの先行研究からも明白な事実である．それゆえに，ソーシャルワーク実践の現場でも，多くのろう者は不利益を被る可能性が高いことは否定できない．これまでの伝

統的なろう者に対するソーシャルワーク実践とは，文化的にも言語的にも
マジョリティの立場である聴者がろう者を支援するという構造・言説に
支配されており，支援構造そのものが抑圧構造であったと言える．つま
り，「ろう者」とは，手話を第一言語もしくはコミュニケーション手段と
し，ろう文化のアイデンティティを持っているため（Padden & Humphries
1988），教育や福祉サービスに関して，特有で，かつ複雑なニーズを抱え
ている（Harris & Bamford 2001）．従来の医学的モデルによる聴覚障害
の理解に基づいたソーシャルワークや福祉サービスでは対応が不十分であ
り（Young, Hunt, McLaughlin, et al 2004），手話によるコミュニケーションや
ろう文化の特性を知るソーシャルワーカーによる支援が求められている
（Sheridan & White 2008）．米国フロリダ州で起きた裁判において，手話通
訳者を通して支援することが最も良い手段とは言い切れず，むしろ，専
門職自身が手話を通じて，直接対応することが最も言語的差異がないと
し，その環境整備を進める義務があるとの判決結果が出されている（Tugg
v. Towey 1994）．同様に，ろう者に関わるソーシャルワーカーには，単に
ソーシャルワークを学ぶだけではなく，ろう者における抑圧の歴史を学び，
彼らの視点を理解し，手話を始めとする多様なコミュニケーションが可能
であることが求められている．また，ソーシャルワーカー自身の障害や
他文化に対する視点に関するトレーニングが必要不可欠である（Oliver &
Sapey 2006）．

　ろう者を聴力損失の観点から障害者と捉える伝統的な医学的モデルに対
して，手話を使い，ろう文化を持つ文化言語マイノリティと捉える文化言
語モデルが欧米において提唱されている（Lane 1992）．ろう者を文化言語
マイノリティとして適切に認識するためには，ろう者の視点やろう文化に
関する知識や理論などに関する基礎トレーニングが必須条件となる．ろ
う者やろう文化を理解するための学問として，米国や英国では，ろう者学
（Deaf Studies）が発展している．黒人学，女性学が抑圧への対抗という歴
史とともに学問として発展したように，ろう者学も，言語としての手話や

ろう者独自の文化的様相，歴史を研究領域として発展してきた．一方で，医学モデルの観点から聴覚障害や補聴器や人工内耳などを理解するという点では，聴覚障害学（Audiology）の履修が基本となる．また，ろう児に関わるスクールソーシャルワーク実践においては，①ろう文化，②家族，③コミュニケーション・言語発達，④孤立，⑤社会的スキル，⑥学年レベル，⑦セルフアドボカシー，⑧2次障害，⑨教師，の九つの課題を認識することが重要であるとされている（Sinnott, Looney, & Martin 2002）．また，ろう者が適切なろうアイデンティティ発達を確立するために，ろう者役割モデル（Deaf Role Model）の存在が重要であるとされ，当事者ソーシャルワーカーの存在意義はますます重要になると考えられる（Rogers & Young 2011）．

　ろう者に関わるソーシャルワークの専門性について，奥野英子は，「聴覚障害者を対象とするソーシャルワークは，聴覚障害者のニーズを踏まえて支援することが求められる．具体的には，聴覚障害のある人々とコミュニケーションが取れることが基本であり，さらに，聴覚障害の特性を正しく理解し，目に見えない障害であるゆえに起きている様々な課題・問題を理解した上で，利用者の立場に立って，心ある支援をしていくことが求められる（奥野 2008: 105）」とし，さらにろう者（ろう文化）と聴者（聴文化）との関係性に介入する点をろう者を対象にしたソーシャルワーク実践の独自性として挙げている（原 2012）．原（2015: 50）は，ろう者に関わるソーシャルワーカーは，ろう当事者のみならず，聴者のソーシャルワーカーも含まれているとし，彼らを「聴覚障害ソーシャルワーカー」とし，「生活上の何らかの問題を抱える聴覚障害者への相談援助を行う専門職者である」と定義付けている．さらに，ろう当事者ソーシャルワーカーは，①ピアの立場で，②ろうコミュニテイに属する，または関係のある，③自身もろう文化を背景に生活しているソーシャルワーカーであり，また，ネイティブサイナー（手話を第一言語とする）の手話使用者であると定義している．一方で，聴者のソーシャルワーカーは，①ピアの立場ではないが，②

ろうコミュニティに属することが求められている立場であると定義している（原 2015:50）．また，原（2015: 129）によれば，「聴覚障害ソーシャルワーク」実践において，必要なコンピテンシーは，①多様な存在であるろう者の理解，②クライエントに応じたコミュニケーションスキル，③幅広い相談内容への対応力，④ろう者のための制度に関する知識，⑤ろう者のための社会資源に関する知識，⑥IT 機器の活用術，⑦ろうに関するアドボカシースキル，が必須であるとしている．ろう者を対象にしたソーシャルワークに求められるコンピテンシーについて，野澤（2001）は，①ろう者の主体性や自己決定を尊重して支援する姿勢，②相手に応じた手話表現，③ろう者のおかれてきた歴史，社会環境，現状に精通していること，④ろう者の考え方の特徴，行動パターンを受容していて，相談経験を積んでいること，⑤ろう者に関する社会資源，補装具，日常生活用具の扱い方などに精通していること，⑥他機関に協力者を持っていること，⑦ろう者集団あるいは仲間の研究会などに参加して，ろう者と行動をともにできること，を挙げている．つまり，ろう者のソーシャルワーク実践においては，ソーシャルワークの専門性とともに，「ろう者学」が重要なキーワードである．

3-2　精神保健福祉分野におけるろう者を対象にしたソーシャルワーク実践に対する批判

　米国において，1955 年まではろう者のための精神保健福祉サービスは皆無であったとされる（Rainer, Altshuler, & Kallmann 1963）．1960 年代からろう者のための専門病棟が 6 箇所の精神科病院に設立され（Steward 1981），ろう者に対応したソーシャルワークや心理療法などの実践の試行錯誤を繰り返してきた歴史がある（Sussman 1988）．Neil Glickman（1996; 2003; 2013）は，文化肯定的アプローチ（Culturally Affirmative Approach）を提唱しており，ろう者の認知行動様式を理解し，手話で精神療法を提供するために，ろう文化に精通しているソーシャルワーカーや心理士を配慮するべきだと示唆している．

精神保健福祉分野において，ろう者は，精神科医などの手話やろう者に関する理解不足によって（Pollard 1994），知的障害や統合失調症などの誤診を受けやすい（Vernon & Leigh 2007）．また，健康なろう者が精神疾患と診断されてしまう危険性もある（Turkington 2000）．日本においても，滝沢広忠（1996）が，精神科病院に入院するろう者は認知症や知的障害と診断されるケースが多く，これらは聴覚障害についての理解やコミュニケーション保障の欠如に起因する誤診によるという可能性を指摘している．精神科病院に理由のないまま長期入院しているろう者の存在も報告されている（片倉 1991）．コミュニケーションの保障がない入院生活は，ろう者の社会生活力を奪う恐れがあり（大塚 2002a; 2002b），その結果としてろう者が無為自閉的な状態に陥る可能性がある（西川 2004）．さらに，コミュニケーション保障などが適切にされていない精神障害を持つろう者は，一般的に長期的入院する傾向にあることが明らかになっている（Daigle 1994）．

　近年，精神保健福祉分野における手話通訳者は，専門的訓練を受けることが第一条件とされ（Harvey 2003），米国アラバマ州では精神保健福祉分野における手話通訳者の養成や資格制度が州法によって厳格に定められている（Gournaris, Hamerdinger, & Williams 2013; 高山 2018）．しかし，ろう者のうち10％が精神保健福祉サービスの支援を必要としているが，たった2％以下のろう者しか専門的サービスを受けることができない状況である（チョウ 1991）．

4　多文化ソーシャルワークの変遷

　ろう者を文化言語マイノリティとして捉えた上で，ソーシャルワーク実践を展開するためには，多文化ソーシャルワークの視点について整理し，ろう者を対象にしたソーシャルワークとの整合性について論述する必要がある．多文化ソーシャルワークは欧米が先導しており，比較して，日本における多文化ソーシャルワーク実践やそのための社会福祉士養成は多

くの課題を抱えている（ヴィクトル 2016）．全米ソーシャルワーク教育連盟は，多文化ソーシャルワークにおいて，文化言語的に多様なクライエントに対応できる能力を「文化コンピテンシー（Cultural Competency）」と定義付けている（Gutierrez, Zuniga, & Lum 2004）．全米ソーシャルワーカー協会（National Association of Social Workers: NASW）は，文化を「認知，コミュニケーション手段，行動，習慣，信仰，価値観と，人種や民族，宗教的な社会集団の慣例を含む人間の総合的な行動様式である」と定義している（NASW 2001）．また，文化コンピテンシーの実践基準について，「ソーシャルワーカーや組織が，全ての文化や人種，言語，階層，人種，民族的背景，宗教，その他の多様性に関わる要因を有する人々に敬意を持ち，かつ効果的に対処する過程であり，その実践方法において，個人，家族，コミュニティそれぞれの価値が容認され，全ての人々の尊厳が保障される」ことと指摘している（NASW 2001: 11）．1992 年に，全米ソーシャルワーク教育連盟は，ソーシャルワーク教育を実施している養成校のカリキュラムに，文化的多様性に関連する教育を取り入れるための規定を定めたことから，全米のソーシャルワーク教育を担っている大学で文化コンピテンシーについて学習する機運が急速に拡大したのである（Colvin-Burgue, A., Davis-Maye, D., & Zugazaga, C.B. 2007）．また，全米ソーシャルワーク教育連盟の決定事項に追従するように，1996 年，全米ソーシャルワーカー協会の倫理綱領の改訂に伴って，文化コンピテンシーに関する行動規範や倫理項目が追加された（NASW 1996）．

　多文化ソーシャルワークの理論においては，全米ソーシャルワーク教育連盟を始めとして，文化的に多様なニーズを持つクライエントの問題背景の捉え方の理論研究や指針が展開されている．まず，1960 年代の黒人らによる公民権運動により，文化言語マイノリティに対する支援が注目されるようになったことを契機に，1978 年に，全米ソーシャルワーク教育連盟は，文化言語マイノリティの理解に関するカリキュラムを発行している（Norton 1978）．それによれば，二重枠組み（dual perspective）というシ

ステム論に基づいた視点が提唱され，クライエントを取り巻く環境を二区分し，位置付けている．具体的には，ソーシャルワーク実践において，直接環境と一般社会を区分する．日常的な帰属意識や文化言語的背景を共有する家族や他者を直接環境とし，さらに直接環境を取り巻く社会を一般社会と定義付けることで，クライエントを取り巻く周辺環境が理解できると考えられている．しかしながら，クライエントが所属する文化言語的要因やバックグラウンドは，文化言語マジョリティ（多数者）である一般社会とは異なる文化言語である（ビクトール 2016）．文化が異なるということは，力学的関係から生じる文化言語的差異に起因した抑圧や差別，偏見という文化的摩擦が，結果的にクライエントの不利益につながると考えられる．また文化言語マイノリティにとって，彼らが必要とする社会資源やソーシャルワーク実践へのアクセスが日常的に制限されている．

　Barbara Solomon（1976: 9-30）は，エンパワーメント理論を通して，アフリカ系の黒人などの人種的マイノリティが直面している社会的抑圧について，パワーレス状況（powerlessness）とパワー障壁（power block）の概念を紹介している．それらによれば，文化言語マイノリティは，社会機能の状況が結果的に，個人的な充足感に必要な感情や対人関係のスキル，知識，社会資源を活用する力の欠如というパワーレス状況に置かれやすく，またそれらの背景にある直接的間接的パワー障壁の存在も指摘されている（Solomon 1976）．直接的パワー障壁とは，一般社会，すなわちマジョリティ社会におけるろう者や障害者などのマイノリティに対する否定的態度やイメージ，また差別などの総体を指す．例えば，ろう者は，音声言語を媒介とする社会福祉サービスや，また就労機会に制限を受けることや，適切な教育機会を直接得られないことなどが挙げられる．間接的パワー障壁とは，家族や教員などの他者との関係性の中から醸成される人間的発達や成長体験の不全を意味している．例えば，ろう者や障害者に対してネガティブな感情を持つ聴者の両親の下に，生まれてきたろう児は，手話に対する否定的見解，また低い自己肯定感などを生じやすい．このようなろう者は

ろう者のロールモデルや仲間との出会いから，自らのろうアイデンティティを再構築し，パワー障壁から離脱しようとする（Glickman & John 1993）．そのため，マジョリティの立場であるソーシャルワーカーに対する教育プログラムの提供だけではなく，クライエントが帰属している直接環境やコミュニティに身を置く当事者ソーシャルワーカーの養成が重要である（ヴィクトール 2016）．エンパワーメント理論に基づいたアプローチにおいては，①クライエントが自らを問題解決の主体として認識すること，②クライエントがソーシャルワーカーを専門的な知識や技術を有するパートナーとして認識すること，③クライエントが，ソーシャルワーカーを問題解決のパートナーと捉えること，④クライエントが社会構造や権力を適切に捉え，実践を通して変容可能なものであると認識すること，から構成されるソーシャルワーク実践が前提となる（Solomon 1976）．また，Elaine Pinderhughes（1989）は，民族的アイデンティティの重要性を論じ，特にマジョリティ社会における偏見や差別などのパワー障壁による自己肯定感の低下による差別の内在化（internalization）を指摘し，民族的誇り（ethnic pride）をソーシャルワーク実践に取り入れることの重要性を指摘した．

　また民族的な感受性（ethnic sensitivity）に基づいて，文化言語マイノリティであるクライエントの日常的現実（ethnic reality）に即したアプローチ（Devore & Schlesinger 1999）や文化的認識（cultural awareness）による文化的差異の適切な理解の重要性（Green 1998）などが展開されてきた．James Green（1998）は，文化的認識を高める要因として，①自分自身の限界に気づくこと，②文化的差異に関心を持つこと，③クライエント主体に系統立てて学習すること，④文化的資源を活用すること，⑤多様性と結びつくこと，を述べている．　これらを基盤として，Doman Lum（2011）は，ソーシャルワーク教育において文化コンピテンシーを高めるために，①文化的な認識（awareness），②知識（knowledge），③技術（skills）の3領域の学習枠組みを提示した．なお，Stanley Sue（2006: 23-24）は，多文化ソーシャルワーク実践（multicultural social work practice）と定義した上

で，文化コンピテンシーは，立体的な操作的多次元モデルで表現できると指摘した．これは，①文化言語による分類，②認識・知識・技術による分類，③個人・組織・社会の要素による分類からなる三つの要素で構成されている．Sue の文化コンピテンシー多次元モデルを発展させた新たなモデルとして，多様性や差別，抑圧といった文化コンピテンシーに影響を与える社会的・文化的文脈，加えてソーシャルワーク実践の成果目標として，社会・経済的正義（social and economic justice）の要素が不可欠であると指摘している．これは，ソーシャルワーク実践に，市場原理などが導入され，ソーシャルワークがクライエントや市民を類型化し，差別や偏見を助長する立場になったことに対する批判が噴出するようになったのである．その過程の中で社会正義や社会変革を使命とした反抑圧主義（Anti-Oppressive Practice: AOP）の観点がソーシャルワークに導入されるようになった．

　近年は，反抑圧主義に基づくアプローチや批判理論の視点を取り入れたクリティカル・ソーシャルワーク（Critical Social Work）が，ラディカルなソーシャルワーク実践の理論や哲学，科学を批判的に分析することで，社会文脈や構造に抑圧され，搾取されてきた人々の解放に焦点を当てている（Cambell & Baikie 2012）．反抑圧主義やクリティカル・ソーシャルワークによれば，既存の言説が様々な組織や政治，文化を通して社会的抑圧が行われているという仮説に基づくと指摘している（Brown & Strega 2005）．このように，クリティカル・ソーシャルワークにおいては，「抑圧への抵抗」が中心的概念の一つであるがゆえ（Brown & Strega 2005），ソーシャルワーカーは，慎重な批判的自己省察が求められる．

　日本においては，石河久美子（2003; 2012）が 2000 年代から多文化ソーシャルワークの養成と研究を行なっている．石河（2012: 47）によれば，多文化ソーシャルワーカーの役割は，①在住外国人と日本の社会システムの仲介者，②外国人クライエントや外国人コミュニティの代弁者，③（外国人当事者多文化ソーシャルワーカーの場合）外国人当事者の役割モデル，の3点を挙げている．多文化ソーシャルワーカーを活用することで，①外国

人当事者の文化や言語に合わせたサービスの提供，②相談に来る外国人が増加，③日本人の支援者に対する適切な啓発教育の提供，④外国人当事者ソーシャルワーカーの身分保障，の４点が可能になると指摘している（石河 2012: 48）．また，多文化ソーシャルワークの実践の特徴について，ミクロ及びメゾレベルの実践は，①クライエントの社会的・文化的背景の尊重，②日本文化や価値観の理解，③クライエントの日本社会への適応のアセスメント，④クライエントの代弁者，⑤適切な通訳者の活用，⑥ソーシャルネットワークの拡大，⑦クライエントと社会資源の仲介者，⑧クライエントの言語での対応，⑨連携体制の構築の９点を挙げている．多文化な背景を持つクライエントに対応するためのソーシャルワークサービスや社会システムの構築を念頭に，マクロレベルの実践の特徴として，①多言語・多文化サービスシステムの拡充，②日本語教育プログラムの拡充，③サービス機関・組織としての外国人の支援，④他専門職に対する研修の実施，⑤市民に対する異文化理解啓発事業の実施，⑥外国人に対する異文化理解教育の実施，⑦実態調査，⑧多文化ソーシャルワーカーの育成と活用を挙げている（石河 2003; 2012）．しかし，欧米と比較して，日本のソーシャルワーク教育の構造において，多文化ソーシャルワークや文化コンピテンシーが定着しているとは言い切れないのが現状であろう．

　近年は，文化コンピテンシーに着目する視点ではなく，それぞれの文化言語マイノリティを包有した社会変革及び社会正義を促進するために，それぞれの文化言語マイノリティにおける特有で，効果的な支援方法や視点，そのコミュニティにある社会資源を活用した文化言語的基盤に基づいたソーシャルワーク実践（culturally grounded social work）が提唱されてきている（Marsiglia & Kulis 2014）．この理論枠組みをろう者のソーシャルワーク実践に適用した場合に，ろうあ者相談員などが積み重ねてきた経験知やろうコミュニティ特有の行動様式やストレングスを活用しながら，ろうコミュニティの社会資源を活用することが，最も効果的な多文化ソーシャルワーク実践であり，それがろう者を対象にしたソーシャルワークの専

門性であると考えられる．ろう者へのソーシャルワーク実践には，異文化ソーシャルワークの介入戦略が最も適切な方法であるとの指摘もある（Wax 1995）．原（2015）が提唱している文化モデルアプローチは，Flavio Marsiglia & Stephen Kulis（2014）が提唱する文化言語的基盤に基づいたソーシャルワーク実践の考え方と共通点がある．しかしながら，障害者福祉制度に関する知識やIT機器の活用といった点において，多文化ソーシャルワークにおける文化コンピテンシーとろう者のソーシャルワークにおける文化コンピテンシーは必ずしも完全に一致するものではないという指摘もあり（原 2015:116），さらなる検証が課題となっている．

5　黒人ソーシャルワークの変遷

　全米ソーシャルワーク教育連盟による教育基準の明文化によって，多文化ソーシャルワークや文化コンピテンシーの概念や理論枠組みが普及したが，一方で，特定の文化言語コミュニティの価値観や歴史とともに，独自に発展したソーシャルワークの実践や理論枠組みがある．その一つが黒人コミュニティの視点（Black Perspective）を取り入れたソーシャルワーク実践である（Schiele 1996）．黒人コミュニティにおけるソーシャルワーク実践の展開や教育の構築に，黒人当事者ソーシャルワーカーが大きく関与していたのであった（Gary & Gary 1994）．黒人コミュニティは，奴隷制度，就労機会の制限，低所得，教育機会の制限，住居の制限，白人による不適切な治療，人種差別，暴力，偏見，不正義などといった社会的抑圧に苦しめられてきた歴史がある（Gary & Gary 1994）．このような社会的不平等の状況の中，黒人は，白人のために制度設計された社会福祉サービスを利用できなかったことや白人ソーシャルワーカーによるソーシャルワークの恩恵を受けにくかったとされている．それは，伝統的なソーシャルワーク実践や理論が白人主義的に発展した歴史的背景があり，独自の文化や価値観を持つ黒人は，白人のクライエントを想定して展開されるソーシャ

ルワークによる恩恵を十分に受けることができなかった歴史がある（Bent-Goodley 2006）．また，人種差別や人種隔離政策の影響を受けていた歴史的背景の中で，黒人コミュニティは，独自に黒人のための黒人ソーシャルワーカーを育成し，黒人のためのソーシャルワークサービスやサポートネットワークを発展させてきた．つまり，本章で述べているように，ろうコミュニティが自らの手でろう者のための社会資源やろうあ者相談員制度を作り上げてきた歴史と同様の過程を辿っている．このような黒人当事者によるソーシャルワーク実践の積み重ねによって，黒人の視点や実践知が理論化され，教育に反映されていったのである．1900年台初頭から，黒人のためのソーシャルワーク教育が様々な形で展開されるようになった．具体的には，①従弟（apprenticeship），②専門機関や大学による特別聴講講義（institutes or special courses），③（米国南部地域では黒人が大学に入学することが法的に許可されていなかったため，北部地域の）ソーシャルワーク学部講義（undergraduate courses），④黒人系大学ソーシャルワーク養成プログラム（schools of social work）である（Gary & Gary 1994）．米国の黒人のために設立された大学として知られているハワード大学（Howard University）を始めとする伝統的な黒人のための大学のソーシャルワーク養成プログラムでは，黒人学生を対象に黒人学を取り入れた養成プログラムが提供され，評価と研究を通して黒人ソーシャルワーク教育のモデルが形成されていった．Tricia Bent-Goodleyら（2017）によると，黒人ソーシャルワークの理論枠組みとしては，①アフリカン・アメリカン・ソーシャルワーク先駆者の原理原則（the African American Social Work Pioneers' Principles），②ハワード大学ソーシャルワーク学部の黒人視点（Howard University School of Social Work's Black Perspective），③アフリカン・アメリカン家族のストレングス（the Strengths of African American Families），④黒人の経験に基づくアプローチ（the Black Experience-Based Approach），が挙げられ，それぞれのアプローチにおいて，「社会正義（Social Justice）」の概念が主張されている．

まず，アフリカン・アメリカン・ソーシャルワーク先駆者の原理原則と
は，黒人コミュニティにおいて，ソーシャルワークを展開した黒人ソーシ
ャルワーカーの先駆者の実践知から導き出された原理原則である．具体的
には，①人種の視点（having a race lens），②ホリスティック・アプローチ
（holistic approach），③黒人主義的パラダイム（africentric paradigm），④組
織と施設（organizations and institutions），⑤提携網（web of affiliation），⑥
博愛（philanthropy），⑦絶望（wholly impossible）の七つの原理原則が黒人
ソーシャルワークの先駆者の実践知から構築されている（Bent-Goodley ら
2017）．

　1867 年に黒人のための高等教育機関として設立されたハワード大学の
ソーシャルワーク学部（1935 〜）が打ち出している「黒人視点」とは，黒
人ソーシャルワークの意義や哲学を示したものである．ハワード大学ソ
ーシャルワーク学部の黒人視点は，①（黒人文化の）肯定（affirmation），
②ストレングス（strengths），③多様性（diversity），④（黒人文化の）復活
（vivification），⑤社会正義（social justice），⑥（黒人問題やネットワークの）
国際化（internationalization）の六つの原理原則の下に，黒人ソーシャルワ
ーク教育を展開していることに表れている．

　アフリカン・アメリカン家族のストレングスとは，ストレングス視
点（Strengths Perspective）に基づく，黒人家族で継承されている黒人の
ストレングスや視点のことである（Hill 1997）．アフリカン・アメリカン
家族においては，①成功（achievement），②仕事に対する志向性（work
orientation），③柔軟な家族役割（flexible family roles），④強固な親族関係
（strong kinship bonds），⑤強固な信仰志向性（strong religious orientation）
の五つのストレングスが挙げられている．

　最後に，黒人の経験に基づくアプローチとは，黒人が隔離（separation）
と喪失（loss）に対して非常に繊細であることに着目し，黒人コミュニ
ティに共通する隔離や喪失体験に対するアプローチを行うことである
（Martin & Martin 1995）．隔離や喪失体験に対するアプローチには，①不

公平感に対する愚痴（moaning），②悲哀（mourning），③払暁（morning）の３段階があり，それらを踏まえた黒人ソーシャルワーク特有のアセスメントや介入が重要なのである（Martin & Martin 1995）．

　以上，聴者の黒人を対象にしたソーシャルワーク実践から導き出されたソーシャルワークの理論や実践方法論であるが，黒人ろう者は，聴者の黒人を対象としたソーシャルワークサービスにアクセスできないという指摘があり，ろうコミュニティの中でもマイノリティとなる黒人ろう者は，二重の抑圧や差別に向き合わざるを得ないのである（Moore & Mertens 2015）．黒人ろう者は，聴者特権による抑圧だけではなく，白人特権，階級特権，教育の機会制限など様々な抑圧や差別構造を通して，聴コミュニティ及び白人ろうコミュニティから排除されてきたのである．例えば，黒人ろう者は，1965 年まで全米ろう連盟の会員加入を認められなかった歴史があり，全米ろう連盟の活動の中で，黒人ろう者が排除されてきたことに対する反発から，1982 年に黒人ろう連盟が設立されたのである（Anderson & Dunn 2016）．

　ろう者を対象にしたソーシャルワーク実践の歴史と比較すると，アフリカン・アメリカン・ソーシャルワーク先駆者の原理原則と共通する点として，①人種の視点は，ろう者の視点と共通しており，黒人学とろう者学は並列している．ろう者は，聴者のために設計された社会福祉サービスが使えないという点で，ろう者同士で協働しながらろう者の様々なニーズにホリスティック的にソーシャルワーク実践を展開してきた点で，黒人ソーシャルワークと同じ歴史を経ている．また，ろう者が自らの主張を通して，医学モデルから文化言語モデルへのパラダイムシフトをもたらし，かつろうあ者相談員や手話通訳者などの制度をろう運動を通して築き上げてきたという歴史の変遷も黒人ソーシャルワークの歴史と一致している．ハワード大学のソーシャルワーク学部の黒人視点と共通するろう者を対象にしたソーシャルワークの原理原則として，①ろう文化の肯定，②ろう者の視点というストレングス，③ろうコミュニティの中の多様性，④ろう者主権

の再建，⑤聴者による抑圧に対する社会正義，⑥国際的アドボカシー活動（ろう運動）やろうネットワークが挙げられる．黒人の隔離や喪失に対する繊細な感性や視点を取り入れて提唱された，黒人の経験に基づくアプローチに見られるように，ろう者にはろう者なりのセンシティブな問題や事柄に対するソーシャルワークのアプローチがあると言える．

6　文化言語モデル：
ろう者を文化言語的マイノリティとして捉える

　Paul Higgins（1987）は，ろう者に関する社会的リアリティについて，「ろう者の社会的リアリティとは，ろう者とろう者に出会う人々が与えるろう者への反応を通して構築される．［筆者訳］」とし，ろう者の社会問題が様々なディスコース空間の中で構築されてきた問題であることを示唆している．Harlan Lane（1992）は，ろう教育に関わる専門家が当たり前として捉えていることは，専門家の間で作り上げられたものであるとし，「ろう（者）」の社会的リアリティは，「障害」と「言語的マイノリティ」という二つの言説があるということを示している．金澤貴之は，ろう教育における「指導法」に関する言説に着目し（金澤 1996），ろう教育の構造におけるろう者の社会問題が医学モデルによって構築されていることを指摘している（金澤 1999）．また，構成主義アプローチの観点から 90％ルール（ろう者の 90％が聴者から生まれてくると言うこと）のパワーポリスティックを示唆している（金澤 2013）．また，James Woodward（1982）は，ろうコミュニティが抱える問題について，他のマイノリティ集団にはないものとして，①医学・病理学的に捉えられるため，「劣った者」としての観点を持たれる，②ろうの両親の家庭に生まれてくるろう児は 10％以下であるため，ほとんどのろう児は聴者の文化集団に帰属する，③ろうコミュニティが，マジョリティの言語による二重の言語的抑圧を受ける，の 3 点を挙げている．また，専門職主導によるパターナリズムの弊害を指摘する研

究もある（大塚 2013）.

　前述のようにろう者を取り巻くソーシャルワークの伝統的な言説や医学モデルによる植民地支配からろう者を解放することが重要であると言える（Ladd 2003）. つまり，聞こえないという欠損モデルや医学モデルに基づいて，ろう者をアセスメントすることの弊害について，ソーシャルワーカーは留意しなければならない. 例えば，黒人のコミュニティに属するのに，医学的診断が無関係なのと同じように，ろう者も聴力損失の診断名となる聴覚障害に関係なく，文化言語的に規定される言葉や振る舞いによって決定されるべきである（Lane 1999: 48）. Ladd（2003: 164）は，手話やろう文化が言語学や文化人類学の学問として科学的に検証されるようになったのち，ろう者を文化言語マイノリティ集団と捉える文化言語モデルを提唱した. Soya Mori（2010: 137）は文化言語モデルを構築した背景には，従来，ろう者が医学モデルや社会モデルの観点でみなされてきたことへの抵抗があるからだと推測している. 医学モデルは，障害であるインペアメント（impairment）を個人の心身の問題と捉え，それを治療やリハビリにより解決しなければならないという考えであった. 治療やリハビリの義務が障害者に強調されたため，障害者の差別，否定につながると考えられた（長瀬 1999: 21）. そこで，医学モデルの反省を踏まえて，社会モデルが提唱された. 障害のディスアビリティ（disability）は，個人に帰属する心身の問題ではなく，障害者が経験する社会的不利のことであり，社会や環境によって生活が制約されている（長瀬 1999: 24）という視点への転換に貢献したのである. 社会モデルの提唱によって，法制化が進み，音をフラッシュで示してくれる代替措置や，テレビ番組の字幕などのバリアフリー化が進んだ（田門 2012b）. しかし，ろう者に対する情報へのアクセシビリティとして，字幕が提供されても，音声のトーンなどの感情までは，伝わらない. このように，ディスアビリティは軽減できても各種情報に手話でフルアクセスできないという課題を残した（Morris 1994; Crow 1996）. また，社会モデルは，あくまでも社会参加の際の障壁を取り除く必要性を強調するため，

個人の文化的言語的属性が重視されないという課題が残った（森 1999: 161）．ろう者が手話で情報にアクセスするニーズを有していても，社会モデルの観点でろう者を捉えた場合，合理的配慮として，書記言語で情報が提供されるというように，ろう者のニーズに沿った生活の保障の実現はまだまだ困難であるのが実情である．電車のアナウンスが音声による放送が中心であることや，雇用に応募する際の求人広告や店舗の連絡先が電話番号のみであるといったように，社会は音を中心に構成されている．それにより，視覚を中心として生活を営んでいるろう者がディスエンパワメントされてきた（Oliver & Sapey 1999: 28）．また，ろう者は聴者のマジョリティ社会から音声言語や書記言語の使用を強要されてきており，これをろう者への文化言語的抑圧と見なしている（Woodward 1982）．このような背景の中，Ladd（2003: 50）が文化言語モデルを提唱し，ろう者が自分たちの言語を用いて教育を受け，生活が維持され，また，社会的にも手話が認められ，かつ，マジョリティ社会からの文化言語的抑圧からの解放を植民地支配の観点から論じたのである．つまり，聞こえないということは，聴コミュニティにおいては障害として認知されるが，ろう者の集団を形成する客観的指標は聴力損失ではなく，言語なのである（Erting 1978）．つまり，ろう者の生活は，単に音声を文字などの視覚情報に代替すると考える社会モデルでは保障することは困難であり，手話や視覚情報を中心として教育や医療などの生活が享受されるべきと考える文化言語モデルの観点によって，真の意味で保障されると考えられる．現在，文化言語モデルは，教育学やソーシャルワーク実践の分野で応用され，ろう者の健全な心理発達や言語獲得（Marschark & Spencer 2000: 259），ろう者の精神疾患の緩和（Sheridan & White 2009: 440）などの成果を挙げている．

　Ladd（2003）が述べているように，ろう当事者専門職によるろうコミュニティの再建が重要であることはこれまでの先行研究からも明らかである．ろう当事者ソーシャルワーカーは，文化的感性（cultural sensitive）に優れており（Sheridan & White 2009），また，ろう当事者ソーシャルワーカーに

はあっても，聴者ソーシャルワーカーが有していない文化的感性として，ろう者自身がろう者の世界での直接体験を通じて言語や抑圧体験や差別などの認識と言語外の知識（Deaf Extralinguistic Knowledge: DELK）を形成するという点である．これは，聴者がろう者としての主観的生活体験を経験することは不可能であるということを指摘しており，当事者ソーシャルワーカーの意義を証明するものである．そのような意味で，ろう当事者ソーシャルワーカーの最大の意義とは，ろう者に関する文化的感性であり，言語外的知識を有していることであるとも言える．Sheridan & White（2009）は，ろう者に関わるソーシャルワーカーに求められる能力として，ジェネラリスト・ソーシャルワークモデルを基本として，ネイティブサイナー並みに手話を運用できる能力は最も重要な事項であるとし，さらに表2-7のように，聴覚障害に関する基本知識のみならず，ろう文化やろうコミュニティに関する知識や技術の習得を求めている．

　例えば，ろうコミュニティに関する理解と専門的資源（文化資源）に関する理解は，ろう者学を履修することによって，適切な理解が可能となる．しかし，日本のソーシャルワーカー養成課程において，文化コンピテンシーやろう者を文化言語マイノリティとして捉えた上でのソーシャルワーク教育を実施している教育機関やトレーニングプログラムは皆無である．

7　まとめと考察

　Payne（2014）が指摘する「ソーシャルワーカー・クライエント領域」とは，当事者とソーシャルワーカーの関係性や言語による相互作用を行い構成される場である．また，「機関・制度施策領域」とは，制度や政策とソーシャルワーカーが所属する機関の相互作用によって言説が構築される領域である．ろう者のための専門職，もしくはピアカウンセラーとして，ろうコミュニティの要望から生まれたのがろうあ者相談員である．このソーシャルワーカー・クライエント領域におけるろう当事者視点の原点とは，

表 2-7　ソーシャルワーカーに求められるろう者に関する知識

1	教育環境及びコミュニケーションを知っていること
2	通常のろう者の行動や言語，認知について知り，言語的文化的視座からの心理社会的精神状態のアセスメントや介入ができること
3	ろう者の人間行動や社会環境とライフサイクルの関連における心理社会的，アイデンティティ，発達上，様々な環境における問題について知っていること
4	最新の調査動向について知っていること
5	聴覚障害の種類や補聴機器，人工内耳に関する情報などの基本的な聴覚障害に関する知識
6	聴覚障害に関する重要な病因論と聴覚障害の発見手段に関する知識
7	ビデオ電話やリレーサービスに関する視覚的及び電気通信技術や警報装置などの知識
8	多様なろう社会の社会文化的現実と社会構造，多文化感性や価値観に関する知識
9	ろう・難聴者，家族，集団，コミュニティ，組織におけるろう者のストレングスや資源に関する知識
10	ろう者や難聴者，家族，ろう社会におけるアイコンタクトや独自の感覚などの効果的な面接技法の習得
11	抑圧や差別，オーディズムといった経験を含むろう者の独特な社会正義の問題に関する知識
12	リハビリテーション法やアメリカ障害者法などの法律に関する知識
13	ろう者のメンバーがいる家庭の心理的ダイナミクスに関する知識
14	ろうコミュニティに関する理解と専門的資源に関する知識
15	手話通訳者の専門倫理綱領の知識と適切な役割に関する知識

出典：Sheridan & White（2009）

ろう者によるろう者の支援であり，文化言語モデルの具体化であると言える．つまり，ろう者が使う手話で信頼関係が構築できないソーシャルワーク実践に対するろうコミュニティからの反発が，ろうあ者相談員という制度の設置要望につながったという歴史的事実があり，まさにろうコミュニティ自身が自ら社会資源を創設し，ろう者がろう者を支援することの意味世界を構築してきたのである．つまり，聴コミュニティの「機関・制度施策領域」とろうコミュニティにおける「機関・制度施策領域」の言説は対立しており，ろう者の語られ方も明確な相違点がある．医学モデルに対する反発として，ろうコミュニティが築き上げてきたろうあ者相談員は一つの文化資源であり，かつ実践知が積み上げられている．これは文化言語モデルでいう文化的抑圧からの解放の手段としてのろうあ者相談員制度なの

である．これは，米国における黒人ソーシャルワークが，白人主義的でラディカルなソーシャルワーク実践に対する反発，また黒人コミュニティのニーズに応えるために，黒人自らの手で黒人のためのソーシャルワーク実践を展開してきた歴史動向と共通している．黒人コミュニティにおけるソーシャルワーク実践が社会正義を掲げ，黒人コミュニティとともに抑圧や不平等に立ち向かっていたのである．同様に，文化言語マイノリティであるろうコミュニティにおけるソーシャルワークにも社会正義という大義があり，ろうあ者相談員制度やろう当事者ソーシャルワーカーが求められてきたのである．ろうあ者相談員がどのように当事者視点に立つ専門職としての社会的地位を獲得しようとしてきたのか，その歴史的動向とソーシャルワークの動向は並行しており，ろうコミュニティによってろうあ者相談員制度が支持され，文化言語モデルに基づいたろうコミュニティの市民権獲得，再建に向けたろうコミュニティの活動なのである．ろう当事者ソーシャルワーカーが有する文化的感性や文化コンピテンシーは，聴者ソーシャルワーカーには習得や理解が困難であり，かつ境界点である．ろうあ者相談員がピア的要素を有した地域の相談員として，長らく活動してきた一方で，ソーシャルワークの専門性を兼ね備えたろう文化ソーシャルワーカーの台頭がある．ろう文化ソーシャルワーカーは，エンパワーメントの視点からろう者を文化言語マイノリティとして捉え，かつ一般社会資源のみならずろうコミュニティに存在する文化的資源を適切に把握し，適切な文化的言語的アプローチを提供する．しかし，日本において，ろう文化ソーシャルワーカーやろうあ者相談員を対象としたろう者学の知識や経験を取り入れたソーシャルワーク教育についての具体的なカリキュラムやシラバス，教授法は未だに確立されていない．この点について，後の章にて論じていく．

第3章
ろう者学のカリキュラム及び理論動向

1　ろう者学の概念

1-1　はじめに

　ろう者学とは，「文化人類学や生物学，経済学，遺伝子学，言語学，政策科学，社会学などの方法論や視点からろう文化や手話，聴覚障害に焦点を当てて研究する学問［筆者訳］」であり，高等教育機関において様々な分野で展開されている学問である（Ktepi 2016）．

　第1章並びに第2章において，医学モデルに基づいた障害観や言説が，ろう者をディスエンパワーメントさせ，かつろう者のリアリティーの理解を妨げていることに対抗するために，ろう者学の知見をソーシャルワークに取り入れることの意味やその重要性について論じた．本章では，学問としてのろう者学の歴史的背景や動向，そしてろう者学のカリキュラムの構成要素に焦点を当て，文献研究を行う．文献研究を通して，ろう文化ソーシャルワークに必要とされるろう者学に関する知識体系について整理を試みる．カリキュラム作成の理論的枠組みについては，行動科学による数量的研究を基に構成されたモダン・カリキュラムから，文化人類学などの質的研究の蓄積による新しい人文社会科学によるポストモダン・カリキュラムへとパラダイムシフトが1970年代から1980年代に起こっている（佐藤1999）．そのため，近代化の影響を受けたカリキュラム研究の主体はそのものよりも，教員の資質や社会構成そのものへと焦点が移行されているとの

指摘がある（小林 1996）. 20 世紀初期の米国におけるカリキュラムの編成方法や視点は，教科書法と呼ばれたが，その後，哲学的論証や社会の変化などによって，カリキュラムの目的を設定するという流れになったのである（安彦 1999）. 学問領域における力動やカリキュラムに影響を与えた近代化とは何であろうか. Anthony Giddens は，再帰的近代化の概念を提唱し，再帰性とは「社会的な営みが，それ自身に起因する新たな情報によって絶えずに吟味・修正され，結果としてその営みが本質的に変化すること」であると指摘している（Giddens 1990: 28= 松尾・小幡訳 1993: 38）. これは，近代から生まれた知識や技術，その他の諸要因によって，システム自体が変容していくことを意味するのである. 再帰的近代化の過程では，制度的再帰性と自己再帰性と二側面が生じる（Lash 1997: 215）. 前者は，個人や集団の動向が社会構造やシステムに影響を及ぼし，その結果がシステム自体に反映されて新たなシステム構造へと連なっていくことである. 後者は，個人や集団の動向が，当事者である個人や集団のシステム構造に反映され，影響を及ぼすことを指す. このように，近代における医学モデルに対する反発としてのろう者学の歴史的動向がどのようにろうコミュニティに再帰的に影響を与えてきたのか，社会構成主義の視点からろうコミュニティとろう者学の関連性やその歴史的意義について検証する. 本章では，欧米でろう者学の講座を開講し，かつ学位を授与している大学プログラムを視察し，カリキュラム及びシラバスを収集した. 本研究で分析対象としたろう者学プログラムは，米国のギャローデット大学ろう者学部学士課程・修士課程，カリフォルニア州立大学ノースリッジ校ろう者学部学士課程，ボストン大学教育学部ろう者学プログラム学士課程及び英国のブリストル大学ろう者学研究センター修士課程・博士課程（2013 年に閉鎖）である.

1-2 ろうコミュニティの主張とろう者学成立の歴史的背景

　長い間，そして現在も，ろう者を支援する医療従事者や心理専門職，ソーシャルワーカーによって，ろう者は医学モデルに基づいて「障害

者」として捉えられてきた（Bauman & Murray 2016）．Dennis Cokely & Charlotte Baker-Shenk（1991）によると，1960 年代まで，ろうコミュニティは，①聴覚障害によって，音声による通常のコミュニケーションが困難な人々の集団（Schein 1968），②聴覚障害とコミュニケーション障害があるため，心理面・学習面での問題を抱える人々の集団（Levine 1956），③社会的マジョリティである聴コミュニティによって，様々な否定的な方法で治療の対象と見なされてきたマイノリティ集団（Vernon & Makowsky 1969），といった医学モデルの観点から否定的言説・障害観に支配されており，それは現在に至るまで存在していると指摘している．ろうコミュニティを医学モデルの視点から文化言語モデルに基づいた視点へと転換しようとするパラダイムシフトが起きたのは，1970 年代以降である（Cokely & Baker-Shenk 1991）．具体的には，①共通した手話コミュニケーションの共有による集団やアイデンティティを形成している人々の集団（Schlesinger & Meadow 1972），②共通した手話や文化を共有する人々の集団（Woodward & Markowicz 1975; Padden & Markowicz 1976; Markowicz & Woodward 1978），といった主張が展開されてきたのである．

　前述のようなろうコミュニティに対する認識の変遷が巡る中で，米国では黒人らによる公民権運動のムーブメントが起こった 1960 年代半ばまで，ろう者の主な職業選択としては，一人職場（印刷工，工場での組み立て作業勤務など）が多かったが，ろう学校の教師や寮母として活躍するろう者もいた（Padden 1996）．しかし，ろう学校の管理職などに就任するろう者はほとんど皆無であり，当時のろうコミュニティは一般的に低所得の労働者階級のろう者が多く，彼らの多くが「ろう者クラブ（deaf club）」に通っていた（Padden 1996）．ろう者クラブは，ろう者が集う場を提供していた．かつては米国や英国各地にろうクラブがあり，ろう学校と同様にろうコミュニティの基礎をなしていた．ろう者クラブは，数百人が収容できるホールなどもあり，スポーツやカードゲームなどが可能な，いわゆる社交場でもあり，聴コミュニティでの孤立感から解放され，安らぎを見出す場であ

った（田門 2012a）．また，就職口を見つけるための場としての機能もあり，まさにろうコミュニティの基盤になっていた（Padden & Humphries 2005）．

　1960 年代以降，特に米国では 1964 年の Babbidge レポートによるろう者の教育や職業リハビリテーションに関する問題点の指摘，提言を基に（Babbidge 1964），1973 年にリハビリテーション法（Rehabilitation Act）が成立した（Gertz & Boudreault 2016）．リハビリテーション法は，公共機関や政府の補助金を受給している関係機関における障害者差別を禁止したものであり，ろう者に関しては，適切な手話通訳による情報保障が必要であると明文化した法律であった．このような時代背景の中，ソーシャルワーカーやろう学校教員などの専門職として就労するろう者が増え（高山 2007），ろう者の就労機会が拡大したのである．このような中産労働階級で，かつ大学卒業の学歴を持つろう者は，自身のキャリアアップにつながる情報やネットワークを求め，ろう者クラブではなく，聴者との職業的な出会い，結びつきを求めるようになった（Padden & Humphries 2005）．

　一方で，1960 年代におけるアメリカ手話における文法パターンなどの言語学的発見，分析は，ろうコミュニティでの生活や言語活動についての学問的関心をもたらすことになった（Stokoe 1960）．それとともに，黒人学研究などの知見や，文化学や文化人類学、社会学などの他領域でのマイノリティ研究方法論を援用した上での，ろう者の文化研究が始まり，それにより，医学モデルといった病理的観点から文化言語的モデルへの新たなパラダイムシフトを引き起こした（Kelly 1998; Bauman 2008; Bauman & Murray 2016）．高等教育機関におけるろう者学プログラムの台頭は，ろう歴史，ろう文化，手話，バイリンガルろう教育，デフアート，認知に関する調査研究や，教育カリキュラム開発などの大きなムーブメントをもたらすことになったのである．1988 年には，ギャローデット大学（Gallaudet University）でろう者の学長選出を求めた，「今こそ，ろうの学長を（Deaf President Now: NPN）」運動が起き，その結果，ろう者の学長が選出され，ろうコミュニティにおけるろう者のエンパワーメント，そして障害を持つ

アメリカ人法（Americans with Disabilities Act: ADA）の成立，また全米各地の大学におけるろう者学プログラムの設置に大きな影響を与えた．障害を持つアメリカ人法は，民間企業などにおける差別を禁止し，結果的にろう者の就労機会の拡大に大きく寄与した．ろう者が管理職として活躍できるように，ろう者と聴者の文化の差異を調整することを志向するようになり，結果的に二文化が共存する就労先を開拓するようになったのである（Padden 1996）．このような欧米におけるろう者のエンパワーメントのムーブメントに沿って，「ろう者のやり方（the deaf way）」と言われていたものが，「ろう文化（Deaf culture）」や「言語マイノリティ（linguistic minority）」という言葉に置き換わるようになった（Padden 1996）．このように，ろうコミュニティやろう文化という概念が一般的になるとともに，聴コミュニティという概念が，聴者中心の視点，行動様式に基づいた聴文化，つまり，ろう文化の定義や主張と対立する概念として普及した（Padden & Humphries 1988）．また，ろう者と聴者の間に起こり得る問題は，文化的差異（cultural differences）や文化的摩擦（cultural conflict）として位置付けられてきた．障害を持つアメリカ人法やろう者学プログラムが普及した1990年台初期に，Cokely & Barker-Shenk（1991）によって，文化的ろうアイデンティティ，大文字のDの"Deaf"の視点から，ろうコミュニティの構成員の条件として，①政治的側面（political），②社会的側面（social），③言語的側面（linguistic），④聴能的側面（audiological）の四つの視点から構築されている文化的ろうアイデンティティ図式（Diagram of Deaf Cultural Identification）が提案されたことによって，従来の医学モデルのろう者（deaf）から文化言語モデルのろう者（Deaf）へのパラダイム転換が試みられた（図3-1）．この図式が示すのは，四つの視点が重なる中心点がろうコミュニティであり，それぞれの側面における態度や姿勢（attitude）を追求することが，結果的に文化的ろうアイデンティの本質に近づくのではないかという文化論に基づく主張なのである．①政治的側面では，ろう者の生活や権利の向上に関わる活動，すなわち，ろう運動に関

わっているかどうかという政治的視点である．②社会的側面とは，ろう者集団に所属しているか，もしくは過去に所属していたかということである．例えば，ろう学校の寮舎に入っていたか，デフファミリー出身か，配偶者がろう者であるか，また聴者の場合には手話を使い，日常的にろうコミュニティに関わっているか，仕事を得ているかという側面である．③言語的側面が指摘するのは，手話を使い，そして手話を通してろう者の生活の向上に寄与しているかということである．最後に，④聴能的側面が示しているのは，単に，聴覚障害の有無が，ろうコミュニティの構成員になり得るかどうかの判断の物差しとなる．聴力損失やその障害程度にという医学モデルに基づいての判断ではなく，四つの側面を踏まえた上で，ろう者としての誇りを持ちながら日常生活を送ることの重要性を指摘している．これらの議論によって，ろう文化，そして文化的ろうアイデンティティ（Deaf）の概念が普及し，ろう者学におけるろうコミュニティやろうアイデンティティの研究が加速した（Bauman 2016）．また，Harlan Lane（2005）は，ろう者は共通言語，継承パターン，ろう者同士の結婚，文化的行動様式・価値観などといった民族的要素を持ち合わせている文化言語マイノリティであると指摘した．

　人工内耳などの医療の進歩に対して，ろう者学の立場からは，サイボーグ化（cyborgization）と形容化し，ろう教育と医療が一つの抑圧構造となり，多くの人工内耳装用児を生み出しているとの主張がある（Valente 2011）．近年は，聴覚障害の遺伝子医療に対して，ろう者学の立場からいくつかの指摘も見られる．聴覚障害を遺伝子レベルで治療することは，一つの文化的大虐殺（form of cultural genocide）であり，また生存権などの選択権を持たないろう児に対する人権侵害であると指摘している（Blankmeyer 2017）．なお，ろうや聴覚障害に起因する遺伝子は，ろうコミュニティの文化的財産・資本であるとの議論や認識もあり，ろう者学が研究する分野は，ろう遺伝子（deaf gene）に関する生命倫理的問題まで包括するようになってきている．

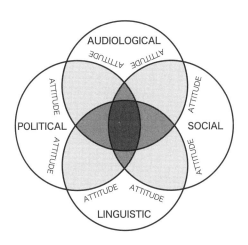

図 3-1　文化的ろうアイデンティティ図式（Diagram of Deaf Cultural Identification）
出典：Cokely & Barker-Shenk（1991）より

1-3　ろう者学プログラム設置の歴史的動向

　黒人や女性の権利運動ムーブメントが起きた 1960 年代以降，大学など
の高等教育機関において，ろう者学が学位プログラムとして設置される前
に，ろう学校などで，ろう児が自らのろう者問題やろう文化について学ぶ
ための自立活動プログラムを提供したことが，ろう者学のツールであると
考えられている（Katz 2000: 14）．当時のろう学校におけるろう者学プログ
ラムは，「民族学（Ethic Studies）」という授業名であり，ろう者学という
名称ではなかった（Murphy 1970）．しかし，ろう学校で生徒がろう文化や
アメリカ手話，聴覚障害について，民族学授業を通して学ぶことの意義に
ついて，Murphy（1970）は，次のように指摘している．

　　「マイノリティ集団の伝統や習慣，活動などに関わることは，マイノ
　リティ集団の構成員にとっては，当たり前の日常である．このような黒
　人（Negro）マイノリティ集団における強い一体感は，黒人が自らの歴
　史などを学ぶ民族学講義において，証明されている．すなわち，『黒人

は素晴らしい（Black is beautiful）』というスローガンで証明されている．同様に，明確な形で，ろう者も『ろうの誇り（Deaf Pride）』があると言えよう．［筆者訳］」

　その後，高等教育機関において，ろう者学に関する講義が初めて提供されたのは，1971年のカリフォルニア州立大学ノースリッジ校（California State University, Northridge: CSUN: 以下，CSUN）のろう教育リーダーシッププログラム（National Deaf Leadership Training）において，当時の全米ろうあ連盟事務局長の Frederick Schrieber が「ろう者が必要とするニーズ（Priority needs of deaf people）」というテーマで，Schrieber 自身が声を使って，電話を使った講義を提供したのが初めての例であるとされている（Schrieber 1981）．Schrieber は，黒人学や女性学がある中で，ろう者は肯定的な自己イメージや可能性を持つためのろう者学が必要だと初めて，「ろう者学（Deaf Studies）」という名称を示し，その重要性について指摘している（Schrieber 1981）．その後，高等教育機関における黒人学（Black Studies）ブームの影響を受けた1972年に，ギャローデット大学において「ドクター博士ろう者学講座（Dr. Doctor Chair of Deaf Studies）」というろう者学の名称が冠された寄付講座が設置され（Gannon 1981: 392），1972年から2005年までに26名のろう者学領域の研究者がギャローデット大学に客員研究員として招かれ，研究活動が展開されたのである．この寄付講座の招待研究者の中に，ろう文化論の論客として著名な Harlan Lane やデフフッドの理論を発表した Paddy Ladd らが名を連ねている．また，1974年にも全米ろうあ連盟の出版書籍 *The Deaf American Magazine* において，ろう者学の重要性について論考が掲載されている（Panara 1974）．1960年代前半から，高等教育機関やろう学校におけるろう者学の必要性について盛んに議論が行われてきたことがわかる（Hoffmeyer 1975）．特に，この時期，ろう者学の設置が盛んになった背景について，ろう教育の専門家であるろう者の David Hoffmeyer（1975）は，ろう児が，聴覚障害や言語，文

化，そして歴史に関する知識やアイデンティティの確立に関わることを学ぶ機会が制限されていることが，一つの背景にあると指摘している．また，ろう学校におけるろう者学カリキュラムの構成要素として，ろう者に関する様々な文学や芸術，聴力図の理解，聴覚障害の原因，ろう者の歴史，ろうコミュニテイ，ろう者の進路と職業教育，ろう者に関する社会学・心理学が挙げられ（Hoffmeyer 1975），当時のろう学校におけるろう者学に関する授業は，「ろう啓発（Deaf Awareness）」，「ろう文化（Deaf Culture）」，「ろう歴史（Deaf History）」などが授業名として採用されることが多かった（Potter 1991）．なお，ろう学校におけるろう者学カリキュラムは，ろう者の歴史をまとめた学術テキストである *Deaf Heritage* が 1980 年に出版されたことにより，急速に拡大し，特にろう歴史に関するカリキュラムの開発が進んだ（Katz 1999）．一方で，1975 年，CSUN ろう教育リーダーシッププログラムにおいて，世界初のろう者学に関する講義が設置され，近い将来ろう学校で管理職になる大学院生らを対象に，ろう者学を提供したことが，CSUN ろう者学部の設立の機運につながっていった．また同時期に，テンプル大学（Temple University）において，バイリンガル・バイカルチュラルプログラムが開設された（Bauman & Murray 2016）．これらの二つのプログラムは，米国で初めて高等教育機関において，正式な科目としてアメリカ手話講義を提供した．1978 年には，英国のブリストル大学（University of Bristol）に，ろう者学研究センターが開設された．その後，ろう者学の学位プログラムとして，1981 年にボストン大学（Boston University），1983 年に CSUN において，ろう者学学士課程が設置された．しかしながら，ろう学校でろう者学に関する教育カリキュラムの開発や授業の設置が盛んになる一方で，高等教育機関における学問としてのろう者学の設置は困難に直面することになる．具体的には，①ろう者学の歴史，つまり，②ろう者に関する文字資料や研究資料が少ないこと，③聴覚障害に関する講義などに見られるような医学モデルのろう者学における位置付けの曖昧さ，④ろう者学の理論枠組みの未確立，⑤プログラムを維

持するための人材や学生の需要，そして，⑥予算の確保である（Sanders 1986）．その後，1985 年に，ブリストル大学は学位プログラムを提供し，その後の 1992 年に世界初のろう者学修士課程及び博士課程プログラムを開設した．しかし，2013 年にろう者学研究センターの予算が削除されたことによって研究センター及び学位プログラムは閉鎖された．一方で，ろう者の総合大学であるギャローデット大学は，1994 年に批判理論（Critical Theory）と文化学（Cultural Studies）を基盤とした学士課程のろう者学プログラムを，さらに 2002 年に修士課程を開設した．2017 年現在で，博士課程を提供している大学はまだ皆無であるが，ろう者学プログラムを開設する大学は増えてきている（Bauman 2008）．しかしながら，米国では，19 大学がろう者学プログラムを提供しているが，多くが短期大学レベルであり，学士課程は 5 大学，また修士課程レベルでろう者学プログラムを提供しているのは，ギャローデット大学のみで，実際には多くの一般の大学で研究者が個人レベルでろう者学に関わっている例が多い（Fernandes & Myers 2009）．また，近年は，ろう者学の中でも，特にデフスペース（Deaf Space）やろう地理学（Deaf Geographies）などの特定の分野の研究も盛んになっている（Bauman & Murray 2016）．一方で，学問領域としてのろう者学は，発展途上であり，方法論（Methodology）と認識論（Epistemology）の観点からも，ろう者学がイデオロギーではなく，学問としてのバッググラウンドをどのように作っていくのかが課題であるとの指摘もある（Kelly 1998）．また，ろう学校におけるろう者学カリキュラムは，全米ろう学校教員連盟（The Conversation of American Instructors of the Deaf: CAID）が 1985 年にろう者学カリキュラム開発委員会を設置したことにより，教材研究やネットワーク化が進んだとされている（Katz 2000）．このカリキュラム委員会の活動の影響もあり，1990 年には，カリキュラム調査に回答した 120 のろう学校のうち 57％のろう学校でろう者学の授業カリキュラムが整備されたことが判明している（Miller-Nomeland 1991）．1993 年にはギャローデット大学より *Kendal Demonstration Elementary School Deaf*

Studies Curriculum Guide（ケンダルろう学校ろう者学カリキュラムガイド）が出版された（Miller-Nomeland & Gillespies 1993）.

　他方で，日本においては，ろう者学の教育カリキュラムの開発，整備がされておらず，指導方法や教育資源が不足しているため，ろう者学のプログラムの開設は未だ困難なのが実情である（菅野・大杉・小林・ほか 2014）.それらの課題を解決するために，ろう者のための理工系高等教育機関である筑波技術大学では，「ろう者学教育コンテンツプロジェクト」を立ち上げ，これまでにろう者学に関する様々な分野のコンテンツを開発してきている（コミュニティ分野 55 課題，芸術分野 73 課題，手話分野 26 課題，スポーツ分野 25 課題，歴史分野 9 課題，テクノロジー分野 3 課題）.しかし，その効果測定や学問的裏付けはまだなされていないのが現状である.

　改めて，学問領域としてのろう者学の意義について振り返ってみたい.1990 年代初頭のろう者学プログラムの萌芽期に，Martina Bienvenu（1991: 17-32）が，ろう者学の学問としての目的，意義について次のように述べている.

　　「ろう者学とは，聴覚障害そのものではない.つまり，ろう者学とは，どのぐらい聞こえないのか（inability）でもなく，ろう者の欠損（deficiencies）について対象にするものでもない.また，聴覚障害を治療し，ろう者が聞こえるように手助けをするものでもない.ろう者学とは，ろう者の生活，ろう者の成功，ろう者の言語や文化，またどのようにろう者がろう児のための教育に貢献できるか，さらにどのようにろう者（Deaf people）やろうではない人々（non-Deaf people）のコミュニティに貢献できるかを，研究対象とするべきである.［筆者訳］（Bienvenu 1991: 17-32）」

　また，Harlan Lane（1991）もろう者学とは，「学際的領域であり，ろう者そのものの生活について理解を深めることを目的とする学問［筆者訳］」

であると指摘し，かつ，ろう者学はろう文化や手話，言語など全ての領域における抑圧（issue of oppression）を学問的探求の核心に捉えることの重要性を述べている（Lane 1994）．また，Harvey Corson（1991）は，「ろう者学は，言語や教育，芸術，文学，社会学，文化人類学，歴史といった様々な領域を包摂する学問領域になり得る」と述べている．Don Bangs（1993）は，ろう者学の研究領域について，「ろう者学は，ろう者を独自の言語を持ち，かつ文化的行動様式や社会構造，婚姻パターンなどの文化言語マイノリティとして捉え，研究対象とする [筆者訳]」と具体的に指摘している．ろう者学が発展する中で，Corson は，ろう者学が取り組むべき領域について次のように指摘している（Corson 1991）．すなわち，①ろう教育の問題に関わること，②聴者への同化ではなくろう者として生きる権利の保障，③文化言語マイノリティのろう者として受け入れられること，④言語・教育・情報・サービスへの平等なアクセスの向上，⑤ろう者が自分の生活に関して自己決定ができること，である．また，ろう女性学，黒人ろう者学，LGBTQ などの性的少数者やその他のマイノリティろう者集団，国際ろうコミュニティ，に関する研究もろう者学が取り組むべき課題である（Bienvenu 1991）．しかし，ろう者学が研究を展開していくにあたって，どのようにろう者の参加や協力を得るのかが，最大の課題であるとの指摘もある（Fleischer 1991）．また，依然としてろう者学分野の研究者は聴者が多く，ろう者のろう者学研究者や実践者の養成が急務である（O'Brien & Emery 2014）．そして，Charles Katz（2000）は，ろう者学プログラムは，①ろう学校や普通教育学校教育プログラムにおけるろう者学関連の授業，②大学などにおける学位プログラム，③研究機関のプログラム，三つに区分できると指摘している．そして，ろう者学のカリキュラムの受講を推奨するべき対象者として，ろうコミュニティのリーダー，ろう者の研究者，ろうの成人，ろうの子ども，ろうの子どもを持つ両親，ろう者に関わる対人専門職，聴者学生が挙げられ（Lane 1994），聴者の対人専門職が無意識的に抱えるであろうパターナリズム的姿勢（paternalistic attitudes）の自覚や解消にはろう者学が重要な役割を担っており（Bangs 1993），ろう者に関わるソーシャルワーカーを始めとする対人専門職がろう者学を履修することは，大きな意義があると考えられる．

2　ろう者学カリキュラム

2-1　ギャローデット大学ろう者学部学士課程・修士課程

　ギャローデット大学は，1864年に当時のリンカーン大統領の許可を受けて，設立された世界唯一のろう者を対象にした文系総合大学であり，附属ろう学校における早期教育から大学院博士課程まで広範囲にわたる教育プログラムを有している．ギャローデット大学ろう者学部は，1994年に設置され，その後2003年に修士課程が設置された．現在，ろう者学 (Deaf Studies) 学士課程が，さらに修士課程では，①文化学研究領域（Cultural Studies），②言語権・人権研究領域（Language and Human Rights），③早期言語アドボカシー研究領域（Early Language Advocacy）の3領域のプログラムが提供されている（表3-1）．ギャローデット大学ろう者学部では教育のアウトカムとして，①ろう文化論，②オーディズム，③感覚指向論，④デフゲイン，⑤ろう理論，⑥デフフッド，といったろう者学に関する理論の理解が挙げられる．また，近年は，ろう歴史，黒人ろう者，ろう女性，デフアート，早期介入，国際協力・開発といったろう者学の応用的な研究領域に関する科目が選択科目として，提供されている．ろう者学部の専任教員は7名であり，うち6名がろう者，1名が聴者である．ろう者学部学士課程における講義カリキュラムの構成は，五つの必修基礎科目，13の必修主専攻科目，その他の選択科目で構成されている．なお，修士課程においては，アメリカ手話能力試験（American Sign Language Proficiency Interview: ASLPI）が課せられ，評価5段階中3以上の評価点が入学条件となっている．かつ所定の講義の履修並びに，ろう者学領域に関する修士論文の提出が求められている．ギャローデット大学ろう者学部学士課程・修

表 3-1　ギャローデット大学ろう者学部の教育カリキュラム一覧と理論枠組みの関連

	基礎・学士課程領域	修士課程 文化研究領域	修士課程 言語権・人権研究領域	修士課程 早期言語アドボカシー領域	理論・研究領域
基礎科目	必修ろう者科目：ろう者学総論・ろう文化論・基礎文化論・障害学				①ろう文化論
	基礎一般科目：　社会学・言語学・歴史学				
必修主専攻科目	卒業論文	修士論文			②オーディズム ③感覚指向論 ④デフゲイン ⑤ろう理論
	研究方法論	ろう者学研究方法論			
	倫理・哲学	言語・文化・パワー			
	文化人類学	ろうコミュニティでの文化的実践			
	ろうコミュニティにおける多様性		ろうコミュニティの公共圏		
	基礎理論	ろう者学理論・アイデンティティ			
		感覚指向論			
	抑圧とダイナミクス	批判理論	ろう者の人権論		
	ろう者に関する社会学・法学	ろうコミュニティに関する公共法規			
	アドボカシー方法論	ろうコミュニティにおける言語アドボカシー			
選択専門科目	ろう歴史学	米国ろうコミュニティ歴史学			ろう歴史 黒人ろう者 ろう女性 デフアート
	ろう女性学				
	黒人ろう者学				
	デフスペース				
	デフアート				
新領域専門科目	デフフッド	デフフッド	世界のろう者の人権 国際協力・開発	ろう児に対する乳幼児早期介入プログラム（合計18単位）	⑥デフフッド（文化言語モデル）早期介入 国際協力・開発

※科目名は筆者が日本語に翻訳した

士課程のカリキュラムは，必修基礎科目領域，必修主専攻科目領域と選択専門科目・新領域専門科目の三つに区分される．具体的には，ろう者学における必修基礎科目領域として，ろう者学総論，ろう文化論，基礎文化論，障害学があり，基礎科目として，社会学，言語学，歴史学の履修が求められている．これらの基礎科目の履修を通して，ろう者学の土台となるろう文化論の理解が教育目標として挙げられている．ろう文化論は，フランスの哲学者であるミシェル・フーコーの生権力やジャック・デリダの脱構築や音声主義の観点などといった哲学や文化学の基礎を踏まえながら，ろう

者学との関連性を学ぶのである．また，ろう者学の学問としての核心を学ぶことになる必修主専攻科目は，批判理論に基づいた社会構造や歴史に対する評価，研究をするための視点を習得するために必要な研究方法論，ろうコミュニティに関する基礎科目（倫理，理論，アドボカシー方法論），インターンシップや卒業・修士論文ゼミが提供されている．①ろう文化論の理解の上で，必修主専攻科目において，②オーディズム，③感覚指向論，④デフゲイン，⑤ろう理論，の理論枠組みを学習することになっている．これらによって，ろう者を取り巻く様々な事象の解体・再構築をすることが可能な視点の醸成が教育アウトカムとして求められている．これらはろう者学の一領域としてその学問的位置や意義を確立してきたろう歴史学，ろう女性学，黒人ろう者学といった，ろうコミュニティのマイノリティ・コミュニティに関する講義や有色人種ろう者など，ろうコミュニティの中でマイノリティとされるろう者の生活様式や文化に関する講義が提供されている．また，これまで黒人学や女性学などの他学門領域の知見を取り入れ，社会構成主義や批判的理論を中心とする研究から派生してきた学問領域である伝統的なろう文化論に対して，英国で発展した⑥デフフッドが新講義として，2015年から開講されている．デフフッドは，ポストコロニアル理論などの植民地支配やサバルタンに関する各種理論から文化言語モデルを発展させた現代のろう者学の主流理論の一つである．ギャローデット大学ろう者学部学士課程及び修士課程のカリキュラムモデルの学問基盤を構成する講義群は，社会学，言語学，歴史学といったろう者学に関わる基礎科目並びにろう者学に直接関わる基礎講義となるろう者学総論，基礎文化論，ろう文化論，障害学である．社会学において，ろうコミュニティや社会の構成要素の基礎について学び，言語学で，手話言語学の基礎知識を学び，なぜ言語と文化が密接に結びつくのか学習する．そして，ろうコミュニティの歴史を紐解くために，歴史学の基礎知識を履修することが基本となる．これらの基礎一般教養の履修を経て，ろう者学の専門科目を履修し，ろう文化やろうコミュニティ，また医学モデルと文化言語モデルの

比較を通して社会から見たろう者像や障害観について洞察を深めるのである．修士課程は，これらの基礎一般教養やろう者学の基礎知識をすでに履修していることを前提に，各領域の教育アウトカムに準じて，ろう文化や，ろう者の言語権や人権に関する研究を展開するためのろう者学に関する各種基礎理論や研究方法論を学ぶ一方で，ろう児を対象にしたアドボカシーを学ぶ早期言語アドボカシー領域では，全18単位の早期教育方法論や言語獲得に関する講義，実習を中心とする実践的な教育カリキュラムで構成されている．なお，ギャローデット大学ソーシャルワーク学部学士課程では，一般教養科目としてのろう者学総論の履修が必修となっている．

2-2　カリフォルニア州立大学ノースリッジ校ろう者学部学士課程

　カリフォルニア州立大学ノースリッジ校（以下，CSUN）のろう者学プログラムは，1975年にろう者学に関する講義が開講されたのが始まりとされている．その後，ろう者である Dr. Lawrence Fleisher らによって，1977年から5年間にわたる関係者による準備期間を経て，1983年からろう者学部が設置され，現在ろう者学の学士号プログラムを提供している（Katz 2000）．CSUN ろう者学部が設置される前の1961年から，全米ろう教育リーダーシッププログラムに関して特別支援教育修士号のプログラムを設置し，それに伴い1964年に手話の講義を提供している（Jones 1987）．このように教育学部の強力な影響を受けている CSUN ろう者学部は，教育学群の一学部として位置付けられており，教育学部と密接な連携している．なお，教員は3名で，全員ろう者である．

　CSUN のろう者学部カタログには，二つの教育目的の記載があり，それは①ろう者の歴史や社会経験を含めたろう者の言語や文化についての基礎知識と理解を促すこと，②ろう者に関わる専門職キャリアや大学院進学に備えることである（CUSN Department of Deaf Studies 2019）．また，教育目標として8項目が挙げられている．具体的には，①アメリカ手話でろう者とコミュニケーションが可能であること，②ろうコミュニティ及びろう文

化における主な問題や特色を理解すること，③ろう者が経験している偏見，差別，不平等などのろうコミュニティが受けている抑圧や，権力，特権構造の影響について理解できること，④ろう者学での学習成果のろうコミュニティへの還元が可能であること，⑤デフアートや各種支援を通して，ろう者であることの意味に光を当て，貢献できること，⑥現代社会における聴者とろう者のコミュニケーションの違いについて理解し，説明できること，⑦ろう者の社会・文化・歴史が，どのように他者や自己に影響を与えるか分析できること，⑧ろう者やろうコミュニティ，専門職集団における自身の関わり方について評価できること，の8点が挙げられ，それに従って専門科目やカリキュラムが設定されている．どちらかといえば，リベラルアーツ教育の理念に近く，ソーシャルワーカーやろう学校教員，手話通訳者を目指している聴者の学生がろう者学を専攻しているケースが多いのである．

　CSUNのろう者学部は，主に五つの主専攻課程で構成されており，学生のキャリア選択に応じて主専攻を選択できる．なお，CSUNは，ギャローデット大学と大きく異なる点として，学生のほとんどが聴者である．基礎共通科目と共通選択必修科目，主専攻必修科目の3段階で構成されており，主専攻は，①手話通訳，②アメリカ手話文学，③ろう教育，④ろうコミュニティサービス（Deaf Community Services），⑤ろう文化学研究（Deaf Cultural Studies），である．主専攻に関わらず，基礎必修科目は8科目で，全ての学生がアメリカ手話の関連講義5科目，ろう者学の基礎講義3科目の履修が義務付けられている（図3-2）．また共通選択必修科目が全13科目あり，アメリカ手話関連が5科目（うち2科目選択），ろう者学の専門科目が8科目（うち3科目選択）で構成されている．そして，主専攻学生のみしか選択できない主専攻必修科目が4科目開講されている．具体的には，「ろう者と法律」，「ろう女性学」，「ろうコミュニティサービス」，「ASL／ろう演劇」が特定の主専攻の必修科目として設定されている．しかしながら，小規模な学士課程プログラムであり，かつ修士課程を有していない

学年	基礎必修科目		共通選択必修科目		主専攻必修科目				
	アメリカ手話アメリカ手話	ろう者学ろう者学基礎	手話言語学言語学	ろう者学ろう者学	手話通訳	ASL文学	ろう教育	ろうコミュニティ	ろう文化研究
1年	ASL Ⅰ ASL Ⅱ		一般教養科目及び基礎必修・共通選択必修科目						
2年	ASL Ⅲ	ろう者学入門	下記から2科目選択	下記から3科目選択					
3年	ASL Ⅳ	米国ろう文化	ASL応用会話	手話通訳原則	手話通訳実践Ⅰ	ろう歴史	聴覚障害科学	ろう者と聴者の文化的比較	ろう者と聴者の文化的比較
			ASL／英語翻訳	聴覚障害科学	手話通訳実践Ⅱ	ろう文学	ろう者と聴者の文化的比較	ろう歴史	ろう歴史
4年	ASL言語構造	卒業論文	ASL個人指導	ろう者と聴者の文化的比較	手話通訳実践Ⅲ	ASL／ろう演劇	ろう歴史	ろうコミュニティの問題	ろう文学
			文学や芸術領域の手話翻訳	ろう歴史	手話通訳実習	ASLの問題	ろう文学	ろう者と法律	ろう女性学
			特定領域のASLスキル	ろう文学		以下から2科目選択	ろう学習者 Deaf Learner	以下から1科目選択	以下から1科目選択
			ろうコミュニティの問題			ASL応用会話		ASL応用会話	ろうコミュニティの問題
			ろう学習者			ASL／英語翻訳		ろう女性学	ろう学習者
			ASLの問題			文学や芸術領域の手話翻訳		ろうコミュニティサービス	ろう者と法律

図 3-2　カリフォルニア州立大学ノースリッジ校ろう者学部学士課程の履修カリキュラム
※科目名は筆者が日本語に翻訳した

ため，ろう者学の応用専門科目やプログラムは設置されていない．

2-3　ボストン大学教育学部ろう者プログラム

　ボストン大学教育学部ろう者学プログラムは，ろう者の両親を持つコーダである Dr. Robert Hoffmeister とろう者の Stephen Nover によって，1980 年に開始され，1983 年に正式に学位プログラムとしてのろう者学学士課程が設置された（Kelly 1998）．ボストン大学のろう者学プログラムは，教育学部の一学士課程プログラムして位置付けられており，ろう者学学士課程及び副専攻課程が設置されている．ろう者学修士課程は設置され

表 3-2　ボストン大学教育学部ろう者学プログラム履修カリキュラム

一般教養科目 63 単位		
ろう者学専攻科目（65 単位）		
ろう者学関連科目必修科目	アメリカ手話関連必修科目	教育学専門必修科目
ろう者の世界入門	アメリカ手話Ⅰ	基礎教育学
ろう文化と歴史	アメリカ手話Ⅱ	教育テクノロジー
ろう文学とアメリカ手話物語	アメリカ手話Ⅲ	教育の社会的コンテクスト
ろう者学セミナー（卒業論文）	アメリカ手話Ⅳ	教育の市民的コンテクスト
ろう者の社会学・心理学	アメリカ手話Ⅴ（学術手話）	ろう者学現場実習
言語獲得	アメリカ手話Ⅵ	計 13 単位
言語学基礎	計 24 単位	
アメリカ手話の言語学的構造		
計 28 単位		
修了後は，ろう教育修士課程への進学を想定		

※科目名は筆者が日本語に翻訳した

ていないが，一方でろう教育学修士課程が同プログラムの修士課程として，設置されているため，ろう者学の専門科目群をろう教育修士課程の学生が履修できるような教育カリキュラムシステムとなっている（Boston University 2018）．ボストン大学のろう者学プログラムは，聴者学生が多く，かつ教育学部に属しているため，ろう教育修士課程に入学する前に，ろう学校教員として求められる文化的知識や手話コミュニケーション能力などの基礎知識をろう者学学士課程で習得する背景があると考えられる．そのため，基本的には聴者向けのカリキュラム色が強く，ろう者学専攻科目は全て指定必修科目となっている．具体的は，ろう者学関連科目群，アメリカ手話関連科目群，教育学関連科目群に区分でき，現場実習も含めて計65 単位の専攻科目の履修が義務付けられている．

2-4　ブリストル大学

　英国のブリストル大学（University of Bristol）におけるろう者学研究の始まりは，1978 年にろう者学研究センターが開設されたことに遡る．欧州で初めて設立されたろう者学研究センターは，ろう教育研究者であっ

た Dr. Reuben Conrad によって設立された．当初は聴者の研究者中心の研究センターであったが，ろう者に関する研究の台頭に伴って，1985 年からろう者学の名称を冠するようになった（Kyle 2017）．当初は，政府補助金を基に設置された大学付属研究センターとしての機能しか有していなかったが，1981 年から卒後研修としての現任者研修プログラムという形で教育プログラムが開始された．1985 年にブリストル大学はろう者学の学位プログラムを提供し，その後の 1992 年に世界初のろう者学修士課程及び博士課程プログラムを開設した（Bauman 2016）．ろう者学研究センター及び学位プログラムは，①言語（Language），②言語獲得（Language Acquisition），③コミュニティ・文化（Community and Culture），④心理学・学習（Psychology and Learning），⑤テクノロジー（Technology），⑥教育プログラム（Teaching Programme），の六つの専門領域からなる学際研究領域としてのろう者学という視点で教育研究を展開していた（Kyle 2017）．また，2009 年には，デフフッド修士号（Master of Deafhood）の修士課程を提供し，八つの専門科目から構成された．具体的には，①デフフッド哲学及び社会理論（Deafhood Philosophy and Social Theory），②手話言語学（Sign Linguistics），③ろう文化とデフフッド（Deaf Culture and Deafhood），④ろう者学研究方法論（Research Methods for Deaf Studies），⑤家庭や学校におけるろう児のバイリンガル発達（Bilingual Development in Deaf Children at Home and at School），⑥ろうウェルネスと発達（Deaf Wellness and Development），⑦ろう歴史とデフフッド（Deaf History and Deafhood），⑧手話言語文学と伝承（Sign Language Literature and Folklore）である（表 3-3）．2010 年当時，24 名のスタッフのうち，14 名がろう当事者であり，ろう者を中心に運営がなされてきたことが伺える（Kyle 2017）．しかし，2013 年にろう者学研究センターの予算が削除されたことによって研究センター及び学位プログラムは閉鎖された

　以上，ろう者学プログラムの歴史と現在のカリキュラムについて述べた．これらのカリキュラムを比較すると，ギャローデット大学ろう者学部を除

表3-3　ブリストル大学ろう者学学士・修士課程履修カリキュラム

学士課程　ろう者学（BSc in Deaf Studies）	
ろう者学関連	イギリス手話関連
1年	
社会におけるろう者	イギリス手話基礎 A
ろう文化	イギリス手話基礎 B
	手話言語学基礎
2年	
ろうコミュニティへのサービス供給	
政治とメディアにおけるろう者	イギリス手話中級 A
ろう歴史	イギリス手話中級 B
ろう教育	翻訳
手話通訳技術	社会コンテクストにおけるイギリス手話
3年	
ろう者学の実践	上級イギリス手話
聴覚障害の心理	手話言語学
ろう児の言語経験	手話文学と表現
卒業論文	手話通訳の過程
	同時手話通訳
修士課程　デフフッド修士号（MSc in Deafhood）	
修士論文	手話言語学
研究方法論	様々な場面での手話通訳
デフフッドの哲学と社会理論	手話通訳実践
ろう文化とデフフッド	
ろうの歴史とデフフッド	
学校・家庭におけるろう児のバイリンガル発達	
手話文学と民俗伝承	
ろうウェルネスと発達	

※科目名は筆者が日本語に翻訳した

くろう者学プログラムの設置背景にろう教育の専門家養成が関わっている．ギャローデット大学は，純粋にろう者学の学問的深化を目的に，ろう学生を対象にろう者学専門家の養成に取り組んでいるが，他のろう者学プログラムは，聴者の学生を主な受講生とし，手話学習の科目を含めてカリキュラムを構成している．つまり，聴者の学生に対して，ろう者の文化や歴史，手話について適切な理解を促し，ろう学校教員として養成するというキャリアパスが，多くのろう者学プログラムの設置のスタートラインだったと

表3-4　ろう者学部の対象・領域・学位号の比較

	ギャローデット大学	CSUN	ボストン大学	ブリストル大学
大学	半公立・半私立	州立	私立	公立
設立	1994 年	1983 年	1981 年	1985 年
対象	ろう学生	聴者，特に対人専門職	聴者，特に教育学部	聴者
領域	ろう文化論・批判理論	手話通訳，ろう教育	ろう教育，手話	デフフッド，手話
学位	学士号・修士号	学士号	学士号	学士号～博士号 2013 年に廃止

※科目名は筆者が日本語に翻訳した

も考えられる（表3-4）．それぞれのろう者学プログラムの特徴として，ギャローデット大学は，ろう文化論および社会構成主義に基づく批判理論を主な教育領域としている．CSUN ろう者学部は，ろう者学の知識を持つ手話通訳者及びろう教育やソーシャルワークの専門家の養成に焦点を当てたカリキュラムとなっている．全米でも有数のバイリンガル・バイカルチュラルろう教育の修士課程プログラムを持つボストン大学は，ろう教育を支える専門家の養成のための教育プログラムの理念に沿ったろう者学カリキュラム構成となっている．バイリンガル・バイカルチュラルろう教育の土台となるネイティブレベルのアメリカ手話の習得とろう者学の基礎知識の理解が教育アウトカムとして掲げられている．2013 年に閉鎖されたブリストル大学は，ろう教育に関する研究センターがプログラム設置に影響を与えたが，1990 年代以降は，ろう者学に関わる研究者養成を目的とし，手話言語学や通訳学を含むイギリス手話関連の科目並びにデフフッドの理論を学ぶろう者学科目によって，学際的なカリキュラムが構成されている．しかし，2013 年にブリストル大学ろう者学研究センターが廃止されたことにより，学位プログラムも消滅したため，現時点でろう者学の大学院プログラムは，ギャローデット大学ろう者学部修士課程のみとなっている．

3　ろう者学における理論的枠組みの発展

　表3-1 でも示したように，現在のろう者学における主な理論構成は，①

ろう文化論（Deaf Culture），②オーディズム（Audism），③感覚指向論
（Sensory Orientation），④デフゲイン（Deaf Gain），⑤ろう理論（Deaf
Theory），⑥デフフッド（Deafhood）が主流となっている（Bahan & Bauman
2000; Bauman 2006; Bauman & Murray 2009; Bauman & Murray 2014; Bauman
& Murray 2016）．そこで，六つの理論について文献研究で各々の理論枠組
みを整理し，これらの理論構成が，どのようにソーシャルワークやソーシ
ャルワーク教育カリキュラムに関わるのか，その可塑性と課題について検
証する．

3-1　ろう文化論

　現在のろう者学において，最も主流であり，かつ，手話を使う文化言語
的ろう者集団を対象にした基礎的研究領域に，ろう文化研究がある．1980
年，病理的視点である医学モデルによって定義付けられた聴覚障害者（小
文字の deaf）に対して，Carol Padden（1980）によって，肯定的視点から
文化的ろう者（大文字の Deaf）へとパラダイムシフトを試みようとする研
究が始まったことを機に，ろう者学の研究領域として，文化研究（Cultural
Studies）を通してのろう者の生活様式や文化を対象とした研究が進展した
のである．Cokely & Baker-Shenk（1991）が提唱した文化的ろう者に関す
る議論によって，ろう文化の概念が理論構築され，ろうコミュニティとろ
う文化に関する概念の定義の整理がなされた．日本においても，木村・市
田（1995: 354）が「ろう文化宣言」において，「ろう者とは日本手話という
日本語とは異なる言語を話す，言語的少数者である」とするなど，欧米の
ろう者学の研究の知見や視点による影響が波及している．聴者とは異なる，
聞こえ，音への反応，また行動様式の違いも，ろう文化を構成するものと
して収斂される．このようなろう者の自己定義について，Carol Padden
& Tom Humphries（1988）は，「もう一つの中心点（centered orientation）」
という概念で説明を試みている．聴文化では，聞こえることを中心として，
そこからの逸脱が聴覚障害として測定されるのに対し，ろう文化では，聞

こえないこと，手話ができることなど，ろう者を中心として，そこからの逸脱を聞こえることとして測定される．すなわち，ろうコミュニティの構成員である条件とは何かという問いかけによって，ろう文化やろうコミュニティの文化言語的独自性を確保し，聴覚障害者の集団という病理的視点からの脱却につながったのである．聴文化に対する批判的論考，エンパワーメント視点から，ろう文化という領域が社会的にも学術的にも認識されるようになった．ろう者は，文化言語マイノリティであるとの社会的認識への人々の変化にろう者学は貢献してきた（Bauman & Murray 2016）．一方で，ろう文化における「障害」のラベルの使い方や定義に関する再検証，そして，障害学とろう者学の双方の視点から，言語権，サービスへのアクセシビリティに関する整合性についての研究も進められている．以上，ソーシャルワーカーに必須とされる文化コンピテンシーの基盤として，ろう文化研究との相関性や整合性の研究は，いくつかの論文でも述べられていることから，ろう文化論を学ぶことは，文化言語モデルの視点から捉えたろう者やろうコミュニティのストレングスを適切に理解することにつながる．

3-2 オーディズム

オーディズムとは，聴覚障害や聞こえることが優れているという聴覚優生主義やそれに伴う差別行為や構造全般のことを指す（Humphries 1977; Lane 1992）．つまり，個人の能力は，聴力と聴者の行動に基づいて判断されるという考え方であり（Humphries 1977），Lane（1992）は，「聞こえることの支配，再構築，そして訓練をろうコミュニティの中に権威付けようとする」ものであると指摘している．また，さらに人権問題の観点からのオーディズムの定義として，「音声言語中心に適応させようとする，言い換えるならば，音声言語とは人間の象徴，話すものであり，すなわち，音声言語を持たないろう者は人間ではなく，問題視される［筆者訳］」という視点もある（Brueggemann 1999; Bahan & Bauman 2000）．音声優越主義

（Phono-centrism），人種差別主義（Racism）や女性差別主義（Feminism）から着想を得て，ろう者個々人が日常的に被る聴覚優生主義に基づいた差別や抑圧などが理論構築された概念そのものが，オーディズムであり，ろう者学を構成する一つの理論・研究領域である（Humphries 1977）．Lane（1992）は，社会レベルのシステム構造におけるオーディズムを制度・システム的オーディズム（Institutional Audism）と定義した．具体的には，医療分野の実践や進展によるろう者を対象にした病理学的抑圧，そしてろう教育における口話主義による抑圧があると指摘している．また，2000 年以降は，同じ音声言語コミュニケーション手段であっても，発声（speech）が書記言語（writing）より優先され，優位であるとされる考え方に基づいて，様々な場面における形而上的オーディズム（Metaphysical Audism）が提唱された（Bauman 2004; 2008）．その他の例として，ろう者でも音声言語を活用でき，なおかつ発声がスムーズなろう者の方が，社会参加の機会が多く，発声が上手にできないろう者より優遇されるという状況などが形而上的オーディズムとして挙げられる．医療分野や創薬会社が自由競争社会である現代のシステム構造の中において，法的にも社会的にもろうコミュニティに影響をもたらし得る権力や予算が与えられ，ろうコミュニティがコントロールや介入しにくい状況を生んでいる状況を自由競争主義オーディズム（Laissez-Faire Audism）であると指摘している（Eckert 2010）．自由競争主義オーディズムの背景には，政府による無干渉や無関心が前提条件にある．すなわち，自由競争主義オーディズムとは，ろう児を持つ聴者の両親が最初に専門職に出会うのが，医師であり，かつ医療機関であることから，必然的に聴覚優生主義の観点から，人工内耳や口話教育を選択する可能性が高くなり，政府による介入や制度の欠陥によって，ろうコミュニティの介入が難しくなるという社会的状況をもたらし，結果的に多くのろう児，またその家族がオーディズムによる弊害を受けることにつながることを指す．このような医療や聴者によるろう児の人工内耳装用を促進する動きをサイボーグ化（Cyborgization）と厳しく批判する

主張も見られる（Valente 2011）. このようなオーディズムによる心理社会的弊害の結果, ろう者自身がオーディズムを無意識のうちに内在化してしまうことをオーディズムの内在化（Internalized Audism）という（Stapleton 2015b）.

　なお, オーディズムの理論においては, 聴者同士, また音声言語を中心とした社会構造, 利益, アクセスのしやすさを聴者特権（Hearing Privilege）と定義付けている. Beth Benedict & Marilyn Sass-Lehrer（2007）は,「聴者特権とは, 聴者が社会的マジョリティであるので, 政策, ポリティカル, 専門職能団体や学問領域など広範囲に影響力を有している［筆者訳］」と定義している. つまり,「聞こえることによって, 聴者が受けられる権利や特権［筆者訳］」である（Tuccoli 2008）. Barbara Kannapell（1993）は, ①聴者（hearing person）, ②難聴者（hard of hearing person）, ③後期中途失聴者（person deafened at later age）, ④早期中途失聴者（person deafened at early age）, ⑤口話法の成功者である先天性ろう者（oral success person born deaf with speech and speechreading skills）, ⑥英語（日本語）の読み書きが可能な先天性ろう者, ⑦口話法の落ちこぼれで, 最低限の口話もしくは英語（日本語）のスキルしかない先天性ろう者（oral failure person born deaf with minimal oral or English skills）, ⑦低い能力のろう者（low functional deaf）, ⑧著しく低い言語能力しか持たないろう者（low verbal deaf）の順に, 聴コミュニティにおける特権及びヒエラルキーについて述べている. なお, ろうコミュニティにおける特権ヒエラルキーについては, 強い特権を持つ順に, ①（デフファミリー出身で, 手話が第一言語であり, ろう学校出身である）文化的ろう者（culturally Deaf person）, ②（デフファミリー出身ではないが, 手話が第一言語で, ろう学校の出身の）文化的ろう者（culturally Deaf person）, ③レイトサイナーである先天性ろう者（person born deaf who learned signing later）, ④早期中途失聴者（person deafened at early age）, ⑤後期中途失聴者（person deafened at late age）, ⑥難聴者（hard of hearing person）, ⑦聴者（hearing person）となっ

ている（Kannapell 1993）．このように，聴者特権による諸活動が結果的に，ろうコミュニティに対する抑圧，差別を引き起こしている．聴者特権の例として，①ろう者は能力があっても，聴覚障害があるというだけで，雇用されない，②聴者は，音声言語で教育にアクセスできる，③ろう者は，書記言語によるコミュニケーションだけで誤解され，実際の能力より著しく低く評価される，④聴者は，通訳なしで，自らが望む発言が直接可能であり，また通訳者の質を気にする必要がない，ということが挙げられる（Stepleton 2015a）．Neil Glickman（2013; 75）は，精神保健福祉分野において，ろう者は音声言語による治療やカウンセリングへのアクセスが困難であり，かつ選択肢が限られていると述べ，これらは聴者特権による弊害であると指摘している．これらは，ソーシャルワーカーの自己覚知を通して，自身が抱えるオーディズムや特権について自己洞察を深める必要があることを示している．

3-3　感覚指向論

感覚指向論（Sensory Orientation）とは，ろう者は聴者とは異なる感覚指向や順応性を持ち合わせていることを説明するための理論である（Bahan 2009; 2014）．感覚指向論によれば，聴力損失の結果，どのようにろう者となり得るのか，ろう者の世界への独自の道程がある．感覚経験は，人それぞれであり，文化的要素や行動様式なども直接影響する要因とされている（Rosen 2012）．音を認識するということには，聴覚的要素（auditory components）だけではなく，触覚や視覚構成要素（tactile and visual components）があり，ろう者は聞こえないという身体的事実があっても，視覚と聴覚，あるいは嗅覚によって，音を認識するという，聴者とは異なる感覚経験によって，ろう者独自の，ろう文化に即した感覚指向を形成し，順応を遂げていくのである（Bahan 2014）．感覚指向論は，①視覚—触覚指向（visual-tactile orientation），②聴覚指向（auditory orientation），③感覚政略（sensory politics）で構成される．感覚戦略とは，ろう文化と聴文化間

の文化的差異による感覚指向の違いや順応の方法論の違いによって文化的摩擦（cultural conflict）を引き起こすという視点であり（Bahan 2009; 2014），結果的にろう者がオーディズムの弊害を被る．例えば，音声言語を習得したろう者が聴者並みに流暢な音声で話すことは極めて困難で，ろう者らしい発声になるのが通常であり，聴者からしてみれば，多少なりとも違和感を覚える発声なのである．また，聴者が聴覚指向の環境で身につけたルールや流儀を，視覚 - 触覚指向の環境で育ったろう者が理解するのはたやすいことではなく，そのために，「自己中心的」，「失礼なやつ」などとされ，誤解や文化的摩擦を生む原因となる．このように，ろう者のやり方や感覚指向が聴者に違和感を感じさせる結果になるということは，ろう者を排除しようとするきっかけとなり，あるいは，ろう者が同化を恐れる事由となり得ることを感覚指向論は指摘しうる（Bahan 2014）．

3-4 デフゲイン

　デフゲインとは，ろう者として，人間の多様性を主張するための異文化アプローチを取り入れ，またろう者学に基づいたろう者の自律性を反映したアプローチである（Bauman & Murray 2014）．「聴覚障害の捉え直しやろう者としての様々な感覚及び認知の多様性を吟味することは，ろう者としての人間性の向上に肯定的に貢献できる［筆者訳］」という（Bauman & Murray 2009）．つまり，デフゲインの理論は，①聴覚を失うという病理的視点ではなく，「ろう者」になる機会を得るという視点（Deaf increase），②ろう者になるということは，様々な利益やポジティブな経験があるという視点（Deaf benefit），③ろう者として，一般社会やろうコミュニティに様々な形で貢献することが可能であるという視点（Deaf contribute）で構成されている．これらは，ろうコミュニティ内外における「ろう文化は生き残るべきなのか」という意見に回答し得るものであり，ろう文化の知見や経験は，ろうコミュニティのみならず一般社会に貢献することが可能であるという視点をもたらしている．また，デフゲインは，ろう者だけでは

なく，難聴者や中途失聴者にも適用でき，聞こえないという病理的認識の状態から，どのようにろう文化や聞こえない世界に飛び込んでいくのかという，聞こえないことをきっかけとした様々な機会や出会いを経験できるとの指摘がある．また，デフゲインの視点は，コミュニティや政策といったメゾからマクロレベルを対象としたソーシャルワーク実践において，ろう者のストレングスや経験を取り入れたコミュニティ作り，難聴者や中途失聴者のリカバリーなどを目指す取り組みにおいて，効果的な理論枠組みとなり得る．

3-5　ろう理論

　ろう理論（Deaf Theory）は，「ろう者（Deaf）」を形成，定義する要因は複雑であり，ろう者にまつわる文脈を整理し，様々な理論を包括しようとする概念である（Bienvenu 2016）．ろう理論は，女性差別から発生したフェミニスト理論や黒人学から派生した批判的人種理論（Critical Race Theory: CRT），LGBT などのジェンダー・セクシュアリティに関する理論研究から派生したクイア理論（Queer Theory）などの，主にパワーや権力に関する批評的理論の枠組みを援用した，比較的新しく，注目されている理論である．例えば，批判的人種理論においては，人類を巡る諸抑圧，階級，地位，生物学的特質，訛り，セクシュアリティ，ろう者に関する言説，社会構造，権力構造，政略，などに関する被抑圧形態を不可分なものとして扱い，それらの間の中心性について議論するものである．批判的人種理論が目指すものは，欠損理論（Deficit Theory）に対する異議申立てであり，かつ文化言語マイノリティの文化的資源の再理論化である．すなわち，ろう理論が，目指す目標として，聴者や音声言語による支配的なイデオロギーに対する異議申し立てや，ろう者が抑圧，差別されている状況に対する社会正義へのコミットメント，そしてろうコミュニティが有している文化的資本の再理論化及び再構築であると言える．なお，ろう者本位視点（Deaf Centrism）は，ろう教育や聴コミュニティに対する批判的人種理

論を援用した批判的ろう理論（DeafCrit）を基盤に，ろう者やその家族が
ろう者らしく生きるための教育やプログラムのあり方について様々な視点
を提供する（Gertz 2003）．批判的人種理論に基づく，ろう者本位視点の具
体例として，Bangs（1993）の教育分野におけるろう者本位視点は，①教
育現場における様々な場面を通してろう文化に触れさせる，②ろう文化を
ろう学生の教育経験の中心的焦点とする，③国内外の様々なろう・聴文化
を学ぶために，ろう文化を基盤とする，④管理職，教職員は，ろう文化経
験を最大限保障し，そのための環境整備を重視する，⑤ろう児を持つ両親
に，彼らの子どもが肯定的な文化経験ができるよう理解を促す，⑥様々な
ろうコミュニティでの交流経験に先駆けて，学校内で様々な学年のろう学
生同士の交流機会を確保する，⑦ろう学生とろうコミュニティのメンバー
の交流を促進する，⑧聴者との異文化交流スキルを向上するための支援を
する，⑨一つの文化のみ学ぶのではなく，多様な文化や違いを学ぶ機会を
保障する，⑩座学だけではなく，アクティブラーニングなどを通して文化
を学ぶ，など，ろう者本位視点でのろう教育の重要点を挙げている．すな
わち，ろう者が求める理想とするソーシャルワーク実践について，ろう者
本位視点を取り入れて再構築・再理論化することが重要である．それらは，
現在のソーシャルワーク実践において主流となっているエンパワーメント
理論やストレングス視点の根底理念とも共通する．

　さらに，Tara Yosso（2005）が批判的人種理論に基づいて発展させた
コミュニティ文化資本モデル（Community Cultural Wealth Model）による
と，文化言語マイノリティや有色人種に対する従来の理論や社会的視点か
らの解釈や言説は限界があると指摘している．マジョリティが有する社会
資源や文化へのアクセスが閉ざされがちな文化言語マイノリティに対する
価値判断がマジョリティの視点からなされている現状がある．批判的人種
理論は，有色人種や文化言語マイノリティのコミュニティを，文化的貧困
や文化的ハンディに満たされた場と捉えず，むしろ，そのコミュニティの
文化的財産や慣習に焦点を当て，そこから学ぼうとする視点が重要である

と指摘している．すなわちコミュニティ文化資本は，文化言語マイノリティのコミュニティで継承されている慣習，文化資本，言語などのストレングスに焦点を当てることで，医学モデルや欠損的視点からの脱却や再理論化を図ろうとする理論枠組みである．Yosso（2005）によれば，コミュニティ文化資本は，①向上心資本（Aspirational Capital），②言語的資本（Linguistic Capital），③帰属意識的資本（Familial Capital），④社会的ネットワーク資本（Social Capital），⑤戦略的問題対処資本（Navigational Capital），⑥レジリエンス資本（Resistant Capital）の六つの枠組みで構成されている．具体的には，次のとおりである（Yosso 2005）．

①向上心資本：将来への希望や夢を維持するための能力や子どもたちの生活をより良いものにするための，教育にかける期待感や熱意

②言語的資本：二つ以上の言語やコミュニケーションスタイルによる日常的な言語活動経験に基づく知的・社会的活動スキル

③帰属意識的資本：コミュニティとの健全な連帯感やつながりがもたらす文化的知識や帰属意識

④社会的ネットワーク資本：コミュニティに属する人々や資源へのアクセスや人的ネットワーク

⑤戦略的問題対処資本：多種多様な差別・抑圧に対抗するために，社会法規・制度やマイノリティ・コミュニティが持つ社会資源を活用するための知識やスキル

⑥レジリエンス資本：不平等や抑圧に立ち向かう行動や判断を育む知識やスキル

前述のように，これらの六つの文化言語的ストレングスは，従来の文化資本理論においては，「資本」としてみなされにくかったものである．また，個人が所有する知識やスキルに焦点を当てているのではなく，文化言語マイノリティのコミュニティが保有している，もしくは継承している資源に焦点を当てていることに特徴がある．また，近年はろう文化やろう者の経験，視点を取り入れた「ろうコミュニティ文化資本（Deaf Community

Cultural Wealth)」という理論枠組みが，ろう理論の主流になりつつあり（Fleisher, Garrow, & Narr 2015），クライエントを主体にし，ストレングスを理解するというソーシャルワークの視点にも合致する重要な理論であると考えられる．

3-6　デフフッド

　近年のろう者学の動向として，ろう文化と聴文化の差異による課題や文化的差異に基づいたろう者の理解から，Ladd（2003）が図3-3のように提唱している新たなろう文化に対する概念としてデフフッドへの移行が試みられるようになった（Bauman & Murray 2016）．デフフッドは，ポストコロニアル理論に基づいて，植民地化されたろうコミュニティから，どのようにろう者自身が新たな再発見，脱植民地化を果たすのかという視点なのである（Ladd 2003; Anglin-Jaffe 2015）．コロニアル主義（Colonialism）は，「一方が他方を支配するのみならず，一方の文化秩序を他方の従属的集団へと追いやろうとする不平等な権力関係［筆者訳］」と定義されている（Merry 1991）．また，現実世界は，言説（discourse）を通して存在しているとされ（Ashcroft et al. 1998:71），ろう者は聴者が作り上げてきた言説に支配されてきた．デフフッドの対極は，病理的視点（deafness）であり，ろう児やろう者らによる自己実現のためのプロセスがデフフッドの本質なのである（Ladd 2003）．

　文化言語モデルとは，ろう者自らの経験を重視し，継承する観点から提唱された概念である（Ladd 2003）．文化言語モデルが目指す方向性について，Paddy Laddは，次のように述べている．

　　「ろう者の体験の本質的に集合的な性質に焦点を当てている．ろう者は自身のことをそのままで完全で完成された存在だと捉えている．聞こえないという事実は，ろう者の社会的，文化的，芸術的生活が生み出す肯定的な経験に比べれば，重要なことではないのである．従って，ろう

```
┌─────────────────────────────────────────────────┐
│  デフフッドの次元（Deafhood）                       │
│  集団の文化・歴史・芸術・精神的問題                   │
│  ┌───────────────────────────────────────────┐  │
│  │  言語的マイノリティの次元                     │  │
│  │  言語的抑圧                                  │  │
│  │  大量虐殺／文化殺戮                           │  │
│  │  バイリンガリズム                            │  │
│  │  ┌─────────────────────────────────────┐  │  │
│  │  │  人権の次元                           │  │  │
│  │  │  機会均等                             │  │  │
│  │  │  障害者差別に関する法律                │  │  │
│  │  │  ┌───────────────────────────────┐  │  │  │
│  │  │  │  社会福祉の次元                 │  │  │  │
│  │  │  │  聴覚障害の諸問題               │  │  │  │
│  │  │  │  福祉／事前の対象者としての社会的地位 │  │  │  │
│  │  │  │  ┌─────────────────────────┐  │  │  │  │
│  │  │  │  │  医学の次元（Deafness）    │  │  │  │  │
│  │  │  │  │  聴覚障害                 │  │  │  │  │
│  │  │  │  │  欠損に関する言説          │  │  │  │  │
│  │  │  │  └─────────────────────────┘  │  │  │  │
│  │  │  └───────────────────────────────┘  │  │  │
│  │  └─────────────────────────────────────┘  │  │
│  └───────────────────────────────────────────┘  │
└─────────────────────────────────────────────────┘
```

図 3-3　デフネスからデフフッドへの次元的段階と各キーワード
出典：森（2007: 281）

者同士の交流はその深さや広がりがあり，それ自体が重要なものであるという確信がある．そして，ろう者の主な関心は，集合的建設的な生活の質を維持し，そこで生み出されてきたものを受け継ぐろう児に可能な限り最良の教育を受けさせることにある…中略…ろう児が自分たちの言語を通してろう者を中心としたろう教育を受け，集合的文化における生活が維持され，完全を求めていく」（Ladd 2003: 17）．

　文化言語モデルの本質は，ろうコミュニティやろう文化，ろうアイデンティティの重視であり，尊重に意味を見出すことである（田門 2012a）．これによれば，ろう者にフラストレーションや偏見が生じる根本的な原因は，中傷や偏見によるろう者に対する社会的期待の低さや積極的な抑圧といった様々な形での差別であり聴者が手話を学べば，ろうコミュニティも聴コ

ミュニティも向上するだろうという誤解にある（Ladd 2003）.

　マジョリティの集団によって物理的に植民地化（Colonization）された集団や文化言語マイノリティは，力を奪われやすい傾向にあるため，しばしば，意図的に政治的集団になりうる傾向がある（Ladd 2003）. 以上のように，文化言語モデルの視点からろうコミュニティを，聴コミュニティによって植民地化された，あるいは，されつつある文化言語マイノリティとして捉えることは，図3-4のように，ソーシャルワーカーがろう者学を理解した上で解決するべき，ろうコミュニティが抱える課題やニーズが解決できるということを表している（Ladd 2003）.

4　まとめと考察

　本章におけるろう者学のカリキュラム分析の主な目的は，ろう者学におけるカリキュラムの歴史や理論動向を把握し，ろう者を対象にしたソーシャルワーカーの養成のための教育カリキュラムとの関連性を整理し，かつろう者学の知見を取り入れた新カリキュラムの開発のための基礎資料を提供することであった.

4-1　基礎カリキュラムと応用カリキュラム

　ギャローデット大学のろう者学部のカリキュラムを中心に見ていくと，ろう者学のカリキュラムの基盤を構成するのは，ろう者学総論，ろう文化論，基礎文化論，障害学であり，ろう者学に関連する一般教養科目としては，基礎社会学，基礎言語学，基礎歴史学の履修が必修となっている. これらは，①ろう文化論がろう者学の基礎基盤であり，重点的に学習するためのカリキュラム構成であることがわかる. ろう者学の学士課程における基礎カリキュラムを補う専門科目は，抑圧とダイナミクス，ろうコミュニティにおける倫理・哲学，文化学，文化人類学，アドボカシー方法論などの専門科目で構成されている. 特に，②オーディズム，③感覚指向論，④

```
┌─────────────────────────────────────────────────────┐
│                    緊急の課題                          │
└─────────────────────────────────────────────────────┘

      「日常的」差別              科学・医学・教育界
                                    からの抑圧

        特に                          特に
       メディア                      口話主義
        職場                   メインストリーミング
       社会福祉                       人工内耳
       法的要件                       遺伝学


┌─────────────────────────────────────────────────────┐
│                    一般的課題                          │
└─────────────────────────────────────────────────────┘
             ろうコミュニティの再建
             ①世代間の統合
             ②マイノリティとしての急務の解決
             ③ろう教育の構造改革
             ④芸術の再生
             ⑤文化の再生
             ⑥文化的自覚のための公開討論
             ⑦ろう団体への参加者の拡大
             ⑧ろう専門職の参加
             ⑨専門職−サバルタンの問題の調整
             ⑩口話主義教育の結果と折り合いをつける
             ⑪ろう者の英語（言語）運用能力の向上
```

図 3-4　文化言語モデルから捉えたろうコミュニティが抱える課題とニーズ
出典：森（2007: 273）

デフゲイン，⑤ろう理論，⑥デフフッドといったろう者学の応用理論を学
び，最終的には，研究方法論，卒業論文を通して，研究論文を提出する
という構成になっている．教員の専門性，そして学生の研究関心に応じて，
ろう歴史学，ろう女性学，黒人ろう者学などの専門領域が提供されており，
ろうコミュニティにおける文化言語マイノリティや多様な文化様式や歴史
について洞察を深めることが可能となっている．修士課程では，基礎専門
科目を基本基盤として，文化学研究領域，言語権・人権研究，早期言語ア
ドボカシー領域といったそれぞれの領域の教育目標に応じて，選択専門科
目やデフフッドなどの新領域専門科目が提供されている．文化研究領域で
は，特に，ろう者学に関する各種理論やデフフッドの概念，文化言語モデ

ルの学習・理解を確実にするためのカリキュラム構成となっている．ろう者に関わるソーシャルワーカーの養成教育カリキュラムに，ろう者学の基礎知識や理論を組み込むことを検討する場合，基礎専門科目の履修が基盤となる．

　以上，ギャローデット大学ろう者学部のカリキュラムを整理することで，ろう者学の基礎知識やカリキュラム構成の現状，そしてろう者学の理論を如何に学習するのか，カリキュラムモデルを把握することが可能になった．つまり，ろう者学の基礎カリキュラムに，それぞれの教育目標に応じた専門科目を組み合わせ，カリキュラムに独自性をもたせることが可能となっている．強いて言えば，ろう者を対象としたソーシャルワーカーの養成カリキュラムに，ろう者学のカリキュラムを組み込み，独自性をもたせるような柔軟性や発展性を持っているのが人文系学問としてのろう者学なのである．

4-2　ろう者学の主な理論群

　ギャローデット大学ろう者学部学士課程・修士課程のカリキュラムにおいて，教授されている主なろう者学理論は，①ろう文化（Deaf Culture），②オーディズム（Audism），③感覚指向論（Sensory Orientation），④デフゲイン（Deaf Gain），⑤ろう理論（Deaf Theory），⑥デフフッド（Deafhood）である．①ろう文化が基礎理論として，そしてろう者学における教育目標として認識されていることが示された．カリキュラムを構成する専門科目群を通して，ろう文化やろうコミュニティの概念や歴史，医学モデル対文化言語モデル，社会モデル，差別の概念などについて学習し，ろう者を取り巻く環境や歴史について理解を深めることで，ろう者学の基盤の醸成につながるのである．なお，第2章で，ろう者に関わるソーシャルワーカーは，聴覚障害に関する医学的知識や手話能力だけではなく，ろう文化やろうコミュニティ，オーディズムに関する基礎知識が必須であることを指摘した（Sheridan・White 2009）．これらの基礎知識は，ろう者学のカリキュ

ラムにおける教育目標や構成要素と共通しており，ソーシャルワークにおける文化コンピテンシーとの関連性についてはさらなる検証が求められる．

4-3　ろう者の社会的言説に対するろう者学からのアプローチ

Payne（2014）は，ソーシャルワークにおける言説構造に変化をもたらすには，Therapeutic View, Transformational View, Social Order View の三つの視点から吟味をすることが重要であると指摘している．また，ソーシャルワークとクライエントの関係について，①完全な権威としての専門職，②当事者の選好を踏まえた専門職の強制，③当事者と専門職の合意，④専門職による特定の制限に基づく当事者の決定，⑤当事者主導モデルの5段階の連続した関係性があるされるが（新保 2014），クライエントとともに新しい知見や言説の構築に取り組むことで，社会正義の実現に向けた実践が可能となる（久保田 2016）．音声主義によって構築された社会構造や言説に対抗し，ろうコミュニティが抱える抑圧からの解放を促すろう者学の知見を取り入れることが，ソーシャルワークにおける当事者主導モデルへの移行につながっていくのである．すなわち，社会構成主義やポストモダン理論の視点からろう者学をバックホーンとする文化言語モデルは，長年，医学モデルに基づいたソーシャルワークの視点に支配されたろう者像を再構築し，エンパワーメントを促すのである．文化言語モデルを取り入れたろう文化ソーシャルワークの核心として，ろう者学が位置付けられるべきである．

次章では，世界で唯一，ろう者を対象にしたソーシャルワーカー養成を実施しているギャローデット大学ソーシャルワーク学部学士課程・修士課程において，ろう者学のカリキュラムや理論に関する構成要素がどのように取り入れられているのか検証する．

第4章

ギャローデット大学における
ソーシャルワーク教育の歴史的動向

1 大学カリキュラム分析の視点

　大学教育において，カリキュラムは，不可欠な構成要素である．古くは Ralph Tyler（1949）が，カリキュラムの原理とは，①学校はどういう教育目標を達成しようとすべきか，②教育目標を達成するためにどのような経験や視点が提供できるのか，③如何に教育経験を有効に編成できるのか，④目標達成をどのように評価するのか，の4点であると述べている．また，カリキュラムの概念分析に関して，全体性（totality）と潜在的カリキュラム（hidden curriculum）を認識する必要性を強調している．Vic Kelly（2012）は，計画的カリキュラム（planned curriculum）と実際に学生が受けたカリキュラム（received curriculum），フォーマルカリキュラム（formal curriculum）及びインフォーマルカリキュラム（informal curriculum）を区分する必要があると述べている（Kelly 2012）．黄福寿（2007）は，カリキュラムの計画に影響を与える要因（factor）として，社会的要因（societal），機関的要因（institutional），講義的要因（instructional），個人的要因（personal/experiential）があり，それら4点の要因によってカリキュラムを次のような五つのレベルに区分できるとしている（黄 2007）．具体的には，①理念的レベルのカリキュラム，②フォーマルカリキュラム（法的・規則で定められた教育内容），③フォーマルカリキュラムを取り入れたカリキュラム（関係者がそれぞれの価値観に基づいたフォーマルカリキュラムに

対する認識），④実際の教育カリキュラム（operational curriculum），⑤学生
が自ら身につけたカリキュラム（experienced curriculum）である（黄 2007）.
また，黄（2007）は，大学カリキュラムの概念を，「異なった利益集団や
関係者により定められた教育目標や基準，政策に基づいて，青年，少なく
とも成人の域に達した者，あるいは社会人を対象に，教育対象の精神的・
身体的成長レベルよりも学問の論理や，人格の完成や幅広い知識を持つ教
養の伝達，国家や社会のニーズへの対応を考慮して組み込まれる顕在的・
潜在的学習内容である.」とし，それらは多様化な教授法や学習内容によ
って構成されており，その学習結果が学位や専門資格として評価されると
指摘している. そして，カリキュラムの分析においては，教育成果として，
社会への影響そして，知識の発展を通して，新しい理念や政策，高等教育
のカリキュラムに反映させるという循環サイクルに着目することが重要で
ある（黄 2007）.

　計画されたカリキュラムと実際に提供されているカリキュラムのいずれ
も，明示的，暗示的，物理的といった様々な側面で，実に多様な影響との
ダイナミックで複雑なネットワークの産物であり（Cohen & Harrison 1982），
相互作用と教育の影響との複雑な要因の交差がカリキュラムという概念の
中核であるとも言える. つまり，社会的文脈が複雑なほど，集団全体に影
響する課題や優先度といったカリキュラムの内容について同意を得ること
が困難になるという側面をはらんでいる. カリキュラムは，権威や権利，
参加といった問題（や視点）が内在している（Lovat & Smith 1998）. すなわ
ち，カリキュラムの開発や実施のプロセスを担う人々が持つ優位的な言説
や考え方によって，ろう者やろう文化がどのように定義され，どのような
意味でカリキュラムに構成されるのかで，影響されることを考慮しなけれ
ばならない（Power 1981）. そのため，ろう者学やろう者を対象にしたカ
リキュラムの開発に携わる関係者が，彼ら自身が抱えるイデオロギーや言
説，意識について，オープンに熟慮することが重要である（Leigh 2001）.

　本章では，表 4-1 のように黄（2007）の大学カリキュラム研究に関する

表 4-1　大学カリキュラム研究に関する視点・要素（黄 2007）

【政策・方針】	ファクター	プロセス	形式	実施手段
	1- 政府・社会			
	2- 学術・専門職団体			
	3- 市場			
【理念・目的】	哲学的・理論的・特定のイデオロギーなど			
【高等教育の構造】	機関の種類，専門分野，教育段階，学生構成や分布など			
【カリキュラム（機関レベル）】	教育使命，人材育成の具体像と計画，全学カリキュラムの構造と内容，教育組織の構造，教員及び学生支援体制など			
【カリキュラム（学部・専攻・授業レベル）】	学士課程教育の理念，目標，現行のカリキュラムの構造，支援体制，教授法など			
【結果・効果】	卒業生の量と質，社会への影響			

分析枠組みを援用し，ギャローデット大学におけるソーシャルワーク教育をとりまく社会的背景や歴史的変遷，カリキュラムに関わった関係者の視点，現在の課題について分析し，ろう者に関わるソーシャルワーカーを養成するためのカリキュラムの構成要素に関する仮説を提示することを目的とする．ペイン理論の Transformational View の概念によれば，社会正義の観点から社会構造や言説が適切な方向に変容しない限り，クライエントのウェルビーイングは高められないと指摘している（Payne 2014）．つまり，ろう者を対象にしたソーシャルワークがろう者のウェルビーイングを高めるために，如何にしてろう者学の知見をソーシャルワーク教育に取り入れてきたのかを多角な側面から吟味することが本章の焦点軸である．

　まず，ギャローデット大学ソーシャルワーク学部が，これまでに全米ソーシャルワーク教育連盟（Council on Social Work Education: CSWE）からプログラムの認可を受けるために提出したセルフ・スタディ・レポート（Self-Study Report）や関連文献を分析対象とした．セルフ・スタディ・レポートは，ソーシャルワーク教育プログラムを提供している高等教育機関が，ソーシャルワーク教育の監督団体である全米ソーシャルワーク教育連盟の監査・認可を受けるために，提出する公式報告書のことである．8年ごとにカリキュラムの自己点検を実施し，評価や課題などを含めて報告することが，加盟大学に義務付けられている．ギャローデット大学ソーシャ

表 4-2　これまでのセルフ・スタディ・レポート一覧並びに関連文献

セルフ・スタディ・レポート		
提出年	課程	セルフ・スタディ・レポート名・提出者
1976 年	学士	Polakoff, D.（1976）. pplication for Accreditation Baccalaureate Social Work Program, Gallaudet College.
1980 年	学士	Polakoff, D.（1980）. Application for Reaccreditation- Modified Self-Study, Gallaudet College.
1983 年	学士	Pray, J.（1983）. Application for Re-Accreditation Baccalaureate Social Work Program, Gallaudet College.
1992 年	学士 修士	Department of Social Work（1992）. Department of Social Work Self-Study Report, Gallaudet University.
1993 年	修士	Department of Social Work（1993）. Department of Social Work Self-Study Report Addendum, Gallaudet University.
1994 年	修士	Department of Social Work（1994）. Master's Program in Social Work Self-Study Report, Gallaudet University.
1998 年	修士	Pray, J.（1998）. Master's Program in Social Work Self-Study Report, Gallaudet University.
2000 年	学士	Brown, M.（2000）. Baccalaureate Program in Social Work Self-Study Report, Gallaudet University.
2008 年	学士	Brown, M.（2008）. Baccalaureate Program in Social Work Self-Study Report, Gallaudet University.
2008 年	修士	Mason, T.（2008）. Master's Program in Social Work Self-Study Report, Gallaudet University.
2016 年	学士	Barclay, D. & Delotte-Bennett, M.（2016）. Baccalaureate Program in Social Work Self-Study Report, Gallaudet University.
2016 年	修士	Moore, E. & Delotte-Bennett, M.（2016）. Master's Program in Social Work Self-Study Report, Gallaudet University.
関連文献		
1975 年	学士	Department of Social Work（1975）. An Orientation to Deafness for Social Worker, Gallaudet University.
1988 年	論文	Hynes, D.（1988）. "Social Work with Deaf People, Social Work Monographs, Norwich."
1990 年	修士	Moses, C.（1990）. Final Report: An MSW Curriculum Specialization for Aging and Hearing Loss, Gallaudet University.
1991 年	大学	Gallaudet University（1991）. Affirmative Action Plan for Deaf, Hard of Hearing, and Disabled People, Gallaudet University.
2000 年	学士 修士	Department of Social Work（2000）. Self-Study for Program Review BA Program in Social Work and MSW Program, Gallaudet University.
2000 年	論文	Sheridan, M, White, B., & Mounty, J.（2010）. "Deaf and Hard of Hearing Social Workers Accessing Their Profession: A Call to Action."

　ルワーク学部や大学図書館に保管されているセルフ・スタディ・レポート
は，公式な報告書であり，これまでのソーシャルワーク教育のカリキュラ
ムや教育アウトカム分析，当時の時代背景やニーズ，専任教員の経験や視
点などが記載されていることから，信頼性，妥当性の高い文献であり，本
章の分析対象の文献として妥当である．セルフ・スタディ・レポートや各
文献，カリキュラムの分析にあたっては，黄（2007）の大学カリキュラム

研究に関する視点・要素を踏まえた上で，ギャローデット大学ソーシャル
ワーク学部における教育カリキュラムの変遷，そして，ろうコミュニティ
の経験や言説，またろう者学の視点がどのようにソーシャルワーク教育に
組み込まれていったのか，分析する．これまでに全米ソーシャルワーク教
育連盟に提出されたセルフ・スタディ・レポートや関連文献は，表4-2の
通りである．これまでに合計12レポートが提出されている（1992年のセ
ルフ・スタディ・レポートのみ学士課程と修士課程の合同で提出されている）．具
体的には，学士課程のセルフ・スタディ・レポートが，計7レポート，修
士課程のセルフ・スタディ・レポートは，計6レポートとなっている．学
内で報告されたレポートや学術論文など，その他の関連文献が計6文献と
なっている．

2　ギャローデット大学の歴史と政策・方針

2-1　ギャローデット大学の設立とろう教育政策

　ギャローデット大学（Gallaudet University）は，1864年に世界で初めて，
ろう学生のための文系総合大学として米国ワシントンD.C に設立された．
すなわち，ろう学生のための高等教育を提供することがギャローデット大
学の設立理念・目的なのである．同大学の設立にあたっては，1847年に，
ろう教育に関する学術雑誌である *American Annals of the Deaf* の創刊号にて，
ろう者のための高等教育への必要性について特集を組んだことから始まり，
その後1851年にコネティカット州ハードフォートで開かれたろう教育関
係者が集った会議にて，芸術，科学，土木技術などの特定の専門分野に絞
ったろう者のための高等教育機関を設置し，公立もしくは連邦財政が運営
することが望ましいといった設立案の提案がなされ，ろう教育の拡大に向
けた政策・方針が示された（Armstrong 2014）．1864年4月に，第38回ア
メリカ連邦議会会議で承認されたコロンビア盲ろうあ教育施設を大学に格
上げするための「国立ろうあ者大学設置法」の政策・方針がリンカーン

大統領（Abraham Lincoln）によって承諾・署名され，1864年9月8日に
コロンビア盲ろうあ教育施設との同敷地内に「国立ろうあ大学（National
Deaf-Mute College）」が設立された．その後，1954年に国立ろうあ大学か
らギャローデット大学（Gallaudet College）に（Gannon 1981），1986年，単
科大学（College）から総合大学（University）に改称された．

　創立以来，連邦政府による政策・方針に基づいた補助金を中心に，大学
予算が組まれ運営されて．1988年には，ろう学長の選出を求めるデフ・
プレジデント・ナウ（Deaf President Now：DPN）運動が起こった．DPN
は，ろうコミュニティが文化言語マイノリティとしてのろうアイデンティ
ティを社会に示し，ろう者の学長の選出を求めた抗議運動である．その
結果，1988年に，初めてのろう学長としてキング・ジョーダン博士（Dr.
King I. Jordan）が，8代目学長に選出された（Greenwood & Van Cleve 2008）.
DPNは，その後の障害を持つアメリカ人法（American）の法案成立に多
大な影響を与えたとされている（Barnartt & Scotch 2001）．同様に，欧米
でろう者を対象にした高等教育を提供しているのは，ギャローデット大
学の他に，1964年設立のニューヨーク州の国立ろう工科大学（National
Technical Institute for the Deaf: NTID）がある．その他，多数のろう者を受
け入れている一般大学として，全米ろうセンターが設置されているカリ
フォルニア州立大学ノースリッジ校（California State University, Northledge:
CSUN）も全国的に知られている．しかしながら，ギャローデット大学が
唯一，バイリンガル・バイカルチュラルを理念としてろう者を対象に高等
教育を提供している．また，学士・修士課程レベルでのソーシャルワーク
教育のプログラムを設置しているのは，ギャローデット大学のみである
（高山 2017）．従って，現時点で，世界で唯一，ギャローデット大学がバ
イリンガル・バイカルチュラルの高等教育環境の中で，ろう者のためのソ
ーシャルワーク教育のカリキュラムを提供している．

2-2　ギャローデット大学の理念・教育目的・高等教育の構造

　2018年度10月現在で，ギャローデット大学には，25の学士課程と23の修士課程，6専攻の博士課程が設置されている．バイリンガル・バイカルチュラルを理念として掲げているギャローデット大学内での公的なコミュニケーション手段はアメリカ手話（American Sign Language：ASL）と書記英語となっている．そのため，アメリカ手話を習得していない新入生や教職員は，手話講習会やクラスの履修が求められている．なお，アメリカ手話のできない教員は採用後3年以内に一定の手話水準に達しないと，テニュアトラック（終身身分審査期間）を継続できない規則となっている．ギャローデット大学の全教職員数は1,129名で，うち教員は151名である．教員151名のうち，51％がろう者もしくは難聴者である（Gallaudet University 2017）．なお，1970年当時の学術年報（Annual Report）によれば，ろう者や難聴者の当事者教員の割合を30％以上にすることが課題であると示しており（Gallaudet University 1971），早い時期から，ろう当事者の教員の採用，ロールモデルとしての役割を重要視していたことが伺える．2017年度の年次報告によると，学部生が1,129名，大学院生が449名の計1,623名となっている．学生総数のうち，ろう・難聴学生は1,182名，聴者学生が366名である．ろう者のために設立された大学であるが，基本的に大学院プログラムでは，手話ができることを条件に聴者を受け入れている．また，一定数のみ聴者を学部生として受け入れており，特にコー

表4-3　ギャローデット大学における専門職養成プログラムと内容

	学士課程	修士課程	博士課程
ソーシャルワーク学部	○	○	×
心理学部	○	○	○
カウンセリング学部	×	○	×
ろう教育学部	○	○	○
手話通訳・翻訳学部	○	○	○
聴覚・音声言語学部	×	○	○

出典：高山（2008）に加筆

ダ（Children of Deaf Adults: CODA）を優先的に受け入れている．1986年の DPN以来，学内運営において，多くのろう者の教員が運営決定権を持つ ようになり，かつろう者の視点で大学運営がなされるようになった．結果 的に，ソーシャルワーカーなどの専門職を目指すろう学生にとっては，ろ う者ロールモデルが身近な存在となり，直接教授を受けられることの影響 は多大である．

2-3 専門職養成課程

ギャローデット大学で履修することが可能な専門職養成課程は，ソー シャルワーク学（Social Work），カウンセリング学（Counseling），ろう教 育学（Deaf Education），聴覚・音声言語学（Hearing, Speech & Language Sciences），手話通訳・翻訳学（Interpretation and Translation），心理学 （Psychology）の6専攻が開講されている（表4-3）．それぞれの専攻では， ろう者に焦点を当てた専門科目がカリキュラムに組まれており，ろう者だ けではなく，難聴者などを対象にした幅広い専門領域にわたって学士，修 士，博士号が授与されている（高山 2008）．また，大学院の専門職養成課 程では，「文化・言語セミナー（Cultural and Language Seminar）」及び「聴 覚障害学（Audiology）」が共通必修科目として，履修を義務付けられてい る．また，学生のキャリアプランに応じて，選択科目として，他学部の講 義を受講することも可能である．

大学院での共通必修科目の文化・言語セミナーでは，①バイリンガル・ バイカルチュラルの概念と実践，②ろう文化，③オーディズム，④デフゲ イン，⑤バイリンガルろう教育，⑤手話言語学，⑥言語的人権（Linguistic Human Right）を主軸に全15コマの学際的講義としてシラバスが構成され ている．一方で，聴覚障害学の講義では，①オーディオロジーの基礎，② 音声と聴覚機能，③聴覚生理，④聴覚障害の基礎，⑤聴覚障害の原因，⑥ 補聴器，⑦人工内耳，⑧日常生活機器，⑨医学モデルと文化言語モデルの 各種テーマを中心に全15コマからなるシラバスとなっている．そのため，

ソーシャルワーク修士課程の学生を始め，全ての大学院生はろう者学及び聴覚障害学の基礎知識を学ぶ講義を在学中に受講しなければ修了できないことになっている．なお，2016 年度より，大学院ではダブルメジャー学位制度を導入したことにより，ろう者学を専攻しながらソーシャルワーク教育を受けるということも可能になった．

3　ギャローデット大学ソーシャルワーク学部

　ギャローデット大学ソーシャルワーク学部は、1970 年の学部設立から長年にわたってカリキュラムの評価・再編を経て、現在のカリキュラムが構築されている。ギャローデット大学ソーシャルワーク学部は，学士課程（Bachelor of Social Work: BSW）と修士課程（Master of Social Work: MSW），さらに，修士課程にスクールソーシャルワークコース（School Social Work Specialization）が設置されている．また学士課程では，主にジェネラリスト・ソーシャルワークに関する科目，大学院では文化言語マイノリティとしてのろう者に焦点を当てたソーシャルワーク実践に関する科目並びに演習科目が開講されている（図 4-1）．現時点では世界で唯一，ろう者を対象にしたソーシャルワーク実践に関する教育プログラムを実施している．学士課程及び修士課程に，ソーシャルワーク実践，理論，政策，リサーチ，実習指導の各領域を担当する専任教員が配置されている．現在，10 名のソーシャルワーク専任教員が所属しており，うち，ろう当事者の専任教員は 6 名である．また，専任教員のうち 7 名が，ギャローデット大学ソーシャルワーク学部学士課程もしくは修士課程の修了生である．全ての専任教員が，ろう・難聴者領域でのソーシャルワーク実践の経験があり，かつアメリカ手話が堪能な有資格ソーシャルワーカーでもある．各教員のソーシャルワーク実践経験（SW 歴）については，ソーシャルワーク修士号（Master of Social Work: MSW）がソーシャルワーカーの基本的な学位であるため，ソーシャルワーク修士課程修了後の実務経験年数を示した．現在

	必修一般教養科目及び選択科目	学士課程三年次履修科目	学士課程四年次
ソーシャルワーク実践	ソーシャルワーク入門	ソーシャルワーク実践：個別支援	ソーシャルワーク実践：家族・グループ
	LGBTQコミュニティと精神保健	ソーシャルワーク実践：ケースマネジメント	ソーシャルワーク実践：組織・政策
インターンシップ			インターンシップ（450時間）
人間行動と社会環境	ヒューマン・ダイバーシティ・LGBTQ入門	人間行動と社会環境：個人とグループ	老年学
	社会学基礎・心理学基礎・人間生理学基礎	人間行動と社会環境：コミュニティと組織	アセスメント方法論
政策分析	政治学基礎	社会福祉関連法規・政策	
リサーチ	統計基礎		質的研究法・量的研究法
その他	ろう者学・ろう文化・社会学	ケース記録記述方法論	

学士課程でソーシャルワークを専攻していない学生　　　　　ソーシャルワーク学部学士課程の卒業生
（修士課程一年次カリキュラム免除）

	一年次履修科目（ジェネラリスト・ソーシャルワーク）	二年次履修科目（スペシフィック・ソーシャルワーク）	スクールSW関連科目	その他の履修科目
ソーシャルワーク実践	ソーシャルワーク実践：個別支援	ソーシャルワーク実践：ろう・難聴者	スクールソーシャルワーク実践	DSM-V
	ソーシャルワーク実践：家族・グループ	ソーシャルワーク実践：ろうコミュニティ	遊戯療法（Play Therapy）	家族療法
	ソーシャルワーク実践：組織・政策			文化コンピテンシー
インターンシップ	インターンシップ（500時間）スクールソーシャルワークコースは、学校領域のみ	インターンシップ：ろう・難聴領域（500時間）	インターンシップ：ろう学校領域（500時間）	
人間行動と社会環境	人間行動と社会環境：個人とグループ	人間行動と社会環境：ろう・難聴者と家族		老年学
	人間行動と社会環境：コミュニティと組織	人間行動と社会環境：ろうコミュニティ		
政策分析	社会福祉関連法規・政策	障害者関連法規・政策	教育関連法規・政策	
リサーチ	質的研究法・量的研究法	調査研究：ろう・難聴者領域		
その他	ろう者学・聴覚障害学	資格試験対策講座	早期ろう教育	

※科目名は，筆者が日本語に翻訳した

図 4-1　ソーシャルワーク学部学士課程・修士課程における教育カリキュラム

表 4-4　ソーシャルワーク専任教員一覧

	ろう者／聴者	専門分野及び担当専門領域	最終学歴	SW 歴	教員歴
A	ろう者	政策分析・社会保障	Ph.D 及び MSW	13 年	24 年
B	ろう者	人間行動と社会環境・各種理論	Ph.D 及び MSW	26 年	19 年
C	ろう者	マクロ実践・LGBTQ	Ph.D 及び MSW	28 年	15 年
D	ろう者	メゾ実践・DSM-V	Ph.D 及び MSW	25 年	12 年
E	聴者	精神保健・プログラム評価	Ph.D 及び MSW	30 年	18 年
F	聴者	ソーシャルワーク実践・LGBTQ・アディクション	Ph.D 及び MSW	25 年	15 年
G	聴者	スーパービジョン・ソーシャルワーク実践	MSW	10 年	5 年
H	ろう者	スクールソーシャルワーク	Ph.D 及び MSW	8 年	8 年
I	ろう者	リサーチ・発達理論・アセスメント技法	MSW	14 年	6 年
J	聴者	児童福祉・虐待	MSW	6 年	2 年

も非常勤ソーシャルワーカーや独立開業型ソーシャルワーカーを兼任しな
がら，実務経験を積んでいる教員もいる．教員歴については，ギャローデ
ット大学での教員歴のみ計上した．ソーシャルワーク学部の専任教員の教
育歴や専門領域は，表 4-4 の通りである．

　米国において，カウンセリングやアセスメントなどの臨床ソーシャルワ
ークを実践するためには，大学院でソーシャルワーク修士課程を修了する
ことが最低条件となる．さらに，修士課程修了後，ソーシャルワーク実践
の現場で，スーパービジョンを受けながら，州のソーシャルワーク資格試
験を経て，最終的に，上級臨床ソーシャルワーカー資格（Licensed Clinical
Social Worker: LCSW）を取得するのが一般的なキャリアパスとなっている．
ソーシャルワーカー資格は 2 年間の有効期限があり，所定数の講習会を修
了しなければ資格更新ができない仕組みになっている．

3-1　社会的要請とソーシャルワーク教育プログラムの設置
　　（1960 年～ 70 年代）

　1960 年代以前までのろう者に対するソーシャルワーク実践や社会福祉
サービスとは，単に印刷業やクリーニング業にろう者を就労させることを

意味するに過ぎなかった（奥田 2002）．この頃，ろう者の社会福祉サービスを主に担っていた専門職は，主に職業リハビリテーションカウンセラーであった．1964 年に成立した公民権法は，黒人差別撤廃を目指した社会ムーブメントの一つの結実であり，このような公民権運動に見られる新しい公共政策のアプローチとして，「政治社会学的モデル」ないし「マイノリティ・グループ・モデル」が認識されるようになり，障害者運動やろう運動，またリハビリテーション法の成立に多大な影響を与えた（奥田 2003）．このような社会的背景や歴史的動向があった米国において，1960 年代より精神科病院や精神保健福祉領域の現場で，コミュニケーションに課題を抱えるろう者への心理社会的支援といったソーシャルワーク実践が可能なソーシャルワーカーが求められていたのである（Rainer, Altshuler, & Kallmann 1963; Vernon 1969）．具体的には，1955 年，ニューヨーク州立精神科病院（New York State Psychiatric Institute）での，ろう者を対象にした入院・外来治療プログラムの試行及び研究により，ろう者の支援のためには，手話など，多様なコミュニケーションでの対応が必須であるとの実践知に基づいた認識が専門職の間で共有されるとともに，全米各地でろう者を対象にした精神科病棟や専門プログラムを設置する精神科病院が増えた（Rainer ら 1963: 176）．

　ワシントン DC にあるセイント・エリザベス精神科病院（St. Elizabeth Mental Hospital）は，1960 年代から，手話のできる病院長のリーダーシップによって精神障害を抱えるろう者を対象にした入院及び社会復帰プログラムを開始したことがきっかけとなり，ろう者同士のピア・カウンセリングの実施や手話でコミュニケーションが可能な専門職の養成に関わるようになった．その結果，1970 年に，セイント・エリザベス精神科病院とギャローデット大学社会学部（Department of Sociology）が連携し，計 16 名のろう学生及び聴者の研修生を迎えて，ろう者に対応できるソーシャルワーカーの養成プログラムが開始された（Polakoff 1972）．プログラム開始当初は，学位授与を目的とした養成プログラムではなく，現任者を対象とし

た養成プログラムであった．そのため，ギャローデット大学でのアメリカ手話や聴覚障害の基礎知識の学習と，セイント・エリザベス精神科病院での現任者研修で構成されたプログラムであった（Polakoff 1972）．当時，ソーシャルワーカー養成プログラムの担当教員として採用されたドロシー・ポラコフ（Dorothy Polakoff）は，ろうの両親の元に生まれたコーダ（Children of Deaf Adults: CODA）であり，かつ，ろう学校教員としての経験を経て，ろう者を対象としたリハビリテーションや援助の経験があった．ドロシー・ポラコフの指導の下で実績を重ねてきたソーシャルワーカー養成プログラムは，1976 年に全米ソーシャルワーク教育協議会より認可されたことを受けて，社会学・ソーシャルワーク学部（Department of Sociology and Social Work）という正規の学士課程としてろう学生を受け入れて，ソーシャルワーク教育を開始したのである．なお，同時期に，工学系の国立ろう工科大学でも，ろう学生のキャリアの可能性を広げるために，ソーシャルワーク学部が設置されたが，2008 年に大学の運営方針の転換と経済的事情により閉鎖された（Sheridan, White, & Mounty 2010）．なお，1976 年当時のギャローデット大学の教育方針は，精神的・人格的成熟を通して，様々な分野におけるろう者のキャリア開発を促進することであった（Polakoff 1976）．また，当時のギャローデット大学におけるコミュニケーションに関する方針は，「トータルコミュニケーション」であり，音声言語や口話と手話の同時的活用などによって講義が進められていた（Polakoff 1976）．

　ソーシャルワーク学部設置に先立って，1973 年に連邦政府により施行されたリハビリテーション法によって，ろう学生がギャローデット大学のみならず，他大学の専門職養成課程でも情報保障などの支援を受けながらソーシャルワーク養成や専門職養成教育を受けるようになっていった（Leigh & Lewis 2010）．1960 ～ 70 年代に，ソーシャルワーカーやカウンセラーとして訓練を受けたろう者は，手話が少しできる教授か，またはろう者の支援経験が全くない教授に教育を受けた「第一世代のろう専門職」なのである（Leigh & Lewis 2010）．つまり，文化言語モデルやろうコ

ミュニティの経験を取り入れたソーシャルワーク教育カリキュラムではなく，医学モデルに基づいた伝統的なソーシャルワーク教育を受けていたのであった．奥田啓子（2003）は，1961 年に設立されたろう者の職業リハビリテーションや精神保健を担う専門職によって構成された専門職能団体である全米聴覚障害者リハビリテーション協会（American Deafness and Rehabilitation Association：ADARA）が発行している学会誌の研究動向を分析し，1960 年から 70 年代まで，多くのソーシャルワーカーやカウンセラーが，ろう者は，就労問題や社会性の欠如を抱えるとし，これらを「ろう者の特性」として医学モデルから捉えていたことを指摘している．つまり，1960 年代のソーシャルワーカーや専門職は，ろう者を障害者として捉え，コミュニケーションや言語能力の問題から就労や人間関係に問題を起こしやすい人という医学モデルに基づく援助感を持つのが一般的であった．Frank（1969）は，手話について「ろう者の基本的コミュニケーション，帰属意識，安全そして自尊心といった基本的なニーズに基づいて自然に発達したもの」であるとしながらも，過度に目立つ手話や発声はマナー違反であり，公共の場における手話の適切な用い方などの社会的スキルを学ぶ必要性があると述べている．また，ろう者は生育の過程で保護的あるいは受け身の体験を重ね，自己受容が不十分で，またコミュニケーションの問題も抱えやすいため，他者との相互的関係を築きにくく，特に家庭生活においては離婚の危機などを招きやすいとの指摘もあった（Holly 1974）．これらのように，ろう者を医学モデルの視点から捉え，聴覚障害があることによる心理社会的影響を論じた学術論文が多く，当時のソーシャルワーカーのろう者に対する見方は，医学モデルに基づいた障害者としてのろう者の聴コミュニティへの社会的適応に主眼が置かれており，特に，職場定着や問題行動の軽減に有効な医療的・職業的リハビリテーションプログラムを提供することが最優先事項であった（奥田 2003）．このように，文化言語マイノリティの観点からろう者を肯定的に捉えるのではなく，病理的視点や社会スティグマなどの医学モデルや聴コミュニティによる言説に基づ

いたソーシャルワーク実践の傾向が根強かった時代であったと考えられる．いずれにしても，ソーシャルワーカーやカウンセラーからすれば，ろう者は，きわめて対応が困難な「重度の障害者」であり，社会的適応に向けた教育やリハビリテーションのプログラムの充実が急務であるということが，当時のソーシャルワーカーの共通認識であったことは明確である．このようなろう者に対する言説や認識の影響によって，ギャローデット大学を始めとするソーシャルワーク教育プログラムでは，ろう者を病理的視点から捉えた教育カリキュラムを実施していたと考えられる．つまり，当時のソーシャルワーク教育の視点は，「ろう文化ソーシャルワーカー」を育成するのではなく，医学モデルの知見に基づいた「聴覚障害ソーシャルワーカー」の育成に焦点が置かれていたのである．

　1976年に初めて全米ソーシャルワーク教育協議会に提出されたセルフ・スタディ・レポートによると，1976年に社会・ソーシャルワーク学部ソーシャルワーク学士課程を開始した当時の教育方針として，ギャローデット大学ソーシャルワーク学士課程は，ろう学生が①学士レベルのソーシャルワーク専門職となること，②既存の社会福祉機関からサービスを受けられないろう者のためにソーシャルワークサービスを提供すること，③一般社会及びろうコミュニティに対する責任感とコミットメントを強固なものとすること，④ソーシャルワーク修士課程に入学すること，の4点を挙げており（Polakoff 1976: 11），ソーシャルワーク学部設立当時から，ろう者で，ろうコミュニティで活躍するソーシャルワーカーの養成を念頭に，学士課程，修士課程までのキャリアパスを想定していたことが伺える．また，ろう当事者ソーシャルワーカーとして実践現場で，リーダーシップを発揮すること，特に留学生に関しては，プログラム修了後に彼らの母国のろうコミュニティでソーシャルワーク実践を展開する重要性を強調している．なお，ろう当事者ソーシャルワーカーの存在意義として，彼ら自身がろう者のコミュニケーションの特性や言動の意味を理解し，また，ろう者としての生活経験を有していることを挙げ，ろう者を対象としたソーシャルワ

ーク教育の重要性を指摘している（Polakoff 1976: 12）. さらに, ろう当事者ソーシャルワーカーは, ろう者との信頼関係の構築, コミュニケーションの障壁が低いことも示唆し, 暗にロールモデルとしての役割を期待していたことが伺える. そして, 当時のソーシャルワーク学部の卒業生の就労先として, ろう者専門の職業リハビリテーションカウンセラーを想定していた. なお, スペイン語を母語とするラテン系ソーシャルワーカーの例を挙げ, クライエントと同じ言語やコミュニケーションによって, ソーシャルワークサービスを提供することが第一優先事項であるとしながら, ろう当事者ソーシャルワーカーは, 外部との連絡調整や記録作業の際に, 聴者の協力が求められることもあると指摘している（Polakoff 1976: 12）. なお, 設立当時のソーシャルワーク教育プログラムの教育目標として 15 項目が設定されているが, 基本的にはジエネラリスト・ソーシャルワーカーとしての基礎知識, 技術, 価値観を習得することが目標であった. 15 項目の教育目標のうち, ろう者に関する項目は, 3 項目あり, ①既存の社会福祉サービスは, ろう者にとっては複雑でアクセスしにくいことを理解する, ②ろう者の社会との接点を自覚し, 徹底した守秘義務について理解すること, ③ろうクライエントのコミュニケーション能力に合わせてコミユニケーションを図ること, の 3 点を挙げている. なお, 当時のソーシャルワークコースの教員体制は, 3 名の専任教員で構成され, 全員とも聴者であった. このように, 第一世代のろう当事者ソーシャルワーカーや専門職は, 1970 〜 80 年代頃に, 少し手話ができる聴者のソーシャルワーク教員によるトレーニングを受けていたのである（Leigh & Lewis 2010）.

　1976 年時点のソーシャルワーク教育カリキュラムは, 基礎共通科目として, 経済学, 社会学, 心理学, 医学, 政治学, 文化人類学, 聴覚障害学の各基礎科目が必修であった（Polakoff 1976: 32）. これは, 現在の米国のソーシャルワーク教育の標準カリキュラムで必修となっている「人間行動と社会環境（Human Behavior and the Social Environment）」に相当する科目と考えられる. また, 異常心理学（Abnormal Psychology）と聴覚障害心理

学（Psychology of Deafness）が必修専門科目となっていた．これは，当時の社会的背景，ニーズとして精神科領域でのろう者の支援のニーズがあり，ろう者の精神病や問題行動に関する基礎知識が求められていたことから，必修科目として設定されていたと推測できる．基礎共通科目修了後は，社会福祉原論（Social Welfare），社会福祉法規（Social Welfare Policy），社会問題論（Social Problems），ソーシャルワーク実践方法論Ⅰ・Ⅱ（Social Work Methods Ⅰ・Ⅱ），社会調査方法論Ⅰ・Ⅱ（Methods of Social Research Ⅰ・Ⅱ），ソーシャルワーク特別講義Ⅰ・Ⅱ（Special Topic Ⅰ・Ⅱ），120時間〜390時間の現場実習（Field Placement）がソーシャルワークコースの必修科目であった（Polakoff 1976: 31-33）．

　当時の社会福祉原論のシラバスには，6週目のスクールソーシャルワークに関する講義では，統合教育とろう教育に関する問題を扱うことが明記されていた（Polakoff 1976）．また，14週目の講義タイトルは，「マイノリティに対するサービス：マイノリティとしてのろう者」であり，文化言語的マイノリティではなく，社会的弱者としてのろう者に対するソーシャルワークサービスのあり方について議論を深める講義内容になっていたのである．社会福祉法規の講義では，子ども家庭領域，医療領域，地域福祉，児童虐待の各領域に関する法律の学習に加えて，ろう者に関連する社会福祉法規の学習項目が設けられている（Polakoff 1976）．指定文献として，New York University（1971）*Services for Elderly Deaf Persons: Recommended Policies and Programs*．Blake, G.D.（1968）*An Experiment in Serving Deaf Adults in a Comprehensive Rehabilitation Center, Art*，New York University（不明）*Planning For Deaf Community Development*，Bowe, F. & Watson, D.（不明）*A New Approach to Serving Deaf People* を指定しているように，ろう者の社会福祉サービス制度や法制度に関して実践的方法論を学ぶカリキュラムであったと想定できる．ソーシャルワーク実践方法論の講義では，基礎的なジェネラリスト・ソーシャルワークの方法論を学習後，12週目に「ソーシャルワークとろう者（Social Work and the Deaf）」のテー

マで，ろう者に特有な問題，実践における留意事項を学習することになっていた（Polakoff 1976）．しかし，指定されている文献は，Zamochnick, A.（1973）*A Perspective on Deafness and Cerebral Palsy* のみとなっており，どちらかといえばろう重複障害者や重度の行動問題を抱えるろう者を対象にしたソーシャルワーク実践の方法論を中心にシラバスが構成されていた．なお，1980年に全米ソーシャルワーク教育連盟に提出されたプログラム認可に関する2回目のセルフ・スタディ・レポートでは，1977年の全米ソーシャルワーク教育連盟による評価，改善指摘に応じて，カリキュラム変更を実施している．ソーシャルワーク特別講義Iがグループ・組織を対象にしたソーシャルワーク論（Social Work with Groups and Organizations）に，そしてソーシャルワーク特別講義IIが児童福祉論（Child Welfare and Child Care）とソーシャルワーク実践における性的問題（Sexual Issues Related to Social Work Practice）にと，ジェネラリスト・ソーシャルワークの知識や技術の習得及び児童福祉分野に関するカリキュラムの拡充という全米ソーシャルワーク教育連盟の新教育目標を達成するための教育カリキュラムに強化されたことが伺える．

1975年当時の現場実習先は，セイント・エリザベス精神科病院，ギャローデット大学附属ろう学校，メリーランド州立ろう学校，ワシントンD.C.公立難聴学級，ワシントンD.C.職業リハビリテーションプログラムであった（Polakoff 1976: 38）．また，当時は，口話によるコミュニケーションがどの程度可能か判断した上で，ろう学生の現場実習先を選定していたが，ろう学生のコミュニケーションに合わせたスーパービジョンの方法や現場実習指導を担うスーパーバイザーの不足が課題として指摘されていた（Polakoff 1976: 42）．この問題に対処するために，ろう学生を現場実習に受け入れたスーパーバイザーに対して，ギャローデット大学で提供しているアメリカ手話の科目を無料で提供していた（Polakoff 1976: 43）．現場実習先の確保に関して，ろう者を対象にソーシャルワーク実践をしている実習先の確保に難儀していたことから（Polakoff 1976: 13），教員は，ろう学生と現

場実習スーパーバイザーの橋渡しを担うコンサルタント的側面を持ちながら，ろうコミュニティでの実習先の開拓をすることが期待されていた.

　ろう学生を対象にしたソーシャルワーク教育を提供する一方で，ソーシャルワーク学部として，地域の聴者ソーシャルワーカーを対象にワークショップを提供している．ワークショップの主な内容は，聴覚障害に関する医学的，心理的，社会的問題，コミュニケーション，ろう教育，ろう者を対象にしたソーシャルワーク，ろうの子どもを持つ聞こえる親の経験談，ろうの両親を持つ聴者の経験談であった（Polakoff 1976: 15）．1975年に，聴者ソーシャルワーカー向けのワークショップで使用するために発刊された「ソーシャルワーカーのための聴覚障害学入門（*An Orientation to Deafness for Social Worker*）」は，おそらく世界で初のろう者のソーシャルワーク実践に関する専門書籍である（Social Work Program ed. 1975）．具体的には，聴覚障害に関する観点，個別の観点，教育的観点，ソーシャルワーク実践の4項目で構成されている（表4-5）．特に着目すべき点は，聴覚障害に関する項目で，「下位文化としてのろう者（The Deaf as a Subculture）」が収斂されている．ろう者の独特の行動様式について，医学モデルではなく，マジョリティ社会の中の下位文化として認識し（Anderson 1975），新たな支援枠組みで捉えようとする試みがあった．また，「社会資源としてのろうコミュニティ（The Deaf Community as a Social Service Resource）」において，ろうクラブなどを念頭に，ろう者の集まりを含めて，ろうコミュニティに関わる社会資源，さらには文化的資源を活用することが，ろう者を対象にしたソーシャルワークにおいては重要との記述がある（Pimentel 1975）．また，ろう者に関わる聴者ソーシャルワーカーにとって重要なことは，信頼関係の構築であり，可能な限り手話でコミュニケーションを図るべきだと指摘している（Wolstein, 1975）.

　1976年のセルフ・スタディ・レポートでは，ソーシャルワーク修士課程の設置の必要性について明記しており，長期的視野に立って，ろう者に対応ができるソーシャルワーカーの養成ビジョンを描いていた．しか

表4-5　An Orientation to Deafness for Social Workers の目次一覧

導入（Introductory Words）
　1-2p：ワークショップの学習目標（Objectives and Plan of the Workshop）
　3-5p：ギャローデット大学と聴覚障害（Gallaudet College and Deafness: A Brief Overview）

聴覚障害について（Aspects of Deafness）
　6-8p：医学的観点からの聴覚障害の理解（Medical Aspects of Deafness）
　9-14p：コミュニケーション問題（Problems of Communication）
　15-20p：聴覚障害と社会性（Deafness and the Socialization Process: Some Implications）
　21-26p：サブカルチャーとしてのろう者（The Deaf as a Subculture）
　27-29p：聴覚障害に関する感情問題（Emotional Problems Related to Deafness）
　30-32p：手話によるろう者とのコミュニケーション（Communicating with Deaf People in the Language of Signs）

個別観点（The Personal Perspective）
　33-34p：聴覚障害を持つ老人（The Deafened Senior Citizen）
　35-38p：聴覚障害を持つ成人（The Newly-Deafened Adult）
　39-46p：ろうの両親を持つ聞こえる子ども（Adult Hearing Children of Deaf Parents）
　47p：ろうの子どもを持つ聞こえる母親（Hearing Mother of a Deaf Child）

教育観点（An Educational Perspective）
　48-52p：ろう児のための乳幼教育（Preschool Education for the Deaf）
　53-58p：ろう児のための小中学校教育（Elementary and Secondary Education for the Deaf）
　59-64p：ろう学生のための職業指導プログラム（A Work-Study Program for Deaf Students）

ソーシャルワーク実践介入（Social Work Implications）
　65-74p：社会資源としてのろうコミュニティ（The Deaf Community as a Social Service Resource）
　75-82p：ろう者に対するソーシャルワーク（Social Work with Deaf People）
　83-86p：ろうソーシャルワーク学生の育成（Working with Deaf Social Work Students）
　87-88p：聴者の両親や家族がろうの家族を受け入れることの重要性（The Importance of Helping Hearing Parents and Families to Accept and Treat Deaf Members as Equals）

※日本語訳は筆者による.

しながら，ろう者の書記言語能力の向上が課題であるとし（Polakoff 1976: 58），他大学のソーシャルワーク修士課程への進学の困難さを暗に示唆する記述も見られた．実際に，1970 年代，ギャローデット大学ソーシャルワーク学部の卒業生の進学先は，手話通訳を提供していたメリーランド州立大学，もしくはニューヨーク大学のソーシャルワーク修士課程のみであり（Polakoff 1976: 59; Martha ら 2010;），当時のろう者がソーシャルワーク修士課程に進学し，高度な養成カリキュラムによるソーシャルワーク教育を受ける選択肢が，非常に限られていた．ろう学生を引き受けるようになったメリーランド州立大学は，ろう者のソーシャルワーク修士号の取得を促

進するろうプログラム（Deaf Program）を設置するため，1975年，連邦政府に科学研究補助金を申請している（Polakoff 1976: 59）．メリーランド州立大学ソーシャルワーク学部ろうプログラムの目的は，①ノートテイカーや手話通訳が必要なろう学生の入学を受け入れる，②ろう者に対するソーシャルワーク実践に関心を持つ聴者の学生に，聴覚障害に関する講義を提供する，③教員に対して，ろう学生のニーズを理解するためのトレーニングを提供することであった．このろうプログラムにより，障害を持つアメリカ人法が成立する前の時代に，ろう者が手話通訳などの情報保障を受けながら，修士号を取得する道が開かれたのと同時に，聴者がろう学生とともに学ぶことで，手話クラスやろう文化のクラスを履修する機会を提供していたのである．

3-2　ろうコミュニティの社会的認知とろう当事者の視点（1980年代）

　全寮制ろう学校の設立を契機にろう者の集団が形成され，それを中心としたろう者組織が生まれていったが，1980年代以降は，そのような実体的な組織そのものというより，ろう者相互の紐帯の概念的表現として，「ろうコミュニティ（deaf community）」という用語が専門職の間で認識されるようになってきた（奥田 2003）．これは，共通の社会的障壁を経験しているろう者が，社会的アイデンティティや私的・社会的豊かさを求めて形成するインフォーマルな集団である（Peter 1977）．当時のろうコミュニティの捉え方は，単にろう者の組織そのものを意味していたと考えられる．しかし，Peter（1977）は，ろう者を対象にした教育やソーシャルワーク実践に関する新たな指針を決定するために，ろう者の個人史の聞き取りを強調するなど，ろう者の生活や価値観への関心を寄せることの意味を述べ，ろう者学の重要性を示唆している．ろう者像の病理的視点から文化言語視点へのパラダイムシフトが起きた時期でもあり，ろう者は，少なくとも，アメリカ手話に堪能であり，全寮制ろう学校出身であり，そして自他ともにろうコミュニティの一員であると自覚している者と（Padden & Humphries

1988），文化言語的視点がソーシャルワーク領域にでも認識されるようにな
ってきた．また，ろう文化という用語もこの時期から次第に頻繁に用いら
れるようになってきた（奥田 2003）．ろう者のやり方や生活様式といったも
の全般がろう文化であるが，その核心として，アメリカ手話が次第に明確
にろう文化の中に位置付けられていった時期でもある（Glickman 1986）．ま
た，ろう文化の視点の導入が従来のろうコミュニティの解釈に特有の意味
を付与していったとされる（奥田　2002）．同時期に，高等教育機関におい
て，ろう者学のプログラムが設置され，ろう者の生活やろう文化に関する
研究が展開し始めた時期と重なる（Bauman & Murray 2016）．

　このようなろう者のムーブメントが，ギャローデット大学の DPN を通
して，社会的に大きな影響を与え，文化言語マイノリティとしてのろうコ
ミュニティの主張によってろう文化や文化言語モデルが広く認識された一
つのパラダイムの転換期でもある．しかしながら，1980 年代のろう者像
に対する聴者マジョリティの認識として，「相違＝逸脱＝劣等」という聴
者側の意識や偏見がなお支配的であった．これに対し，ろう者の就労や人
間関係の問題に関しては，「ろう者」個人に問題があるのではなく，むし
ろそれは周囲の聴者側の問題であるという視点が打ち出されている（Joan
1982）．それに従い，Joan（1982）は，ろう者やろう文化への認識を深める
ための学習プログラムを一般教育のカリキュラムの中に組み込むことの重
要性を指摘している．また，ソーシャルワーカーや専門職におけるろう者
に対する問題意識が医学モデルによる病理的視点から文化言語モデルに準
じた文化的視点へと変化しており，ろうコミュニティとは，単なる聴覚障
害を持つ人々の集まりではなく，文化言語マイノリティの集団であるとの
指摘が専門職の間で語られるようになる（Glickman 1986）．そして，ろう者
には固有の世界観があり，「ろう」であることについての積極的・肯定的
視点と聴コミュニティに対する批判があるとし，その上でろうコミュニテ
ィの一員としての自覚があるろう者を「文化的ろう者（Cultural deaf）」と
して捉えることが，専門職に求められるようになっていった（奥田 2002）．

しかしながら，多くのろう者がろう文化と聴文化の狭間で，自身のアイデンティティを確立できない状況があり，このようなクライエントに対しては，文化的ろう者と引き合わせることによって，ろう者としての自覚と誇りを持てるように支援することが重要であるとの認識が一般的になっていった（Glickman 1986）．マージナルな立場に悩むろう者に対して，同等の価値を持ったろう文化と聴文化に所属しながら社会生活を営むことができるように，文化言語モデルの視点を取り入れながらソーシャルワーク実践を展開する潮流が見られるようになってきた（奥田 2003）．一方，聴者ソーシャルワーカーやカウンセラーは，ろうクライエントが直面している抑圧や差別に積極的に対処することよりも，聴覚障害そのものや行動問題に焦点を当てて治療するという伝統的な態度から脱することができていない状況であった時期でもある（奥田 2002）．このような従来のソーシャルワーク実践の目標，つまりマジョリティである聴文化に適応させようとするソーシャルワークへの批判的自己省察を促すため，ソーシャルワーカーに，ろう者に対する固定観念やスティグマなどを理解するための自己認識やろう文化の視点を理解するためのトレーニングや認識変容が求められるようになった時期である．

　以上のように，1980 年代は，米国社会に文化多元主義の思潮が高まる中，手話の言語学的な認知も相まって，ろう者自身の世界観に息づいていた社会文化的視点からのろう者観が，明確な形で音声社会に表出されるようになった時期であった．

　このような社会背景の中で，ギャローデット大学ソーシャルワーク学部にも，新しい視点の導入が試みられる．1980 年と 1983 年に提出されたセルフ・スタディ・レポートを概観すると，この時期のソーシャルワーク学部は，大きなカリキュラムの変遷や修士課程の設置といったろう者を対象にしたソーシャルワーク教育の機会の確保，また聴者を受け入れる余地の検討といった大きな動向があった．当時の全米ソーシャルワーク教育連盟は，ギャローデット大学ソーシャルワーク学部について，全米で唯一，ろ

う者や難聴者に対応できるソーシャルワーカーの養成プログラムであると言及し，その重要性，独自性について認識していた（Polakoff 1980）．ろうコミュニティのためのろう当事者ソーシャルワーカーを養成するという具体的な数値的教育目標として，1981 年から 1990 年まで，91 名の卒業生を輩出した（Department of Social Work, 1992: 421）．大学院を設置するために，社会学部からの独立と大学院修士課程プログラムの新設計画が検討され，1989 年にはソーシャルワーク学部として独立し，大学院ソーシャルワーク修士課程も設置された一大転換期であった．なお，1983 年に，ギャローデット大学ソーシャルワーク学部の卒業生であり，ろう当事者ソーシャルワーカーとして活躍していた Barbara White が初めてのろう教員として，実習担当教員に着任した（Play 1983: 89）．Irene Leigh and Jeffrey Lewis（2010: 39）が指摘している，ろうコミュニティでのソーシャルワーク実践の経験が少ない，もしくは手話ができない聴者によって養成された第一世代のろう当事者ソーシャルワーカーの一人が Barbara White である．

　第一世代のろう当事者ソーシャルワーカーは，各々の実践経験に基づいて，ろう者を対象にしたソーシャルワーク実践やろう文化の視点によるアプローチなどを経験知として集約させ，理論化を試みた世代である（Leigh & Lewis 2010: 39）．また，ろう者がソーシャルワーカーとして就職するためには，まだまだ制約が多く，かつ修士号が必須となっていたため，修士レベルでのソーシャルワーク教育の需要，可能性の探索を試みた時期でもあった（Play 1983）．先に述べたように，1978 年には，第一世代のろう当事者ソーシャルワーカーの力量向上や機会拡大を目的に，メリーランド州立大学ソーシャルワーク学部に，ろう学生のための修士課程コースが，1983 年まで連邦政府の補助金を受けて設置されていた．開設から閉鎖までの 5 年間で，25 名のろう学生がソーシャルワーク修士号を修了し，ろう当事者ソーシャルワーカーが高度専門職として活躍する土台となった（Sheridan, White, & Mounty 2010）．1980 年代は，メリーランド州立大学のみならず，ろう者学が開講されていたボストン大学や，1989 年には，オ

ハイオ州立大学（Ohio State University）で，ろう当事者ソーシャルワーカーの養成に関わるプログラムが開講され，ろう者が修士レベルでソーシャルワークを学ぶための環境や機会を拡大するための取り組みが活発となった（Sheridan, Boettcher, & Riemenschneider 1989）.

　ろう者が修士課程でソーシャルワークを学ぶことが困難であった時期に，少数のろう当事者ソーシャルワーカーによって，1979年に全米ろうソーシャルワーカー協会（The American Society of Deaf Social Workers：ASDSW）が設立され，その活動が展開されたのも1980年代であった．全米ろうソーシャルワーカー協会の活動目的は，①ろう当事者ソーシャルワーカーの名簿を整備・維持すること，②ろう者やその家族の福祉の向上に関するアドボケイトとしての活動，③ろう者やその家族の平等な権利としての高水準の社会福祉や公共サービスの向上，④ろう当事者ソーシャルワーカーとしての平等な権利・地位向上の促進，⑤ろう者やろうコミュニティの独立した生活のための様々な可能性の検討と支援，であった（Sheridan, White, & Mounty 2010）．ろう当事者ソーシャルワーカーによる専門職領域への参入の機会が増えてきた時期であるが，一方で，情報保障がないためソーシャルワーク専門職団体や学会への参加が制限されていた．（Sheridan, White, & Mounty 2010）．このような状況を受けて，ギャローデット大学ソーシャルワーク学部は，修了生を対象に，修士レベルのソーシャルワーカー養成の必要性に関するニーズ調査を実施した結果，1989年のソーシャルワーク修士課程の設置構想への取り組みにつながっていった（Sheridan, White, & Mounty 2010）．

　1980年代のギャローデット大学におけるコミュニケーション方針は，「シムコム（Simultaneous Communication）」であり，音声英語に準じた手話，つまり英語対応手話を使い，かつ音声も同時に使うという考え方であった（Pray 1983: 10）．これは，当時，アメリカ手話では，各種専門用語に対応ができない（Play 1983: 10）と考えられていたため，音声言語や指文字の活用を推奨する傾向があったと考えられる．また，1983年度のセルフ・

スタディ・レポートにおいて，ソーシャルワーカーを目指すろう者の英語の読み書き能力の向上が課題であると明記され，その課題を解決するために，「対人専門職としてのコミュニケーション技法（Expressive Techniques in Communication for the Helping Professional）」の講義が開講された．ソーシャルワーク学部の新しい教育目標の一つに，「専門職に相応しい書記英語能力の向上と習得」が追加されたことから，書記英語が一つの評価尺度，教育目標として導入されたのである．このように，ろう当事者ソーシャルワーカーに求められるコミュニケーション能力として，アメリカ手話のみならず，報告書やケースを記録するための英語の読み書き能力が求められるようになったのが 1980 年代を通したろうソーシャルワーカーに対する社会の認識の転換期でもあった．また，聴者スタッフや聴コミュニティを対象にろう者や手話に関する啓発を進めるためのリーダーシップスキルの向上が求められ，リーダーシップについて自覚するための取り組みとして，2 年次の地域でのボランティア経験が必須条件としてカリキュラムに組み込まれた．また，修士課程を含めた総括的なジェネラリスト・ソーシャルワーカーの養成の重要性が見直される中で，学士課程カリキュラムの整備とともに，修士課程設置へとろうコミュニティのニーズに合わせて動向が向けられていった時期である（Department of Social Work 1992: 7）．

　1980 年度のセルフ・スタディ・レポートに対する全米ソーシャルワーク教育連盟の評価・改善点を踏まえたカリキュラムの変更があり，特に，社会学の専任教員による社会調査方法論 I・II（Methods of Social Research I・II）は，ソーシャルワーク・プログラム評価方法論に焦点を当てたシラバス構成へと変更された．また，新たなソーシャルワーク専門科目として，「対人援助専門職基礎（Introduction to the Helping Professions）」，「アルコール・薬物依存（Alcohol and Drug Addictions）」，「児童を対象にした心理社会介入（Psychosocial Intervention with Children）」，「卒業セミナー（Senior Seminar）」が提供された．ろう者の社会生活に関する選択科目として，新たに，「ろう者の社会学（Sociology of the Deaf）」が開講され，ろう者学関

連領域の科目がソーシャルワーク教育に組み込まれたのである．また，聴者ソーシャルワーカーとの協働スキルやネットワークスキルの向上を目的に，近辺の大学から聴者学生を聴講生として受け入れ，かつ聴者学生との合宿研修がカリキュラムとして組み込まれた．課題として，ソーシャルワーク学部の教員自身による専門科目「人間行動と社会環境（Human Behavior and Social Environment）」の開講が挙げられ，社会学部や心理学部に依拠していたカリキュラム構成から，ソーシャルワーク学部単独でのジェネラリスト・ソーシャルワーク教育カリキュラムの構築へと方向転換が図られた時期であった．

3-3 文化言語マイノリティとソーシャルワーク実践（1990 年代）

1990 年代以降は，障害を持つアメリカ人法の成立や DPN などの影響を受け，専門職の間でのろうコミュニティに対する共通認識は，その他の文化言語的民族（ethnicity）と同様に認識されるようになり，それを基盤としたソーシャルワーク実践のあり方が模索されていく時期であった（奥田 2003）．また，1995 年発行のソーシャルワーク大辞典（Encyclopedia of Social Work）において，初めて「ろうコミュニティ」と「ろう文化」が記載された．このように，ソーシャルワークの領域において，文化言語マイノリティとしてのろう者が認識され，社会的地位を確固たるものとした．

ろう者に対するソーシャルワーク実践の中で，ろうコミュニティのリーダーを文化言語的リエゾンとして実践で活用することの重要性も打ち出された（Wax 1990）．文化言語的リエゾンの概念は，アジアの難民支援を実施するにあたって，仏教の僧侶をリエゾンとして起用した実践に着眼を得て，ろうコミュニティのリーダーや活動者を介して，ろう者が適切な社会福祉サービスにアクセスできるようにするための支援枠組みである．リエゾンとして適任なろう者に，ろう文化と聴文化の二文化間の仲介を担うためのトレーニングを受講してもらい，その上で，文化言語的リエゾンには，仲介，アドボカシー，また社会資源やろうコミュニティの文化資源

へのアクセスの支援といった役割を担ってもらうという取り組みであった（Wax 1990）．また，エンパワーメント理論の視点から，ろう文化肯定的アプローチ（Deaf Culturally Affirmative Approach）が提唱されるようになり（Barnes 1992），精神保健福祉領域においても，ろう文化の視点に基づいて手話で直接サービスを行うソーシャルワーカーのアプローチが普及し，精神保健福祉領域でろう当事者ソーシャルワーカーが採用されていった（Glickman 1996）．

　ろう者に対する文化言語マイノリティとしての認識がソーシャルワーカーの間で定着する一方で，ろうコミュニティの多様性にも焦点が当てられるようになってきた（奥田 2002）．例えば，LGBT などの性的少数者であるろう者（Langholtz, 1991-92）や有色人種のろう者，他の障害を持つろう者などと，ろうコミュニティにおけるろうマイノリティ集団の存在やニーズが認識されるようになり，彼らへのソーシャルワーク実践のあり方が再考されていった．LGBT 当事者のろう者や黒人やアジア人などの有色人種のろう者は，必要な情報や支援にアクセスしにくく，また，ろうコミュニティの中でも差別的な扱いを受けやすいのである．さらに，ろう者学などの影響もあり，文化人類学的アプローチが色濃く反映されるようになり，医学モデルと文化言語モデルの対立に垣間見られるような問題について，ポストモダンの視点から捉えていくソーシャルワーク実践が基本的なスタンスになっていった（Torres 1995; 奥田 2003）．

　このように，1990 年代以降のろう者を対象にしたソーシャルワーク実践は，ろう者をろう文化集団として一括りにしてみなすのではなく，ろうコミュニティの中の多様性，つまり様々なマイノリティろうコミュニティの特性を認識した上でソーシャルワーク実践を展開することが期待され，それに準拠したソーシャルワーク教育へとカリキュラム改革が求められるようになっていった．

　具体的には，1986 年のギャローデット大学の学長選考に関する DPN の影響を受けた 1992 年のセルフ・スタディ・レポートでは，初めて文化的

ろう者（Culturally Deaf）の概念について言及し，ろう者を取り巻く心理社会的問題に関する記述を残した（Department of Social Work 1992: 3）．また，1994年に全米ソーシャルワーク教育連盟に提出されたソーシャルワーク修士課程のセルフ・スタディ・レポートにおいては，ろうコミュニティ及びろう文化の定義について言及し，アメリカ手話をコミュニケーション手段として活用し，また共通の教育経験や歴史，抑圧などを経験しているろう者が集団を形成し，価値観を共有したものがろう文化となり，その集団がろうコミュニティであると明記している（Department of Social Work 1994: 3）．このように，手話の言語学背景，そしてろう文化としてのろうコミュニティの重要性についても明確に言及しており，文化言語モデルに基づいた視点への転換を含む大学全体の教育カリキュラムへの方針転換に合わせて（Department of Social Work 1992: 6），ソーシャルワーク学部の教育カリキュラムも改革された．なお，ダイバーシティー（diversity）の概念がソーシャルワーク教育の中で普及する中で，ソーシャルワーク学部として，ろう者を文化言語マイノリティとして捉える知識や技術をカリキュラムに正式に組み込むことになった（Department of Social Work 1992: 85）．人間の多様性（Human Diversity）が正式科目として新しく設けられ，文化コンピテンシーに焦点を当てた授業構成となった．それまで，手話やろう文化について学問的側面から理解していなかったろう者が，ギャローデット大学という名のろうコミュニティでの社会的，学問的生活を通して，ソーシャルワーク教育を受けることの意義，またその独自性が強調されるようになった（Department of Social Work 1992: 6）．なお，長らく社会学・ソーシャルワーク学部として運営されてきたが，1989年のソーシャルワーク修士課程の設置に伴い，社会学部から独立し，独自の学士課程及び修士課程を有するソーシャルワーク学部として再始動し（Department of Social Work 1992: 7），全ての専任教員は，ソーシャルワーク修士号（Master of Social Work: MSW）を有し，最低5年の実務経験を有していることが，教員としての採用条件となった．

修士課程が設置されたことに伴って，学士課程はジェネラリスト・ソーシャルワークの基礎知識や技術を学ぶ教育カリキュラムに再編された．また，学士課程の専任教員は，実習指導訪問や学生に対するスーパービジョンが課せられ，さらに，ろうコミュニティを代表して，外部団体や現場実習機関に対してワークショップや啓発活動を展開することが職務として求められていた（Department of Social Work 1992: 62）．1992 年当時の修士課程専任教員は，5 名体制であった．教員の採用にあたっては，アメリカ手話ができることが必須条件として明記され，手話能力が所定の基準に満たない場合には，手話クラスの履修が義務付けられた．学士課程のカリキュラムに関して，特に，システム理論，心理社会理論，問題解決志向アプローチ，危機介入を重点的に学ぶカリキュラム構成に変更された．また，ろう者は，社会的にも十分な支援が行き届いていない人々（underserved population）であるとし，様々な相談機関におけるアクセシビリティの向上や社会資源の確保が成果目標として挙げられていた（Department of Social Work 1992: 14）．一方で，修士課程は，ろう者の生活問題や社会不正義に対応が可能なスペシフィック・ソーシャルワーカーの養成を主な教育目的とし，それに準じたカリキュラム（特に専門科目）で構成された．特に，シンボリック相互作用理論，力動精神医学，エコロジカル理論，認知行動理論，精神疾患の診断と統計マニュアルⅢ -R（DSM- Ⅲ -R，現在，DSM-V）を学び，かつ治療的・心理的セラピーの技法を習得するためのカリキュラムとなった（Department of Social Work 1992: 8）．また，ろう者に関わる各種社会福祉施設のプログラムやソーシャルワーク実践を対象とした各種リサーチ手法を取り入れたプログラム評価方法論や論文執筆も修士課程における教育目標として明確に位置付けられた．つまり，ろう者を対象にしたエビデンスに基づいた実践方法論やソーシャルワーク理論の樹立が教育目標として明確化され，修士論文提出が必修となった．

　指導的役割を担うスーパーバイザーを養成することも修士課程における重点的教育目標であった（Department of Social Work 1992: 10）．なお，修士

課程においては，聴者も受け入れ，ろう者と手話でコミュニケーションを
とり，ソーシャルワーク実践が可能な非当事者の聴者ソーシャルワーカー
の養成も教育目標として位置付けられ，ろうコミュニティにおける聴者ソ
ーシャルワーカーの役割や立ち位置についての議論がなされるようになっ
た．将来的に，米国社会や先進国が高齢社会を迎えることを見通して，聴
覚障害問題に特化した老年学領域の専攻のカリキュラムモデル案も提唱さ
れたが，実現していない（Moses 1990; Department of Social Work 1992: 97）.

　設立当時の修士課程の教育目標は，①ミクロからマクロレベルまでの臨
床ジェネラリスト・ソーシャルワーク実践が可能なソーシャルワーカー
の養成，②専門家としての手話コミュニケーション（sign communication）
や書記言語能力，プレゼンテーション能力の向上，③ろう者や聴力障害
（hearing loss）の問題を対象としたソーシャルワーク実践や方法論に関す
る科学的裏付けに貢献する，④社会福祉サービスにおけるろう者や難聴者
のためのアクセシビリティの向上のプログラム評価方法論，またアドボカ
シースキルや知識の学習，⑤様々な人種や性的指向，年齢，障害などのバ
ックグラウンドを有するろう者の適切な理解のための学習，⑥ろう者や有
色人種のマイノリティ，女性，LGBT などに対する抑圧や差別に関する知
識や適切な姿勢についての学習，⑦聴覚障害（deafness）や聴覚障害老年学
（Aging and Hearing loss）といった実践領域における知識や技術の獲得，の
7点であった（Department of Social Work 1992: 98）．以上のように，修士課
程設置当初の教育目標やカリキュラムには，聴力障害（hearing loss）や聴
覚障害（deafness）といった医学的観点がより反映され，文化的ろう者の
みならず，難聴者や中途失聴者といった様々な聴覚障害者に関する幅広い
知識を習得することが求められていた．また，聴覚障害は，見えない障害
（invisible handicap）であり，それらのニーズに対応したソーシャルワーカ
ーを養成するという視点が修士課程の設立当時の基本的スタンスであった.
さらに，セルフ・スタディ・レポートで「ろう者や難聴者を対象にした社
会福祉サービスは限られており，手話や聴覚障害に関して知識のあるソー

シャルワーカーや専門職が少ない状況である．また，有色人種マイノリティと同様な理由で，アクセシビリティが確保されていない中で，ろう者や難聴者に関する知識や経験が不足しているソーシャルワーカーによるサービスは，事態をさらに悪化させかねない［筆者訳］」と強調し，黒人ソーシャルワークが辿った歴史と同様に，ろう者を対象とした教育カリキュラムの社会的意義を示している．また，「ろう者を対象にした適切な社会福祉サービスが限られているのは，手話によるコミュニケーションスキルやアセスメント，介入技能に関するソーシャルワーク教育が欠如しているからである．［筆者訳］」との記述がある（Department of Social Work 1992: 98）．ソーシャルワーク学部修士課程の修了生は，それぞれの就労先において，ろう者や聴覚障害に関する専門家（expert）として見なされ，その教育アウトカムの波及効果が求められていた（Department of Social Work 1992: 108）．

　1998 年のセルフ・スタディ・レポートにおいては，deaf ではなく，固有名詞の Deaf として，文化的ろう者の概念について紹介し，一方で医学的観点である Hearing Loss については，ろう者や難聴者を理解するための手かがりとしては非常に乏しい概念であり，スティグマを助長すると医学モデルの弊害を結論付けた．ダイバーシティの観点から，ろう者を再定義し，それらに合わせた教育方針，カリキュラムを整備し，ろう者のエンパワーメントと社会変革をもたらす必要があると結論付けている（Department of Social Work 1998: 5）．1994 年の修士課程のカリキュラム変革に伴い，新たな修士課程の目的（goal）として，①ジェネラリスト実践（Generalist Practice）と高度実践（Advanced Practice）を兼ね備えたソーシャルワーカーを養成すること，②専門職コミュニティやろう・難聴コミュニティに新たな知見を提供すること，③ろう・難聴者に対して新しい教育，職業機会，ろうコミュニティへのサービス提供の機会を保障すること，の3 点が新たに明記された．また，1998 年に，修士課程一年次及び二年次の教育目標の基準として，知識（Knowledge），技術（Skills），実践技術（Field Practicum Skills）の3 点が明記された．

なお，1992年時点で，全米で，約200名のろう当事者ソーシャルワーカーが活躍しており，かつろう者の問題や手話でのコミュニケーションが可能なソーシャルワーク修士号を持つソーシャルワーカーが167名いることが確認されている（Department of Social Work 1992: 7）．また1992年度に，ソーシャルワーク修士課程から第一期生5名（うち2名がろう者）が修了したが，就労先の確保が課題であるとの報告がある．また，1989年には，教員を目指すろう者の教員資格試験受験に関するギャローデット大学の対策調査委員会の調査結果を受け，書記英語による資格試験は，ろう者にとっては，困難であり，差別の可能性があるとされた．それを受けて，ソーシャルワーク学部には，卒後研修や卒後キャリア開発を見据えた取り組みが求められるようになる（Department of Social Work 1992: 7）．具体的には，資格試験対策講座の開講，教材の開発，資格試験における手話通訳・翻訳の実現のためのアドボカシー活動などである．1992年の時点で，メリーランド州のみしか，ソーシャルワーカー資格試験の際の手話通訳・手話翻訳が許可されていなかった．

　学部のカリキュラムは，三年次に，ソーシャルワーク実践入門（The Field of Social Work），人間行動と社会環境Ⅰ：個人とライフスパン（Human Behavior and the Social Environment I: Individuals and life Span），人間行動と社会環境Ⅱ：マクロ（Human Behavior and the Social Environment Ⅱ：Macro），人種と民族（Race and Ethnic Relations），米国社会福祉システムの開発（Development of the American Social Welfare System），ソーシャルワークの原則と方法論Ⅰ（Principles and Methods of Social Work I，週4時間の現場実習を含む）を履修し，四年次に，ソーシャルワークの原則と方法論Ⅱ（Principles and Methods of Social Work Ⅱ），社会福祉政策（Social Welfare Policy），現場実習Ⅰ（Field Practicum Ⅰ），卒論セミナー（Senior Seminar），社会調査（Social Research），組織論と社会サービスの供給（The Organization and Social Service Delivery），現場実習Ⅱ（Field Practicum Ⅱ）の計43単位のソーシャルワーク専門科目が必修となった（Department of Social Work 1992: 22）．

一方で，修士課程のカリキュラムは，アメリカ手話によるコミュニケーションが可能であることが入学条件となり，二年間のプログラムで計63単位の専門科目を履修する教育カリキュラムで構成された．一年次は，ジェネラリスト・ソーシャルワークの基礎知識や技術を習得するための基礎カリキュラムを履修し，二年次は，聴覚障害領域ソーシャルワーク実践課程（Deafness Concentration）とし，ろう者を対象としたソーシャルワーク実践に関する専門科目を履修する（表4-6）．なお，聴覚障害に関する医学的基礎知識などを学ぶために，聴覚障害学（Introduction to Audiology）が必修科目として位置付けられた．また，修士論文と進級試験の合格，ろう者を対象にした社会福祉サービスを提供している社会福祉サービス機関での現場実習が必須条件となっている．進級試験における評価基準は，①ジェネラリスト視点（Generalist Perspective）②人間行動と社会環境（Human Behavior and the Social Environment），③社会福祉法規・サービス（Social Welfare Policy and Services），④ソーシャルワーク実践理論（Social Work Practice），⑤調査（Research），⑥現場実践（Field Practicum），⑦多様な人種（Diverse Populations），⑧価値観と倫理（Values and Ethics）の8領域であり，それぞれの領域の担当教員が学生のケースレポートを総合的に判断する方法であった（表4-7）．

　1992年のセルフ・スタディ・レポートでは，現場実習機関の選定条件と，現場実習指導者であるスーパーバイザーに求める基礎能力や学位条件などが初めて明記された．現場実習機関の選定条件として，①実習指導の方針に関して，現場実習機関とギャローデット大学ソーシャルワーク学部で一致し，かつ合意が可能なこと，②ソーシャルワーク実践に関する視点に関して，現場実習機関とギャローデット大学ソーシャルワーク学部で一致すること，③ろう学生の実習事前準備や実習課題として，適切な課題や指導を提供できること，④適切な現場実習指導者の配置及びろう者が利用できるバリアフリーな文字電話の設置が可能なこと，⑤現場実習におけるスーパービジョンの質の向上のためにソーシャルワーク学部と協働が可能

表 4-6　1992 年時の修士課程のカリキュラム（Department of Social Work 1992: 113）

修士課程一年次：ジェネラリスト・ソーシャルワーク実践課程（Foundation year）	
秋学期	春学期
人間行動と社会環境 I（Human Behavior in the Social Environment I）	人間行動と社会環境 II：ライフスパンと聴覚障害（Human Behavior in the Social Environment II: The Life Span and Deafness）
ソーシャルワーク理論・実践 I（Social Work Theory and Practice I）	人間行動と社会環境 III：ソーシャルワークに視点から捉える機能不全（Human Behavior in the Social Environment III: Social Work Perspective on Dysfunction）
社会福祉政策とプログラム（Social Welfare Policy and Programs）	基礎現場実習 II（Foundation Field Instruction II）
基礎現場実習 I（Foundation Field Instruction I）	ソーシャルワーク理論・実践 II：ろう者の支援とアセスメント（Social Work Theory and Practice II: Assessment and Treatment of Deaf Individuals）
研究方法 I（Research Methods I）	研究方法 II（Research Methods II）
修士課程 2 年次：聴覚障害領域ソーシャルワーク実践課程（Deafness Concentration year）	
ソーシャルワーク理論・実践 III：家庭におけるろう者（Social Work Theory and Practice III: The Deaf Person in the Family）	ソーシャルワーク理論・実践 IV：地域福祉とろうコミュニティ（Social Work Theory and Practice IV: Community Organization and the Deaf Community）
専門現場実習 I（Advanced Field Instruction I）	修士論文 II（Thesis II）
社会政策と障害（Social Policy and Disability）	専門現場実習 II（Advanced Field Instruction II）
修士論文 I（Thesis I）	特別セミナー（Specialization Seminar）
聴覚障害学基礎（Introduction to Audiology）	選択科目 非言語療法基礎（Introduction to Non-Verbal Therapies） 表現療法（Introduction to Expressive Therapies）

※日本語訳は筆者による.

なこと，⑥現場実習指導やスーパーバイザー会議のために時間を割くことが可能なことの 6 点を明記した（Department of Social Work 1992: 51）．同時に，ろう学生の実習生を受け入れる現場実習機関が得られるメリットは，ろう者を対象にしたソーシャルワーク実践に対するコンサルテーションやろう者を対象にした新たなプログラムの開発支援など，ソーシャルワーク学部の専任教員による支援を受けられることであった．なお，現場実習のスーパーバイザーは，ギャローデット大学が開講する手話クラスやろう者

表 4-7　進級試験における評価領域と評価基準

1- ジェネラリスト視点（Generalist Perspective）
・システム理論とエコロジカル視点を基本理論として活用できること
・エンパワーメント・モデル及びストレングス・モデルを実践に組み込めること
・問題解決志向モデルを活用すること

2- 人間行動と社会環境（Human Behavior and the Social Environment）
・理論に関する知識
・クライエントシステムにおける抑圧の影響（Impact of Oppression）に関する知識
・多様な領域やシステムレベルでのアセスメント実施のために適切な理論を選択できる能力

3- 社会福祉法規・サービス（Social Welfare Policy and Services）
・社会福祉法規やプログラムの関する知識
・実践において関連する社会福祉法規を特定することのできる能力
・多様なグループに対して影響を与えうる社会福祉法規の政策分析能力

4- ソーシャルワーク実践理論（Social Work Practice）
・アセスメント実践におけるプロセスに関する知識
・介入モデルに関する知識
・介入のための適切な理論を選択できる能力
・様々なレベルに対する介入（Multi-level Interventions）を活用できること
・ストレングス・モデルに関する知識
・実践の評価や振り返りのための能力

5- 調査（Research）
・問題の形式化（Problem Formulation）
・問題解決のための適切な質的・量的研究デザインを選択する知識
・ろう者を対象にした調査の妥当性及び信頼性に関する知識

6- 現場実践（Field Practicum）
・現場における個別事例を対象にしたアセスメント及び介入が可能であること

7- 多様な人種（Diverse Populations）
・アセスメント及び介入において文化的言語的知識を活用すること

8- 価値観と倫理（Values and Ethics）
・アセスメント及び介入において，NASW の倫理綱領を適切に活用できること
・ろう者の事例における倫理的ジレンマについて認識し，解決方法を検討すること

※日本語訳は筆者による.

学の講義を無料で受講することが可能であった（Department of Social Work 1992: 55）. また，現場実習スーパーバイザーによる外部委員会も設置され，現場実習の質の向上，開発を議論するための土台作りが展開された. しかしながら，依然としてろう学生を受け入れることが可能で，かつ，ろう者のクライエントがいる現場実習先の確保が課題として残った（Department of Social Work 1992: 57). 一方で，障害を持つアメリカ人法が施行されたことによって，ろう者のクライエントを対象とした社会福祉サービスを提供するために，現場実習先では，ろうの実習生を受け入れるという機運が高まった時期でもあった（Department of Social Work 1992: 58).

3-4 反抑圧主義の観点の導入と教育カリキュラムの再構築（2000年代）

社会背景や構造の変化やマイノリティの人々の社会ムーブメントの影響もあり，2000年のセルフ・スタディ・レポートでは，初めて，「抑圧（Oppression）」についての記載があり，かつ，様々な優越主義（Isms）に焦点を当てた教育カリキュラムへと変更され，特に人種差別（Racism），性差別（Sexism），障害差別（Handicapism），同性愛者差別（Homophobia），そして，ろう者や難聴者に対する差別（Audism）に関する知識を確実なものにするための教育目標を含む教育カリキュラム構成となった（Department of Social Work 2000). また，マクロレベルのソーシャルワーク実践の力量の向上に寄与するためにカリキュラムが変更され，政治学基礎入門（Introduction to Government）が必修科目となった．人間行動と社会環境 - マクロレベル（Human Behavior and the Social Environment in the Macro Level）のシラバスの大幅な改変があり，ろうコミュニティの歴史や社会構造，かつダイナミクスを学ぶ講義内容が取り入れられた．人間の多様性（Human Diversity）の講義では，初めて正式に「ろう文化」の講義内容が取り入れられ，一つの文化コンピテンシーとしてのろう文化に関する知識の学習を通して，学生自身のろう文化や被抑圧体験に関する自己分析の促進が教育目標として明確化された．また，ろうコミュニティの肯定的承認を目的に，修士課程二年次プログラムの名称が「聴覚障害領域ソーシャルワーク実践課程（Deafness Concentration）」から「ろう・難聴者領域ソーシャルワーク実践課程（Deaf and Hard of Hearing Concentration）」に改称された．2008年のセルフ・スタディ・レポートによると，ギャローデット大学ソーシャルワーク修士課程の影響もあり，2010年には，全米に約250人のろう者が，セラピスト，ケ

ースマネージャー，政策立案専門家，研究者，教育者，臨床ソーシャルワーカーとして様々な領域で活躍しており，単なる障害者福祉における一実践領域ではなく，一つのコミュニティを対象としたソーシャルワーク実践領域として認識されるようになった（Sheridan, White, & Mounty 2010）．ろう当事者ソーシャルワーカーは，ろうクライエントを支援するだけではなく，自身もろうコミュニティに属するろう当事者でもあることから，必然的にソーシャル・チェンジ・エージエント（Social Change Agent）の機能や側面を担っているとの認識に至っている（Sheridan, White, & Mounty 2010）．聴者と比較して音声言語へのアクセスが制限されている多くのろう当事者ソーシャルワーカーは，基本的に英語で実施されるソーシャルワーカー資格試験，また職場などでの昇進などで不利益に直面しており，高度専門職としてのソーシャルワーカーのキャリアパスの確立，社会的認識には至っていないとの指摘もある（Sheridan, White, & Mounty 2010）．障害を持つアメリカ人法などの影響により，全米ソーシャルワーカー協会などの専門職能団体や学会におけるアクセシビリティは向上し，研修会や学会参加の機会は拡大したが，情報保障に関して事前協議が必要なことも多く，ろう当事者ソーシャルワーカーによる継続的なアドボカシーが求められているとの指摘がある．2003 年より，全米各地のろう学校や通常学校に通学する約7万人のろう児や約1万人超の盲ろう児，さらに人工内耳を装用したろう児に対応できるスクールソーシャルワーカーの養成を目的に，アメリカの教育省（US Department of Education）の補助金を受けて，スクールソーシャルワーク専門課程（School Social Work Specialization）が設置された（Department of Social Work 2008）．2008 年度のセルフ・スタディ・レポートによると，学士課程では，① GPA（Grade Point Average）が総合平均2以上，②教員やアドバイサーの自筆による推薦状，③志望理由及び履修計画についての小論文，④学部長との面談，⑤最新の成績表，⑥入学願書の提出，が必須条件となった．なお，社会福祉学部を主専攻として選択する三年次までに，基礎英語，生物学，社会学，心理学，アメリカ政治学，経済学，数学が必修となった．

修士課程においては，ろう学校でのスクールソーシャルワーク実習が可能となった．修士課程のカリキュラムは，二年時にろうコミュニティに特化した講義や演習科目が組まれ，現場実習先は，ろう者専門の社会福祉施設もしくはろう学校での現場実習が必修条件となり，ソーシャルワーク実践の専門性を高めるためのカリキュラムへと変容していった一方で，専門職養成課程としての目的や教育目標に適しないことから修士論文が廃止された．ろうコミュニティを対象としたソーシャルワークに特化したカリキュラムとして，学士課程，修士課程ともに，ろう者学の講義の履修が義務付けられ，また，特に修士課程二年次のプログラムにおいて，文化コンピテンシー，ミクロ・メゾ・マクロそれぞれの領域に特化したろうコミュニティでの介入やアセスメントといったソーシャルワーク実践の習得に焦点を当てたカリキュラム構成となった．また，様々なろう者や難聴者に対応するための手話コミュニケーション能力に関する教育目標として，ギャローデット大学が実施しているアメリカ手話能力試験（ASLPI）の受験が義務付けられ，5段階評点のうち2+以上が教育目標として明記され，かつ修士課程の修了条件として追加された．ASLPI評点2+は，手話通訳を介さずに，ろう者と通常の会話が可能なレベルであると定義されている．

3-5 ろう者学の視点の導入と新たな教育カリキュラム（2010年代〜）

2016年のセルフ・スタディ・レポートによると，ギャローデット大学としてバイリンガル・バイカルチュラル教育が公式に理念として制定されたことが記載されている．大学の新方針に合わせて，ソーシャルワーク学部のすべてのシラバスにバイリンガル・バイカルチュラル教育に関する規則や教育方針が明記されるようになった．また，統合的エンパワーメント・アプローチ（Integrative Empowerment Approach）の視点からろう者に焦点を当てたソーシャルワーク教育へとカリキュラムが再構築されている．ろう文化のパワー（Deaf Culture Power）が明記されるなど，ろう者学の視点がより多く取り入れられた，文化言語モデルに沿った教育カリキュ

ラムとなっている．また，セルフ・スタディ・レポートで，ろう者に関わるソーシャルワーカーが習得すべき 15 項目の知識・技術・価値（Sheridan & Shite 2009）が明記され，かつ社会正義（Social Justice）の概念が導入され，表 4-8 のように教育カリキュラムやシラバスが再編された（Moore & Delotte-Bennett 2016）．ろう者は歴史的に抑圧されてきた文化言語マイノリティ集団であるとし，かつ社会から疎外されてきたことから，ろうコミュニティに対する姿勢や視点，価値観，アクセス問題，家族関係，政治，などろう者を取り巻くライフスパンを基に，適切なろう者や難聴者に関する理論や知識を習得する重要性について述べている（Moore & Delotte-Bennett 2018: 49）．また，ろう者に対するソーシャルワーク実践におけるストレングス視点（Sheridan 1993; 1999）や社会構成主義の視点の重要性が明記され，これらの要素がカリキュラムに取り入れられた（Moore & Delotte-Bennett 2016: 50）．

修士課程のろう者学入門，人間行動と社会環境：ろう・難聴者と家族のシラバスを概観すると，ソーシャルワーク実践におけるろう者学の基礎知識の重要性が明記されている．ろう者に関わるソーシャルワーカーには，ろう文化に関する知識及び障害に対する視点の理解が求められる．それには，すなわち医学モデルの理解や聴覚障害に関する基礎的理解といった医学的視点ではなく，ろう文化並びにろうコミュニティに関する基礎理解といった文化言語マイノリティとしてのろう者の理解を深めるためのカリキュラムが設定されている．また，ろう者に対する差別に関する知識として，クライエントとしてのろう者が日常的に感じている個別的かつ社会的抑圧や生きづらさを感じとるための抑圧（oppression）の構造やオーディズムに関する知識の習得が必須となる．さらに，ろうコミュニティに関わるソーシャルワーカーとして，ろうコミュニティにおける自身の立場の理解を通して，自分が恩恵を受けている特権（privilege）の理解，及び聴者特権（hearing privilege）の理解など，ろうコミュニティメンバーの一員としての自覚を認識する必要がある．それには，ソーシャルワーカーとして，ろ

表 4-8 ソーシャルワーカーに求められるろう者に関する知識と講義カリキュラムの関連

	知識・技術・価値	講義
1	教育環境及びコミュニケーションを知っていること	学士：ろう者学・ろう文化・社会学 ギャローデット大学での学生生活
2	通常のろう者の行動や言語，認知について知り，言語的文化的視座からの心理社会的精神状態のアセスメントや介入ができること	学士：ろう者学・ろう心理学 修士：人間行動と社会環境：ろう・難聴者と家族
3	ろう者の人間行動や社会環境とライフサイクルの関連における心理社会的，アイデンティティ，発達上，様々な環境における問題について知っていること	修士：人間行動と社会環境：ろう・難聴者と家族
4	最新の調査動向について知っていること	修士：調査研究：ろう・難聴者領域
5	聴覚障害の種類や補聴機器，人工内耳に関する情報などの基本的な聴覚障害に関する知識	修士：聴覚障害学
6	聴覚障害に関する重要な病因論と聴覚障害の発見手段に関する知識	修士：聴覚障害学
7	ビデオ電話やリレーサービスに関する視覚的及び電気通信技術や警報装置などの知識	修士：聴覚障害学
8	多様なろう社会の社会文化的現実と社会構造，多文化感性や価値観に関する知識	学士：ろう者学 修士：ろう者学・人間行動と社会環境：ろうコミュニティ
9	ろう・難聴者，家族，集団，コミュニティ，組織におけるろう者のストレングスや資源に関する知識	修士：人間行動と社会環境：ろうコミュニティ
10	ろう者や難聴者，家族，ろう社会におけるアイコンタクトや独自の感覚などの効果的な面接技法の習得	修士：ソーシャルワーク実践：ろう・難聴者・スクールソーシャルワーク実践・遊戯療法（Play Therapy）
11	抑圧や差別，オーディズムといった経験を含むろう者の独特な社会正義の問題に関する知識	学士：ヒューマン・ダイバーシティ・LGBTQ入門・LGBTQコミュニティと精神保健・老年学とろうコミュニティ 修士：文化コンピテンシー
12	リハビリテーション法やアメリカ障害者法などの法律に関する知識	学士：社会福祉関連法規・政策 修士：障害者関連法規・政策・教育関連法規・政策
13	ろう者のメンバーがいる家庭の心理的ダイナミクスに関する知識	学士：ソーシャルワーク実践：家族・グループ 修士：家族療法・人間行動と社会環境：ろう・難聴者と家族・早期ろう教育
14	ろうコミュニティに関する理解と専門的資源に関する知識	学士：ヒューマン・ダイバーシティ 修士：文化コンピテンシー・ソーシャルワーク実践：ろうコミュニティ
15	手話通訳者の専門倫理綱領の知識と適切な役割に関する知識	学士：ソーシャルワーク入門

出典：Sheridan & Shite（2009）及び Moore & Delotte-Bennett（2018）を参考に，筆者が作成した．

うコミュニティに受け入れられるために自己覚知を促すトレーニングが不可欠である（Moore & Delotte-Bennett 2016）.

　修士課程においては，教育目標として，ろう者を対象にしたソーシャルワーク理論の習得，エビデンスに基づいた新たな理論の発展が期待されており，ろう者を対象にしたソーシャルワーク実践の技術や理論枠組みは，ジェネラリスト・ソーシャルワークとスペシフィック・ソーシャルワークの二つのカテゴリーで区分された．修士課程一年次のジェネラリスト・ソーシャルワークに焦点を当てたカリキュラムでは，主にろう者を取り巻く様々な生活や社会問題を理解し，対応するための基礎的基盤としてのソーシャルワーク実践・理論の習得とその応用が求められる．また，ろう者を対象としたソーシャルワーク実践を担うジェネラリスト・ソーシャルワーカーとして，ろう者や障害者に関する適切な法律や社会福祉サービスに関する知識や障害者差別禁止法に関する知識，またアドボカシースキルは，ろう者などのマイノリティ集団に関わるソーシャルワーカーとして，必要な知識・技術である（Barclay & Delotte-Bennett 2016）．文化コンピテンシーの講義シラバスには，ソーシャルワーカーとして，ろう者やろうコミュニティに関わる際の，重要な視点として，ろう者の文化言語的視点を理解した上での文化コンピテンシーの知識と技術といったソーシャルワーク実践の基盤土台とともに，ストレングス視点とエンパワメントの視点の習得と，文化言語モデルの実践への活用が教育目標として明記されている．次に，ソーシャルワーク学部の教育目標である，ろう者に対応できるソーシャルワーカー，つまり，スペシフィック・ソーシャルワーカーに求められる知識や技術として，文化言語マイノリティとしてのろうコミュニティ特有の課題の理解，ろうコミュニティにおける守秘義務，ろうクライエントとの関係性（boundary）の理解，文化言語モデル・アプローチにおけるろう者特有の面接技術の理解と習得，ろう者を対象にしたアセスメント技術の習得が挙げられており，それらに対応した専門科目や課題が構成されている．文化言語モデル・アプローチとは，文化言語マイノリティとしての

ろう者やその周辺に対して，効果的なソーシャルワークの実践に関する知識や技術を指す（Moore & Delotte-Bennett 2016）．例えば，ろう者特有の適切なアイコンタクトは信頼関係を構築するための基本的な技術であり，生活様式である．また，様々なろう者のコミュニケーションに関するアセスメント，ろうコミュニティの一員であるという安心感・特定の守秘義務，ろう者の差別体験への共感，地域のろうコミュニティが有する文化資源についてのアセスメント，が文化言語モデル・アプローチにおいて重要となる．また，特に，ソーシャルワーカー自身がろう者である場合に，ろう者としての生活経験や差別体験などの，非当事者である聴者ソーシャルワーカーには理解，内在化できないものとして，「ろう言語外的知識（Deaf Extralinguistic Knowledge: DELK）」があり，ろう者との信頼関係の構築や円滑な支援の際に，自己開示という形で，ソーシャルワーク実践を堅実に効果的に促進することが可能となる．

4　まとめと考察

4-1　社会背景とソーシャルワーク教育カリキュラムの変容

　米国のろうコミュニティで活動できるソーシャルワーカーの養成に関しては，ギャローデット大学ソーシャルワーク学部が多大な影響を与えている．一般的に知られている障害を持つアメリカ人法のアクセシビリティの保障による就労促進の影響よりも，1970年代からのギャローデット大学におけるソーシャルワーク教育や，その全米ソーシャルワーク教育連盟による認可，他大学におけるろう者を対象としたソーシャルワーク修士課程プログラムにおける修学支援，1989年のギャローデット大学ソーシャルワーク修士課程の設置などの，長年にわたるソーシャルワーク教育・養成プログラムの実施に伴って，250人以上のソーシャルワーカーを養成してきたのである．また，全米ソーシャルワーク教育連盟に提出されてきたこれまでのセルフ・スタディ・レポートを通して，ソーシャルワーク教育カ

リキュラムの変遷が明らかになった．ギャローデット大学ソーシャルワーク教育カリキュラムは，約50年近い歴史の中で，当時のろう者を取り巻く社会的言説や認識の影響を受けながら，ろう者に対するソーシャルワーク実践のあり方や，ろうコミュニティにおける需要ニーズ，修了生の教育目標や実践現場へのインパクト効果などを包括的に検討しながら，最終的には，現在のようなろう者学の知見を取り入れたソーシャルワーク教育カリキュラムへ改編されていったことから，ギャローデット大学ソーシャルワーク学部の教育カリキュラムは妥当性や信頼性が担保されていると考えられる．本研究の最終目標であるろう文化に精通したソーシャルワーカー（ろう文化ソーシャルワーカー）の養成やそのためのカリキュラム構築を検討するにあたっての基礎的資料となり得ると考えられる．以上，本章で，ギャローデット大学ソーシャルワーク学部のカリキュラム編成に影響を与えた時代背景や専門職動向について，表4-9に示した．

4-2　第一世代，第二世代，第三世代ソーシャルワーカー

　ソーシャルワーク教育カリキュラムを検討する際に，長期的戦略並びに長期的インパクト効果として，ろう文化ソーシャルワーカーの世代間技術・実践知継承は重要な視点である．すなわち，第一世代のソーシャルワーカーは，ろう文化や手話について精通していない聴者のソーシャルワーク教員によって医学モデルに基づいたカリキュラムに従って養成されており，修了後は，各々が手探りの状態で，ろう者を対象にしたソーシャルワーク実践を重ねながら，実践知の理論化やろうコミュニティにおけるソーシャルワーカーの役割の認識向上への取り組みなどを行ってきたのである．1980年代〜1990年代に第一世代が教員として，研究者として，ソーシャルワーク教育に関わるようになったという経緯があった．その第一世代教員やスーパーバイザーによってトレーニングされたのが第二世代のろうソーシャルワーカーであり，第一世代の実践知を受け継いでいたのである．第二世代ソーシャルワーカーは，医学モデルによるソーシャルワーク教育

表 4-9　大学カリキュラム研究に関する視点・要素とギャローデット大学の歴史

	～1970 年代	1980 年代	1990 年代	2000 年代
【政策・方針】	・連邦政府による補助金支給・「ろう教育法（Deaf Education Act）」による法的位置付け ・全米ソーシャルワーク教育連盟のカリキュラム基準，監視認可 ・全米ソーシャルワーカー協会との連携			
	ろう教育 精神科病院 リハビリテーション法の成立 米国聴覚障害リハビリテーション協会（ADARA）の設立	DPN 運動 ろうコミュニティ 全米ろう SWer 協会 ろう者学の台頭 手話の言語学的分析	ADA 法の設立 修士レベルの SWer の養成ニーズ テレビ電話の普及 ろう文化モデルの普及	インターネットやテクノロジーの普及 デフ・フッドの概念の普及 文化言語モデル
【理念・目的】	ろう者のための高等教育		ろう者による大学運営	バイリンガル・バイカルチュラル
【高等教育の構造】	小規模大学（College） 聴者教員による運営	ろう学長 手話のできる教授陣	総合文系大学（University） 専門職養成課程の増加	教員の半数以上がろう教員
【カリキュラム（機関レベル）】	ろう者の職業選択として，SWer やろう教員などの養成開始	手話言語の研究カリキュラムや研究部門の設置	専門職養成課程での「聴覚障害学」の必修化 SW 修士課程の設置 聴者 SW 学生の受入開始	専門職養成課程での「ろう者学：文化・言語セミナー」必修化
【カリキュラム（学部・専攻・授業レベル）】	学士課程設置目標 ①学士レベル SW 専門職養成②既存のサービスを受けられないろう者のために SW サービスを提供する③一般社会及びろうコミュニティに対する責任感④SW 修士課程への進学	社会学部や心理学部への依拠 医学モデルに基づいたカリキュラム構成 書記英語の向上のための英語クラスの設置 口話ができるろうソーシャルワーカーの養成	「ろうコミュニティ」「ろう文化」の明記，カリキュラムへの反映 ろう者を文化言語マイノリティとして捉える SW 教育 ジェネラリスト・SW 教育 スペシフィック・SW 教育 シムコムの推奨	ろう者学の知識や理論のカリキュラムへの反映 アメリカ手話能力試験（ASLPI）の義務付け 修士論文の廃止，専門職養成課程としてのカリキュラム強化や手話通訳者との協働方法についての理解
【結果・効果】	聴者教員によってトレーニングされた SWer の活躍（第 1 世代）	実習先の開拓 他大学の修士課程への進学 就労先の増加 実践の理論化	修士課程の設置 第 1 世代 SWer 教員 第 2 世代 SWer の養成	ろう児に関わるスクール SWer の養成開始 第 2 世代教員による第 3 世代 SWer の養成 ろう者学を履修している第 3 世代の SWer の活躍

を受けた第一世代ソーシャルワーカーが積み重ねた実践知を取り入れた教育を受け，かつロールモデルとしての第一世代ソーシャルワーカーから直接学び，かつスーパービジョンを受けている．ろう文化やろうコミュニティなど，ろう者を文化言語マイノリティとして捉えたソーシャルワーク教育を受けた第二世代により，ソーシャルワーク実践における文化言語モデルの概念の位置付けが整理されていったのである．第一世代や第二世代の教員やスーパーバイザーによって，ろう者学の知見をソーシャルワーク教

育に包摂することの重要性が認識され，文化言語モデルの視点によるソーシャルワーク教育を受けたのが2000年以降の第三世代ソーシャルワーカーであると言える．また，第三世代ソーシャルワーカーは，明確な形でカリキュラム要綱に従ってろう者学を履修している世代である．

　以上，ろう者学の知見を取り入れたソーシャルワーク教育カリキュラムの検討，実施に当たっては，トレーニングを担当する教育者やスーパーバイザーがどの世代に該当するのか，またろう者学の履修経験の有無といった要因が大きく影響する．

4-3　ロジックモデル

　ギャローデット大学ソーシャルワーク学部のセルフ・スタディ・レポートの内容分類を通して，学士課程・修士課程におけるカリキュラム構成，歴史背景，教育目標などを整合，選別した上で，図4-2のようにロジックモデルを作成した．ギャローデット大学ソーシャルワーク学部がソーシャルワーク教育を提供する背景として，ろう者が適切なソーシャルワーク実践やサービスを受けられていない現状が背景にある．また，文化言語モデルの視点からろう者を適切に理解し，ソーシャルワーク実践が可能なろうコミュニティ・ソーシャルワーカーの養成が求められている．約40年近くの年月の中で，ろうコミュニティのニーズや実践の蓄積，ソーシャルワーク教育の動向，ろう者学の知見などを踏まえながら，ろうコミュニティ・ソーシャルワーカーの養成カリキュラムが改良，展開されてきた．ソーシャルワーク教育に関わる資源のインプットとして，第一世代，第二世代のソーシャルワーク教員，ろう者学や手話言語学といった隣接領域，現場実習のスーパーバイザー，当事者としてのろう者やろうコミュニティが挙げられる．ソーシャルワーク教育が提供するアウトプットとして，学士課程・修士課程のカリキュラムがあり，具体的には，ジェネラリスト・ソーシャルワークに関する講義や演習，ろう者に特化した専門科目，ろう文化を理解するためのろう者学の講義，プログラム評価方法論，現場実

習，現任者支援などで構成される．アウトカムとして，現場でろう者と手話でコミュニケーションすることが可能で，様々な視点からろう者の生活を理解できることが初期アウトカム目標であると考えられる．中期アウトカムとしては，コミュニティや政策といった大きなシステムに関わるアドボカシー活動に関わること，また資格を取得することが挙げられる．最後に，ソーシャルワーク教育のマクロ的かつ長期的成果として，ろう者を対象としたソーシャルワーク実践の実践知の言語化，次世代ソーシャルワーカーの育成，政策やろうコミュニティへの影響が考えられる．これらのアウトカムとインプットが循環することで，これまで約40年間にわたって，カリキュラム編成を繰り返し，文化言語モデルに沿ったソーシャルワーク教育カリキュラムが成立してきたのである（図4-2）．

4-4 カリキュラム分析の観点から

　黄（2007）は，カリキュラム定義について，①理念的レベルのカリキュラム，②フォーマルカリキュラム（法的・規則で定められた教育内容），③フォーマルカリキュラムを取り入れたカリキュラム（関係者のそれぞれの価値観に基づいたフォーマルカリキュラムに対する認識による），④実際の教育カリキュラム（operational curriculum），⑤学生が自ら身につけたカリキュラム（experienced curriculum），の五つのレベルがあり，またそれぞれが流動的に絡み合っていると指摘している．Sheridan & White（2009）が指摘しているろう者に関わるソーシャルワーカーに求められる15項目の知識や技術を基盤としたろうコミュニティ・ソーシャルワーカーの教育カリキュラムが，①理念レベルのカリキュラムであり，ギャローデット大学ソーシャルワーク学部の教育目標である．ろう文化ソーシャルワーカーを養成するための②フォーマルカリキュラム（法的・規則で定められた教育内容）は，全米ソーシャルワーク連盟が定めたジェネラリスト・ソーシャルワーク教育カリキュラムと，修士課程二年次のろう・難聴者領域ソーシャルワーク実践課程（Deaf and Hard of Hearing Concentration）のカリキュラムで

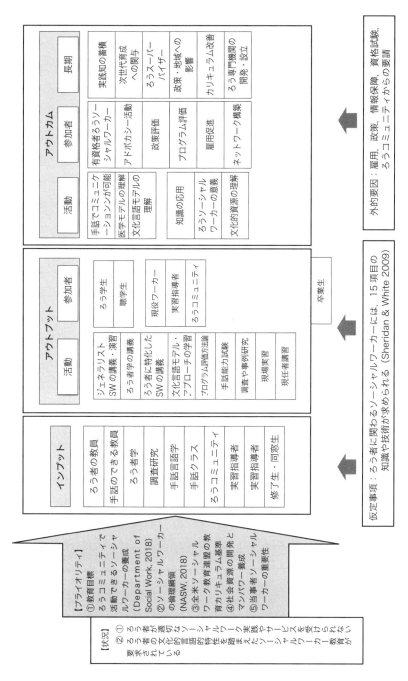

図 4-2　ろうコミュニティに特化したソーシャルワーク教育プログラムのモデル

【プライオリティ】
①教育目標
ろうコミュニティで活動できるソーシャルワーカーの養成 (Department of Social Work, 2018)
②ソーシャルワーカーの倫理綱領 (NASW, 2018)
③全米ソーシャルワーク教育連盟の教育カリキュラム基準
④社会資源の開発とマンパワー養成
⑤当事者ソーシャルワーカーの重要性

【状況】
②①ろうろう者がソーシャルワーカー教育が適切な文化的・言語的な特性を踏まえた実践やサービスを受けられない要求されている

インプット

ろう者の教員
手話のできる教員
ろう者学
調査研究
手話言語学
手話クラス
ろうコミュニティ
実習指導者
実習指導者
修了生・同窓生

アウトプット

活動	参加者
ジェネラリストSW の講義・演習	ろう学生
ろう者学の講義	聴学生
ろう者に特化したSW の講義	現役ワーカー
文化言語モデル・アプローチの学習	実習指導者
プログラム評価方法論	ろうコミュニティ
手話能力試験	
調査や事例研究	
現場実習	
現任者講習	

卒業生

アウトカム

活動	参加者	長期
手話でコミュニケーションが可能	有資格者ろうソーシャルワーカー	実践知の蓄積
医学モデルの理解	アドボカシー活動	次世代育成への関与
文化言語モデルの理解	政策評価	ろうスーパーバイザー
知識の応用	プログラム評価	政策・地域への影響
ろうソーシャルワーカーの意義	雇用促進	カリキュラム改善
文化的資源の理解	ネットワーク構築	ろう専門機関の開発・設立

仮定事項：ろう者に関わるソーシャルワーカーには、15 項目の知識や技術が求められる (Sheridan & White 2009)

外的要因：雇用、政策、情報保障、資格試験、ろうコミュニティからの要請

構成されている．つまり，ろう文化ソーシャルワーカーに求められる基盤
として，ジェネラリスト・ソーシャルワークの理論，知識，技術，価値観
の習得が求められる．その上で，ろう者学や聴覚障害学の履修，ろう・難
聴者領域ソーシャルワーク実践の方法論やエビデンスを学び，ろう関連の
相談機関やろう学校での現場実習が修了条件となる．また，様々な手話に
対応できることは，ろう文化ソーシャルワーカーとして重要なコミュニケ
ーション能力の一つである．現在のギャローデット大学ソーシャルワーク
学部の教員は第一世代や第二世代が中心となっており，彼らの実践経験や
研究活動をもとに，③フォーマルカリキュラムを取り入れたカリキュラム
が提供されている．特に，修士課程二年次のろう・難聴者領域ソーシャル
ワーク実践課程の専門科目が該当する．特に，第一世代，第二世代教員が
自身の実践経験や専門職ネットワーク，研究活動を通して得た知識や経
験を基に，シラバス開発や課題設定に反映させていることが多いのであ
る．特に，文化言語モデルやエンパワーメント，ストレングス視点に基づ
いたソーシャルワーク実践のあり方についての講義や演習が多く組まれて
いる．①〜③のカリキュラム内容に準じて，教育目標やアウトカムなどが
設定されているが，④実際の教育カリキュラム（operational curriculum）と
⑤学生が自ら身につけたカリキュラム（experienced curriculum）の評価が
セルフ・スタディ・レポートとして報告され，カリキュラムの編成に影響
を与えている．特に，ギャローデット大学ソーシャルワーク学部修士課
程において習得すべき知識や技術，学生生活の目標などを図 4-3 で示した．
学士課程の場合，ジェネラリスト・ソーシャルワーク教育課程のカリキュ
ラムに準じているため，多くの学生が手話通訳者を同行した上で，聴者の
スーパーバイザーのもとで現場実習を経験している．そのため，ギャロー
デット大学ソーシャルワーク学部修士課程に進学しない場合，ろう文化ソ
ーシャルワーカーとしての全カリキュラムを修了できないのである．また，
手話のできない聴者学生が修士課程入学から二年間でネイティブ並みの手
話能力を身につけることが，果たしてどこまで可能なのか，そのための手

話能力の向上のためのカリキュラムの議論が続いている．また，規定のソーシャルワーク教育カリキュラムだけではなく，ギャローデット大学というキャンパスでの学生生活というカリキュラム外の要因も手話コミュニケーションの習得度やろう文化に対する価値観の形成などに関わるため，④実際の教育カリキュラム（operational curriculum）と⑤学生が自ら身につけたカリキュラム（experienced curriculum）の評価が今後必要になるであろう．ギャローデット大学ソーシャルワーク学部学士課程及び修士課程でのカリキュラム開発の歴史的分析から，歴代のろう当事者教員自身のソーシャルワーク実践の経験やろうコミュニティからのフィードバックなどを反映した実際の教育カリキュラムにおいて，文化言語モデルが導入されていることが明確になった．

4-5　日本のソーシャルワーク教育におけるろう文化ソーシャルワークの位置付け

　ソーシャルワーク実践においては，「人間・環境：時間：空間の相互作用」のジェネラリスト・ソーシャルワークの視点が重要である（佐藤2001）．これは，ソーシャルワークの対象者としてのろう者を取り巻く「人間・環境：時間：空間の相互作用」の理解，つまり，人間としてのろう者を取り巻く言語，コミュニケーション，人間関係，文化価値観，抑圧，これまでの生い立ち，ネットワーク，ろうコミュニティ，家族問題などについて適切な理解をすることが，円滑なジェネラリスト・ソーシャルワーク実践に必須であるとも言える．2015年に発表された「新福祉ビジョン」において，地域包括的な相談支援によって，複合化・困難化したニーズに効果的に対応する必要があり，また，現存する社会資源では対応しきれない場合，新たな社会資源を開発・創設することが重要であるとしている（厚生労働省 2015）．ろう者が使える社会資源やソーシャルワーク支援が不足する場合，これを解消するのは，社会正義の価値観を持つソーシャルワーカーやコミュニティの責務である．その際，ジェネラリスト・ソーシ

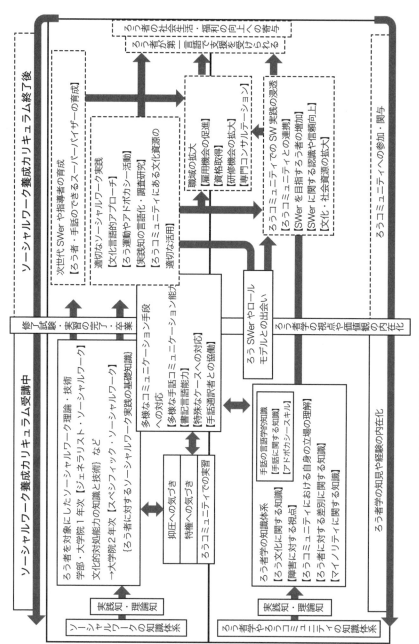

図4-3　ろう者学の知見を取り入れたソーシャルワーク教育の構成要素

ャルワーカーとして，基本的なろう文化や手話に関する適切な理解が必要
となり，文化言語モデルに基づくソーシャルワーク教育が寄与できると考
えられる．

　新福祉ビジョンを受けて，ソーシャルワーク教育団体連絡協議会「新福
祉ビジョン特別委員会」が報告した「ソーシャルワーカー養成教育の改
革・改善の課題と論点」において，ソーシャルワーク専門職資格の再編成
を含め，総合的能力を持ったソーシャルワーカーを現存教育カリキュラム
のみで養成することは困難であるとし，カリキュラムにおけるソーシャ
ルワーク論（相談支援論）や人権教育の比率を高め，実践力の習得に焦点
を当てる必要があると指摘している（ソーシャルワーク教育団体連絡協議会
2016）．また，総合的な実践力を有するソーシャルワーカーの養成のため
には，大学院や認定社会福祉士制度との連動が求められるとも指摘してい
る（ソーシャルワーク教育団体連絡協議会 2016）．社会保障審議会福祉部会福
祉人材確保専門委員会（2018）の「ソーシャルワーク専門職である社会福
祉士に求められる役割等について」においても，社会福祉士は，社会的孤
立や排除，多文化共生などの幅広いニーズに対してソーシャルワークの機
能を発揮することが求められると提言しており，実践力を向上させるため
の科目や実習の充実が必要であると指摘されている．なお，新福祉ビジョ
ンでは，特定の分野に関する専門性のみならず社会福祉全般に関する一定
の基本的な知見・技能を有するソーシャルワーク人材の育成が求められて
おり，福祉分野横断的な基礎的知識の研修の創設などの対策を講じる必要
性を述べている（厚生労働省 2015）．これらのことから，ろうコミュニティ
が，既存のソーシャルワークによる恩恵を受けにくい集団，ソーシャルワ
ークから排除されている市民であるとの前提に立つならば，リベラルアー
ツなどの基礎教育としてのろう者学の履修や相談援助演習などでのろう文
化ソーシャルワークの基礎を学習することによって，ろう文化を知り適切
な初期対応が可能なジェネラリスト・ソーシャルワーカーの養成が可能に
なると考えられる．図4-3で示したように，ギャローデット大学ソーシャ

ルワーク学部におけるジェネラリスト・ソーシャルワーク課程の中に，その他の障害やライフサイクル，社会問題を学ぶのと同時に，ろう者学の知識体系を学ぶという具体的目標・カリキュラムが設定されている．求められているろう者学の知識とは，「ろう文化に関する知識」，「障害に対する視点」，「ろうコミュニティにおける自身の立場の理解」，「ろう者に対する差別に関する知識」，「マイノリティに関する知識」であり，教育アウトカムとして，抑圧や特権への気づきが挙げられる．具体的には，ろう者学には，例えば，デフゲインといったろう者の視点が聴者や難聴者にも利益があることを論じた理論枠組みがあり，ろう者の視点がソーシャルワークにおける多様性の理解やカルチュラル・コンピテンシーの力量向上に寄与し，ジェネラリスト・ソーシャルワーカーの力量向上に貢献し得る．ギャローデット大学ソーシャルワーク学部学士課程のカリキュラムや修士課程一年次のカリキュラムがジェネラリスト・ソーシャルワークを基本にしていることから，文化言語マイノリティとしてのろう者を適切に理解できるジェネラリスト・ソーシャルワーカーの養成は不可能ではないのである．一方で，スペシフィック・ソーシャルワークとしての手話ができるろう文化ソーシャルワーク実践が可能なソーシャルワーカーの養成については，日本社会事業大学の手話による教養大学を発展させた社会福祉専門職大学院におけるろう文化ソーシャルワーカーの養成や日本聴覚障害ソーシャルワーカーと連携しろう文化に精通した認定社会福祉士などの養成カリキュラムの開発によって，近年，注目されている多文化ソーシャルワークや災害支援ソーシャルワークと同様に，ろう文化ソーシャルワークがソーシャルワーク教育の発展に寄与できると考えられる．

　次章では，ギャローデット大学ソーシャルワーク学部のカリキュラムモデルを踏まえ，日本におけるろう文化ソーシャルワーク教育のカリキュラム試論について述べる．

第5章

日本におけるろう文化ソーシャルワーク教育カリキュラム試論

1　はじめに

1-1　ろう文化ソーシャルワーク養成プログラム構想への道のり

　第4章において，ギャローデット大学ソーシャルワーク学部におけるソーシャルワーク教育カリキュラムの変遷とその社会的意義，そして公民権運動の影響を受けたろうコミュニティの動向及びろう者学の学問としての発展の影響を受けたろう文化ソーシャルワーク養成プログラムの構成要素について論じた．ギャローデット大学のソーシャルワーカー養成の取り組みの結果，現在，第三世代，第四世代と呼ばれるろう者学の知識や価値観を理解し，ろう者を支援するためのトレーニングを受けたろう文化ソーシャルワーカーが活躍している．これは，第1章〜第3章でも述べたように，医学モデルに基づいたソーシャルワーク実践や医療に対して，ろう者が当事者として，文化言語モデルの概念を発展させ，ろう文化やろう者学を核心とするソーシャルワーク教育を構築し，ろう当事者ソーシャルワーカーの養成に関与してきたことは，文化言語マイノリティ集団が求めてきた普遍的権利の一つでもある．黒人ソーシャルワーク実践でも同様であり，公民権運動などの黒人ムーブメントの結果，黒人の文化言語的特性に対応したソーシャルワーク実践やその養成カリキュラムの重要性が認識されている（Bell 2014）．他方で，日本では，ろうあ者相談員を中心に，地域のろう者の社会生活の向上のための支援が展開されてきたが，ギャローデット大

学ソーシャルワーク学部のような，高等教育機関におけるろう者に対応できるソーシャルワーカーの養成を目的としたトレーニングプログラムは構築されていなかった．近年，日本でも多文化ソーシャルワークは注目されつつあるが，ろう者を対象にしたソーシャルワーク実践が可能なソーシャルワーカーの養成カリキュラムの議論や検証はなされていなかった．それは，ギャローデット大学のようにバイリンガル・バイカルチュラルの環境を日本で確保することが難しいこと，米国の公民権運動や黒人ムーブメントのように，これまでにソーシャルワーク教育に多大な影響を与えるような国民的運動や人権運動，障害者運動が日本で長年起きていなかったことが背景にあると考えられる．

しかし，国連における障害者権利条約の制定や，2009 年から始まった日本社会事業大学「手話による教養大学」（ギャローデット大学のようなバイリンガル・バイカルチュラル環境）という，ろう文化ソーシャルワークを実践するソーシャルワーカーを養成するための土台が整いつつあることは事実である．本章では，ろう者学の知見を取り入れたソーシャルワーク教育プログラムの重要性，日本におけるその課題を提示しながら，日本社会事業大学で「聴覚障害ソーシャルワーク総論」及び 2019 年度から開講している「ろう者学総論」の講義計画やねらい，これまでに論じてきた事柄との関連性について論じていく．

筆者がろう者やろうコミュニティに関わるソーシャルワーカーの実践やその土台を支えるソーシャルワーク教育に関心を持ち始めたのは，ろう者のソーシャルワーカーとして活躍した野澤克哉氏に誘われて参加した聴覚障害者精神保健問題研究集会での様々なろうあ者相談員やろう当事者ソーシャルワーカーとの出会い（高山 2017b），そして，2004 年の精神障害を持つろう者の入通院治療に取り組んでいた東京都の陽和病院での筆者自身の精神保健福祉士現場実習がきっかけであった（赤畑・高山 2005）．2006年には，日本聴覚障害ソーシャルワーカー協会の設立にも関わり（高山 2017a），ろうあ者相談員やろう当事者ソーシャルワーカーの専門性に関心

を持ちながら，ろうあ児施設や情報提供施設などで実践を積み重ねてきたが，残念なことに，筆者が受けてきたソーシャルワーク教育は，聴者の視点で基準化された社会福祉士・精神保健福祉士カリキュラムである．そこでは，ソーシャルワーカーとしてのろう文化との関わり方やアセスメントの特殊性などを学ぶことは微塵たりともなかったのである．幼少時期から手話のできない難聴者として育ってきた筆者が，ろう者学とソーシャルワーク教育を本格的に学ぶ機会を得たのが，2006年から2009年までのギャローデット大学ソーシャルワーク修士課程への留学であった（高山 2017a）．帰国後の2011年，東日本大震災が起こり，日本聴覚障害ソーシャルワーカー協会の理事として，ろう・難聴者を対象とした災害ソーシャルワーク実践に関わり，音声言語によって多くの支援や物事が進められ，ろう者がおざなりになる現実を目のあたりにすることになった（Takayama 2017）．これらの経験から，ソーシャルワーク教育という「人間：環境：時間：空間の相互作用（佐藤 2001）」におけるろう者やろう文化に関する言説の解体を試みるための一つの取り組みとして，日本社会事業大学の一般教養科目に該当する「手話による教養大学」において，筆者は「聴覚障害ソーシャルワーク総論」（2012年〜）を開講する機会を得た（高山 2017a）．これは，日本では初めて，文化言語マイノリティとしてのろう者を対象にしたソーシャルワーク実践に焦点を当てた講義である．そして，2014年，ギャローデット大学ソーシャルワーク学部で教鞭をとる機会に恵まれ，そこからろう者学を取り入れたソーシャルワーク教育に本格的に取り組むことになったのである（高山 2017a）．日本社会事業大学は，日本で初めて，①日本手話のできるろう学校教員を養成するための教職課程の設置，②日本手話で授業を受けられるサポート体制，③日本手話を第一言語とするろう者が日本手話で入試を受け，大学入学を目指せるシステムの構築に取り組んだ大学である（斉藤 2017: 22）．そして，日本手話による卒業論文，修士論文，博士論文の提出が可能となるように規則を変更し，2016年には，ろう者の大学院生が日本手話による修士論文を提出している（斉藤 2017: 28）．続

いて，筆者は，日本手話ができ，ろう者学の知識を持ったソーシャルワーカーの教育カリキュラムを探求するべく，手話による教養大学での取り組みを通してソーシャルワーク教育に取り組んでいる．

1-2　ソーシャルワークにおけるろう者に関する言説の再構築に向けて

　社会構成主義の視点を取り入れたペイン理論において，ソーシャルワークとは，ソーシャルワーカー，クライエント，社会的文脈といった三つの構成要素の相互作用の集合体であると定義されている．つまり，ソーシャルワークの構造，すなわちソーシャルワーカーの視点，クライエントの視点，社会的文脈がお互いに影響し合う中で言説が形成され，ソーシャルワーク実践が展開されるのである．医学モデルに基づくろう者に関する言説が蔓延しているソーシャルワークの構造において，ろう者をリハビリテーションや障害者福祉の対象者として捉え，ソーシャルワーク実践を展開することを余儀なくされることがほとんどである．ソーシャルワークにおいては，一般化された一方通行的な介入ではなく，クライエント主体で，個別化された意味世界の実現のために，ソーシャルワーカーとクライエント関係の中で「共通感覚」となり得る「よりよい」という概念の構築が重要となる（新保 2014）．ソーシャルワーカーが社会構成主義の視点を醸成することで，自身や周囲のろう者に対する認識や社会文脈を解体・再構築し，「よりよい」ソーシャルワーク実践に還元するという循環的作業に取り組むことは，ソーシャルワーカーの責務であり，かつ，専門性が問われるのである．ペイン理論では，① Therapeutic View, ② Transformational View, ③ Social Order View の 3 要素からソーシャルワークの構造を検討することの重要性が述べられている．エンパワーメントの観点からクライエントがウェルビーイングを高めることができるよう，クライエント主体になって社会問題を変えていく視点である Therapeutic View について，ろう者やろうコミュニティは，ろう者がろう運動を通して，各地にろうあ者相談員制度を設置し，ろう者の問題はろう者が手話を使って，ろう

コミュニティの資源を活用しながら支援するという構造を作り上げてきたのである（第2章参照）．これは，黒人ソーシャルワークの歴史でも同様の動向があり，ろうコミュニティが築き上げてきた社会資源や文化資源の存在の理解抜きに，ろう者を対象にしたソーシャルワーク実践は不可能である．② Transformational View とは，社会正義などの観点から社会が変容を経なければ，抑圧を受けているクライエントのウェルビーイングを高めることは困難であるという視点である．これについては，第1章において，ろう者やろうコミュニティにとっての「意味世界」の相互作用の多様性や複雑性をもソーシャルワーク実践の範疇として取り入れる必要性があることを指摘した．この「意味世界」は，人が現実世界で生活をする中で基盤となるものであり，大きな影響を持つ．そのため，ろう者に関わるソーシャルワーク実践や教育カリキュラムを検証する際に重要な「意味世界」についての知識や理解に注目することが求められる．そこでは，当事者としてのろう者の「意味世界」を理解したソーシャルワークが重要なのであるが，現代の日本の社会福祉士・精神保健福祉士の養成カリキュラムは，医学モデルに基づいて，ろう者を聴覚障害者として紹介している．また，長らくソーシャルワーク教育のカリキュラムにおいて，手話は，外国語としてではなく，福祉や援助技術として捉えられ，社会福祉の選択科目として提供されてきた．さらに，障害者福祉論において，ろう者に関する知識や医学的知識に触れることがあっても，ろう文化や文化言語マイノリティとしてのろう者のリアリティについて適切に記述している社会福祉士・精神保健福祉士関連の教科書は皆無である．このように，伝統的な医学モデルに基づくソーシャルワーク実践では，ろう者が無力化され，かつ多くの文化言語的抑圧や弊害を被る実態があることを第2章で明らかにした．つまり，ろう者の視点やろうコミュニティを取り入れたソーシャルワークが重要なのである．それらを理解するための一つの手段が第3章で論じたろう者学である．③ Social Order View は，社会福祉サービスや制度とクライエントのウェルビーイングは相関するという視点である．ろう者学の理論

枠組みが文化言語モデルであり，聴コミュニティによる文化言語的抑圧からの解放，すなわち，ろう者の手話が言語として認められることによって，適切な教育を受け，社会生活を維持し，長年の医学モデルの弊害によって疲弊しきったろうコミュニティを再建することが文化言語モデルの核心なのである（Ladd 2003）．文化言語モデルを取り入れたソーシャルワーク実践の展開が，ろう者のウェルビーイングに寄与することになる．それには，「ろう独自の視点」を取り入れた専門職トレーニングを実施することが，ろうコミュニテイの再建のための適切な人材確保に必要なことである．その文化言語モデルに基づいたソーシャルワーク教育を実施するためには，レイ・エキスパートとしてのろう者とともに，ろう者自身の視点や認識をソーシャルワークに反映し，新しい言説をともに再構築していくことが重要である（奥田 2004）．第 4 章で，世界で唯一，ろう者を対象とするソーシャルワーカーの養成カリキュラムを有するギャローデット大学ソーシャルワーク学部学士課程・修士課程の歴史的動向及びカリキュラムの構成要素を示した．特に，ろう学生や聴者の学生がろう文化ソーシャルワーカーとしてトレーニングを受ける過程の中で，オーディズムや聴者特権の理解，さらに文化言語モデルの理解，ろう文化に即したアプローチ手段の習得などが重要であることを述べた．

　本章では，2012 年から日本社会事業大学で開講されている聴覚障害ソーシャルワーク総論，2019 年度から開講しているろう者学総論のそれぞれのシラバスに焦点を当て，これまでの研究成果との関連性，整合性を示しながら，今後の日本におけるろう文化ソーシャルワーク教育カリキュラムについて試案を論ずる．

2　ろう者のアカデミック・ニーズ

　ろう者が高等教育で学問を学ぶことが，特段，珍しいことではなくなってきた中で，森壮也（2017）はろう者を対象とした大学教育が考慮するべ

き二つの課題を指摘している．一つは，現在のろう学生が必要とするアカデミックなニーズとは何か，そしてどのような教育方法が適しているのか，ということである．もう一方で，大学におけるリベラルアーツ教育とろう者との関係の整理が避けられない課題として浮かび上がっている．専門職養成としてのソーシャルワーク教育のカリキュラムを検討する際，ろう学生やろう社会人の統合的な視点に立った人格の形成や自己探求を支えるリベラルアーツ教育抜きで，ろう者学を取り入れたソーシャルワーク教育は困難を極めると考えられる．これまでの伝統的なろう教育は，職業教育に重点を置いた結果，ろう者の自己探求や様々な意味世界を批判的・論理的に検証するといったリベラルアーツ的視点の醸成が，なおざりにされてきた（森 2017）．このような中で，ソーシャルワーカーを目指すろう者や難聴者が増えてきたが，解決すべきアカデミック・ニーズとして，①ろう当事者ソーシャルワーカーとしてのトレーニング機会の確保，②適切な実習先の確保，③適切なスーパーバイザーや実習指導者の確保，④就職先の確保，⑤勤務先における情報保障の確保，が挙げられる（高山 2017a）．また，手話を第一言語とするろう者の国家資格受験の困難性が指摘されており（Mason & Mounty 2005），その解消に向けて，日本社会事業大学ではろう者を対象にした，日本手話による社会福祉士・精神保健福祉士国家試験対策講座を開講している（高山 2017a）．

　一方で，ろう者に関わるソーシャルワーカーを目指す聴者が直面するアカデミック・ニーズとして，ろう者としての生活や視点を直接体験することができないことが挙げられるが，その代替として自己洞察を通して自身が抱える「聴者特権」や「内在化されたオーディズム」の理解が重要である．これは，白人特権（White Privilege）や男性特権（Male Privilege）といった既存の概念があり，聴者特権のみが特別視されているわけではない．例えば，受講生自身が男性聴者であれば，聴者特権の理解だけではなく，男性特権についても理解することは，男性の聴者ソーシャルワーカーにとって重要なことである．石河久美子（2006）は，多文化ソーシャルワーク

の担い手は，二つのタイプに区分できると指摘している．ソーシャルワーカー自らがクライエントと同じ文化や言語に属しながらも，社会的マジョリティの文化や言語にも精通しているソーシャルワーカーである．他方は，マジョリティの立場であるが，多様な背景を持つクライエントと同じ言語でコミュニケーションが可能であるか，もしくは通訳を介して，そのクライエントが属するコミュニティやソーシャルワークネットワークを活用しながらソーシャルワーク実践が可能なソーシャルワーカーである．つまり，当事者ソーシャルワーカーと，文化言語マイノリティとしての当事者を理解できる非当事者ソーシャルワーカーである．前者がろう当事者ソーシャルワーカー，後者が聴者の非当事者ソーシャルワーカーである．

　では，この両者を対象としたソーシャルワーク教育は，どのように可能なのか．そのカリキュラム開発が求められている（Sheridan & White 2009; 赤畑 2014; 原 2015; Takayama 2017; 高山 2017a）．斉藤くるみ・高山亨太・岡田孝和（2014）によれば，社会福祉系大学や養成機関において，聴覚障害やろう文化に関する講義を履修したことがあると回答したろうあ者相談員が 151 名中 14 名（9.3%）のみに止まっていることがわかっている．現在の日本のソーシャルワーク教育では，多様性や文化コンピテンシーの重要性が時折取り上げられるが，暗黙の了解のうちにろう者を障害者として捉え，口話でゆっくり話せば合理的配慮が可能な障害者であると教えられているのが現状である．例えば，教科書に掲載されている障害者の事例の学習を通して，執筆者の意図に反して，ある特定のステレオタイプが無意識的に学生の中に形成されるのである（三島 2005）．ソーシャルワーク教育のカリキュラムを開発し，講義を提供する際に，潜在的カリキュラム（Implicit Curriculum）に留意し，配慮をする必要がある（三島 2015）．潜在的カリキュラムとは，「教育活動を通して，暗黙のうちに，特定の文化的価値や人種・性別・階級などの差別が，学生に直接的・間接的に伝達されること［筆者訳］」であり（Jackson 1968），全米ソーシャルワーク教育連盟でもカリキュラム作成の基準として考慮するべき項目として取り上げら

れている．このような日本における多様性に関するソーシャルワーク教育に関して，三島（2015）は，日本のソーシャルワーク教育が着手すべき点として，①日本における多様性の現実に合わせた利便性のある資料の作成，②潜在的カリキュラムを念頭に教育環境を点検することの二点を取り上げている．しかし，社会福祉士・精神保健福祉士のカリキュラム基準におけるろう者の取り扱われ方について，適切に記述した資料や社会福祉士・精神保健福祉士関連教科書は皆無であり，かつ，これまでに社会福祉士・精神保健福祉士の養成課程におけるろう者に関するスティグマや無意識の差別的メッセージなどを含んだ潜在的カリキュラムについての点検がなされたことは一度も見聞したことがないのが事実である．それゆえ，ろう文化ソーシャルワークを支える土台としての各講義のシラバスを検討する場合には，適切な基礎資料の作成，そして，潜在的カリキュラムを点検しながら，講義シラバス及びカリキュラムを構成することが求められる．

3　聴覚障害ソーシャルワーク総論の試案と実施

　前節で指摘したように，ろう学生や聴者学生のアカデミック・ニーズや潜在的カリキュラムの問題を踏まえた上で，筆者は 2012 年に，日本社会事業大学の手話による教養大学の一科目として「聴覚障害ソーシャルワーク総論」を開講し，現在まで続いている．主な受講生は，ろう学生，ろう社会人，手話のできる聴者学生，現役のソーシャルワーカー，手話通訳者を想定し，シラバスを設定した（Saito & Takayama 2018）．想定される受講生として，手話通訳者を対象に含めたのは，序章でも述べたように，日本のろう運動の歴史上，手話通訳者が職務の中でソーシャルワーク機能を兼ねることが少なくなく，かつ手話通訳士を取得後，社会福祉士を取得するケースが増えているからである（p.17）．実際に，2012 年の開講からこれまでの 7 年間，最も多い受講者は，手話通訳者であった．また，指定教科書は，2016 年までは，奥野英子編著（2008）『聴覚障害児・者支援の基

本と実践』を指定教科書として使用していたが，現在は重版していないことと，医学モデルに基づいた記述が多いため，2017年以降は，新たに出版された斉藤くるみ編著（2017）『手話による教養大学の挑戦：ろう者が教え，ろう者が学ぶ』を指定教科書として使用している．なお，講義における公用言語は，日本手話と書記日本語である．このように，バイリンガル・バイカルチュラル環境が基本となるため，日本手話の理解やコミュニケーションに困難を覚える受講生は，基本的に講義自体への参加が困難となる．日本手話で，かつろう者中心主義（Deaf Centric）的に講義を進める背景として，潜在的カリキュラムとしてのろう者に対する文化言語的抑圧やステレオタイプの排除が講義構成要素として含まれていることが挙げられる．手話による教養大学は，日本手話の講義を提供しており，手話のできない聴者や難聴者が日本手話を習得する機会を提供している．日本手話の講義の履修を含めて，手話のできるろう文化ソーシャルワーカーになるためのトレーニングを段階的に積むことは可能であるという重要な点を補足しておきたい．これは第4章でギャローデット大学ソーシャルワーク学部のカリキュラムとして手話ができることが修了条件であると示したように（p.170），ろう者やろうコミュニティに関わるソーシャルワーカーとして，様々な手話やコミュニケーションに対応することが求められる点は，カリキュラムの構成要素として重要であり，文化言語モデルから勘案すると，ろうコミュニティに対する専門職養成プログラムとしての社会的責務であると考える．潜在的カリキュラムとしては，ろう者が文化言語マイノリティとして，安心して主体的に参加することを保障するのと同時に，講義の中ではマイノリティの立場となる聴者は，ろう者の視点や経験を学ぶということを通して，自らの聴者特権や文化言語的抑圧の意味を知ることになるのである．これは，序章で述べたように，ろうコミュニティのレイ・エキスパートであるろう者ともに，ろう者に対する認識や言説を再構築しながら，それぞれのソーシャルワーク実践に反映させるという試みにつながる（p.32）．すなわち，ろう者がろう者として言語や文化の制限なく学ぶこ

とが可能なギャローデット大学の教育環境やろう者が自らの第一言語でリベラルアーツ教育を受ける権利を保障することを目的とする日本社会事業大学「手話の教養大学」の理念とも一致する。

　なお，聴覚障害ソーシャルワーク総論の講義は，全15コマで構成され，1コマ目に，ろう者に対する視点，受講生自身が抱えるろう者に対するステレオタイプや特権意識・特権階級について，論理的に批判することの意味を捉えなおす作業を経て，ろう文化ソーシャルワーク実践を学ぶための意識付けへの導入が始まる。森（2017）が指摘したろう者の自己探求や様々な意味世界を論理的・批判的に検証するというアカデミックな営み抜きに，社会や言説を構成する要素やろう文化ソーシャルワークの意味世界の理解は困難だからである。また，文化言語モデルを始め，社会モデル，医学モデルとの比較を通して，ろう者の捉え方についても紹介し，ろう者が抱える複雑な言説や社会的抑圧について様々な視点から深められるよう道程を示している。これまでに，ろう者の受講生から，「聴覚障害者と呼ばれることが自然」，「ろう者と呼ばれることの方が違和感ある」，「何が正しいのかわからない。これまでにきちんと自らのアイデンティティやろう者像について考える機会がなかった」，「聴者よりも努力することが当たり前の人生で，聴者に近づくことが必要だと育てられてきた」，「ろう者と呼ぶことが肯定的だと思わなかった」，「聴者には逆らったことがない」などといった質問や回答が寄せられることがしばしばあるが，それはその学生自身が序章で論じたようなオーディズムや医学モデルの言説に支配された状況であることが多く（p22），これまでにろう学生がこのような自己認識の問題に直面したことがない状況にあること自体が，医学モデルの弊害，また社会福祉士・精神保健福祉士の養成カリキュラムの構造的欠陥であり，かつ潜在的カリキュラムの影響を表している。そして，我々がカリキュラムやシラバスを組み立てる際に考慮しなければならないこととして，現在のろう学生の多くが，1995年の「ろう文化宣言」以降に生まれたにも関わらず，インテグレーション教育を受けていることがある。つまり，第1

章でも述べたように，現在の多くのろう学生は，聴コミュニティという抑圧的なコミュニティの中で育ち（p.40），ゆえに「ろう者」，「ろう文化」について，ろうの先輩やろうのロールモデルから文化継承を受けるという機会が制限されてきた世代と言えるだろう．従って，本講義や手話による教養大学を通して，ろう学生が将来のろう者ロールモデル（p.68）となるための道導を示す必要がある．

　また，果たして，どれほどの社会福祉系教員がろう者やろう文化をテーマに，適切な講師の指導の下に，ファルカティ・デベロップメントを経験したのだろうか．仮にろう文化や聴覚障害学，手話と名打った講義を提供しているとして，どのように講師を選定しているのだろうか．関連する研究論文などは見当たらないが，筆者の経験上，ほとんどが聴者の講師で，かつ，Ladd（2003）が指摘するように特別なろう者学のトレーニングを受けていないのが現実であろう．聴者の講師が，ろう学生のアカデミック・ニーズや聴者学生の抑圧意識や聴者特権について指導することが，結果的に，潜在的カリキュラムを受講生に伝達することになってしまっている．

　「聴覚障害ソーシャルワーク総論」の５コマから７コマまでは，文化言語モデルを取り入れたソーシャルワークの基本構成要素やろう者に関わる各種社会資源や文化資源の紹介が中心となる．まず，第２章でまとめているように，米国でのろう者を対象にしたソーシャルワーク実践の歴史とは異なる，日本におけるろう者を対象とした社会福祉政策の歴史，とりわけろうあ者相談員，手話通訳者の役割の歴史的動向の理解なくして，今後のろう文化ソーシャルワーク実践の展望について議論することは適切ではない．ろうあ者相談員や手話通訳者が事実上ろうコミュニティの社会資源どころか文化的資源（p.92）となってしまっているからである．そのため，ろうあ者相談員の制度の構造的問題（pp.58-74），また彼らの専門性についての適切な理解や比較を通して，ろう文化ソーシャルワーカーに必要なコンピテンシーや役割を認識することを５コマ目から７コマ目の講義の目標とした．また，ソーシャルワークのグローバル定義を紹介し，ろう者やろ

表5-1　聴覚障害ソーシャルワーク総論の講義シラバス

1	ろう者の理解〜医学的観点と文化的観点〜
2	音声と手話
3	ソーシャルワークの基本
4	ろう・難聴者とソーシャルワーク
5	ろう難聴者福祉施策及び福祉サービス
6	ろう・難聴者を対象にした面接技法
7	ろう・難聴者を対象にしたアセスメント
8	ろう教育とスクールソーシャルワーク
9	家族とソーシャルワーク
10	難聴・中途失聴者とソーシャルワーク
11	精神障害を持つろう・難聴者とソーシャルワーク
12	盲ろう者とソーシャルワーク
13	高齢ろう・難聴者とソーシャルワーク
14	コーダとソーシャルワーク
15	まとめ

出典：高山（2017a）に加筆した.

うコミュニティとの関連性や整合性について批判的に分析した上で，反抑圧的主義，クリティカル・ソーシャルワークの概念を踏みながら，ソーシャルワークの対象者としてのろう者が置かれている状況について共通認識を形成する．また第2章のまとめで議論したSheridan & White（2009）のソーシャルワーカーに求められるろう者に関する15項目の知識について，受講生と検証しながら，各々が批判的に，なぜ，ろう者を対象にしたソーシャルワーク実践には特殊なトレーニングが必要なのかを認識するための意識付けをする（p.93）．ろう文化ソーシャルワークの概念を紹介し，ソーシャルワークの構造，そして一般のソーシャルワークとの違いについて例を示しながら講義が進められる．一方で，多様性を重視したソーシャルワーク実践は，問題を個人化し非政治化する傾向にあること（三島 2015），また，現代のソーシャルワーク実践が，支配的なイデオロギーに統治された政策の範囲で実践が展開されていることの問題にも触れながら（田川 2013），文化言語マイノリティとしてのろう者の周辺化問題などに焦点を当て，ろう者を対象としたソーシャルワークが目指す方向性や社会的意義

について議論を進める構成となっている．6コマ以降は，様々なろう者や難聴者，家族といったクライエントに対するろう文化ソーシャルワーク実践について，事例検討を中心に，かつ批判的視点から論考しながら，ベストプラクティスを見出していくことが学習目標となる．聴覚障害ソーシャルワーク総論の講義シラバスは，表5-1の通りである．最終レポートについては，課題内容は年度によって様々であるが，基本的には日本手話によるビデオ形式（パワーポイントは任意）によるレポート提出を義務付けている．次節で，聴覚障害ソーシャルワーク総論の講義ノートを示し，具体的な学習モジュール並びにその課題について示す．

4 「聴覚障害ソーシャルワーク総論」講義ノート

4-1 開講形態

「聴覚障害ソーシャルワーク総論」は，日本社会事業大学の手話による教養大学のカリキュラム群の一つとして位置付けられている選択必修科目である．2012年から2014年度までは，春学期の通常講義として，4月から7月まで毎週開講されていた．開講時間は，特に現役のろう当事者ソーシャルワーカーや手話通訳者などの社会人が参加しやすいように，夜間の時間帯に設定していた．筆者がギャローデット大学ソーシャルワーク学部に就職してからは，夏学期の集中講義として，4日間の集中講義という開講形態で講義を提供している（講師は，ろう者で，社会福祉士及び精神保健福祉士を持ち，ろう者のソーシャルワーク実践に10年以上関わってきた筆者が担当している）．受講生は，手話者であることを前提条件としており，具体的には，ろう者，難聴者，中途失聴者，聴者の学生，手話通訳者，聴者のソーシャルワーカーを想定している．ソーシャルワークを学ぶろう学生，聴者学生やろう当事者ソーシャルワーカーや聴者ソーシャルワーカーは，一般的に，社会福祉士や精神保健福祉士の指定カリキュラムに準じてソーシャルワーク教育を受けている場合が多い．すなわち音声言語でソーシャルワ

ークを展開することを前提に，ソーシャルワーク教育や現場実習指導を受けているのが現状であり，彼らがこの「聴覚障害ソーシャルワーク総論」の受講生としての中心的ターゲットである．資料，テキストは日本語であるが，日本手話で講義が展開されるバイリンガル・バイカルチュラル環境のため，手話のできない聴者や難聴者の場合，講義そのものへの参加が難しくなり，特別な配慮を要することになる．しかし，聴者学生の場合，ほとんどが日本社会事業大学で日本手話の講義を受講しているか，他大学で手話サークルなどに所属している．なお，聴者の社会人の場合，多くが既に手話通訳者として活動しているか，手話ができるソーシャルワーカーとして活動をしている人が多い．つまり，現役学生に対しては，社会福祉士・精神保健福祉士のカリキュラムを履修していることを前提に，社会人の場合には，現任者ソーシャルワーカーや手話通訳者として活動していることを前提に，本講義を通して，ろう文化ソーシャルワーク実践に必要な知識や価値観，技術について総論的に学習することになる．指定教科書は，斉藤くるみ編著の「手話による教養大学の挑戦」，推薦教科書として，奥野英子編著「聴覚障害児・者支援の基本と実践」を採用している．

4-2　講義概要とねらい

2018年度「聴覚障害ソーシャルワーク総論」のシラバスによると，講義概要は，次のように設定されている．

> 「ソーシャルワーカーとして，ろう・難聴者の支援に関わることを目標とし，文化言語的観点から，ろう者学の基礎的知識やろう文化に即した対人援助スキル，社会資源について議論する．ろう者，難聴者，中途失聴者などの様々なケースの理解を通して，具体的な文化言語モデルに基づいたソーシャルワーク実践方法を総論的に学ぶ．」

この講義概要に即して，講義のねらいと到達目標を下記のように設定し

ている.

　「Cultural Competency と Cultural Sensitive をキーワードに，ろう・
難聴者やその家族への支援における，具体的なソーシャルワーク実践に
ついて学習することを目的とする．また，講義を通して，ろう・難聴者
の支援が適切にできること，また適切な他専門職と連携ができるように
なることも（講義の）ねらいとする.」

　つまり，「聴覚障害ソーシャルワーク総論」におけるソーシャルワーク
の対象として，ミクロレベルでは，文化的ろう者を始め，（ろう者，）難聴
者，中途失聴者，コーダ（親がろう者である人），家族構成員が主な対象者
として設定されている．メゾレベルでは，ろう児がいる家庭，デフファミ
リー，ろう者グループ，難聴・中途失聴者グループ，マクロレベルでは，
ろうコミュニティ，聴コミュニティ，地域，関連法規，政策，文化，経済,
ろう教育，医療機関などを想定されるソーシャルワークの対象として設定
し，シラバスを構成した．なお，教授方法としては，各テーマに関するパ
ワーポイントを使用した基本事項の対面式講義のあと，日本手話によるグ
ループ・ディスカッション，具体的な事例に基づいたロールプレイなどを
取り入れた演習を行う．ろう者を対象にソーシャルワーク実践をする際の
ソーシャルワークを構成する基本の三要素（知識・技術・価値）との関連性
や共通点を実感できるよう，基本的にはアクティブラーニングによる授業
形態を採用している．これまでの履修者の平均は，12 人前後であり，ア
クティブ・ラーニングの方法論が最大限活かせる．そして，身体で「わか
る」こと，つまり身体知を重視し，多様な問いに対して，受講生なりの考
えを導き出し，かつ日常生活やコミュニティを生きた教材として活用する
ことを促している．
　成績評価の基準については，現時点では短期集中講義のため，授業参加
及びリアクションペーパーによる採点が 60％，残りの 40％は，手話によ

る最終レポートで評価するという方法を採用している．事前・事後学習の
アドバイスとして，医学的側面から見ると聴覚障害は身近な問題であろう
が，そこから脱して，ろう文化や手話という独自の言語を持つ文化言語マ
イノリティという側面を認識した上で，ろう・難聴者に関するエッセイや
事例を読み込むことや，ろうコミュニテイで開催されているイベントへ参
加することを推奨している．

4-3 講義計画と学習目標

「聴覚障害ソーシャルワーク総論」の開講背景やろう学生，聴者学生の
アカデミック・ニーズを踏まえた上で，全15コマの具体的な講義計画と
学習目標を設定している．対人専門職や学位取得を目指すろう学生や手話
ができる聴者学生が集結し，かつバイリンガル・バイカルチュラル環境や
リベラツアーツ教育プログラムが提供されているギャローデット大学と，
伝統的なソーシャルワーカー養成校である日本社会事業大学では，主な受
講対象者や講師陣やソーシャルワーク教育の土台を支えるリベラルアーツ
教育の構成要素といった諸条件が全く異なる．しかし，日本では，唯一，
日本社会事業大学手話による教養大学がギャローデット大学のような学問
環境を提供していることを活かして，聴覚障害ソーシャルワーク総論の講
義計画を組み立てることが重要となる．手話による教養大学では，バイリ
ンガル・バイカルチュラル環境で，かつ講師陣がろう者であることを前提
に，日本手話や手話言語学，手話歴史学，法学，心理学，手話通訳論，な
どの様々な領域にわたる講義が提供されており，受講生それぞれのキャリ
ア目標に合わせてカリキュラムモデルを組み立てることが可能である．ギ
ャローデット大学がある米国では，ろう文化やろうコミュニティという文
化概念が黒人や女性といったマイノリティと同様に社会的に認識が普及し
つつあるが，日本では，1995年にろう文化宣言によって議論が巻き起こり，
特にろうコミュニティに浸透が見られるようになったものの，社会的にも
政治的にも「ろう者は文化言語マイノリティである」，「日本手話は言語で

ある」との認識には至っておらず，「聴覚障害者」，「手話は福祉」という認識が現実であろう．つまり，文化言語マイノリティとしてのろう文化や日本手話という共通認識を前提に，講義計画を組み立てることは困難であり，むしろ，ろう者は文化言語マイノリティとして成立し得るのかという受講生自身が抱えるろう者に対する言説の脱構築を促し，共通認識を形成することが最優先となる．また，ギャローデット大学ソーシャルワーク学部のカリキュラムと異なり，15 コマのみという物理的時間的制約がある中で，効率的に講義を展開し，学習目標に到達する必要がある．ギャローデット大学ソーシャルワーク学部では，ろう者関連の相談機関での現場実習が必修となっている．現場実習を通して，講義で学んだ知識群を実践に反映するという経験を積み重ねて，知識や理論と実践技術とすり合わせをしながら，ろう文化ソーシャルワーカーとしてのトレーニングを積むことが可能となる．聴覚障害ソーシャルワーク総論では，現場実習の機会がないため，ソーシャルワーカーを目指すろう学生や聴者学生は，大学が提供する現場実習で，ろう者や難聴者関連の福祉施設で現場実習を経験することを想定している．

　1 コマ目から 4 コマ目までは，ろう者やろう文化に対する共通認識を高めるために，伝統的な医学モデルの視点やろう者に対する言説を解体する作業をしながら，文化言語モデルの視点の実感，理解を深めることを学習目標にシラバスを組み立てている．特に，受講生自身がこれまでの生活や学習環境を通して構築していったろう者に対する言説を外在化し，改めて捉え直すという作業に重点を当てる．特に，ろう者といってもデフファミリー出身のろう者から口話で育ったろう者，人工内耳を装用しているろう者，日本語対応手話で会話するろう者など多様なろう者像がある中で，どのような視点でろう者を理解すべきなのかディスカッションを通して，受講生全員で共通理解を形成する（資料 1）．そして，資料 2 のミニ課題のように，医学モデル，社会モデル，文化言語モデルの観点からろう者がどのように取り扱われているのか，受講生それぞれが講義時間外での生活の

中で，ろう者に関する言説やステレオタイプを記述するという作業を通して，医学モデル，社会モデル，文化言語モデルの概念の理解を確実にする．また，ろう文化と手話の基本的理解を目的に，2コマ目のろう文化と手話（資料3）の講義を通して，様々なろう者の日常行動の例，日本手話と日本語のズレといったろう文化と聴文化の違いを理解するシラバスを組んでいる．単に聴覚障害を起因とする問題ではなく，文化が異なることによる文化間摩擦の例があり，医学モデルだけで捉えることが不適切であることを示し，文化言語モデルの視点がソーシャルワーク実践において，不可欠であることを認識させることを目的として講義を展開している．また，聴者だけでなく，ろう者も含めて受講生自身が抱いているであろうろう者に対する病理的視点に基づいた「困った人」，「聞こえる，話せる方が良いから，口話訓練や人工内耳が必要だろう」といった認知的なバイアスを自覚し，ろう者に対する言説を根底から見直すことも講義のねらいとしている．

　5コマ目から7コマ目までは，ろう者を対象にしたソーシャルワーク実践の方法論に焦点を当て，文化言語マイノリティとしてのろう者の行動や価値観を踏まえた上で，適切な面接技法，アセスメント方法論を議論し，かつロールプレイを通して，その実際に触れる構成となっている．特に，ろう者を対象にしたソーシャルワーク実践を展開する際に，ろうコミュニティが持つ社会資源やネットワーク，すなわち，文化資源を理解し，かつ活用することが一つのコンピテンシーとして求められる．そのため5コマ目の講義において，文化言語マイノリティとしてのろうコミュニティが築き上げてきたネットワークや文化資源について整理し，また，ろうあ者相談員や手話通訳者の歴史について適切に理解するための講義とディスカッションを取り入れている（資料4）．6コマ目では，ろう者のクライエントを対象にインテークを実施する際の面接技法について，文化言語モデルの視点から，アイコンタクトやろうコミュニティ特有の守秘義務，文化言語的フィーリング・フィードバックなどの面接技法を紹介しながら，受講生とともに文化言語モデルに基づいた面接のあり方と必須となる面接技法に

ついて，ロールプレイなどを交えながら共通認識を深める（資料5）.

　8コマ目から最終日までは，ろう者やろうコミュニティに関わる様々な領域（例：精神保健，高齢者，LGBT，ろう学校）におけるろう者の事例の分析を通して，ソーシャルワーク実践の現状を理解することを学習目標としている．システム論やエコロジカル視点を援用しながら，ろう者やろうコミュニティが抱えるミクロ・メゾ・マクロレベルで課題の抽出をしながら，ソーシャルワーカーに求められる知識，技術，価値観について議論を重ねていく形式で行う．資料6のように，ソーシャルワーカーとしての倫理的判断や行動規範や適切な介入について医学モデル，文化言語モデルの観点から検討するといった事例検討が多くなる．日本人によく見られるように，多くの受講生は，グループディスカッションという他者が参加している場面で発言し，議論を主導するということに慣れていないことが多い．しかし，ろう当事者として，これまでの生活の中で抑圧を経験し，当事者視点を醸成してきたろう学生やろう社会人がグループディスカッションにおいて，自然に主導権を握り，かつ当事者の視点から発言する場面が見られ，聴者の受講生にとっては新しい発見をし，ろう者にしか理解できない内面世界観について理解する好機となっている．

　11コマ目の「精神障害を持つろう・難聴者とソーシャルワーク」の講義では，文化言語モデルの要素を含んだアセスメントモデルとして知られている多次元アセスメントモデルを用いた事例検討を実施している．多次元アセスメントモデルは，①言語・コミュニケーション，②精神・身体状況，③文化，④資源の四つの領域からろう者のニーズや生活問題をアセスメントすることを目的とした介入モデルである（資料7）.特に，①言語・コミュニケーション，③文化，④資源については，ソーシャルワーカーがろうコミュニティや手話について精通していないとアセスメントが困難な項目である．このように具体的なアセスメントモデルの学習を介して文化言語モデルの必要性について実感するのに最適な事例検討を行う．また，ギャローデット大学ソーシャルワーク学部の教育基礎方針がジェネラリス

ト・ソーシャルワークであるように，ろう児からろう高齢者，家族，コミュニティといった複雑な人間関係や文化的差異を背景として抱えたクライエントを対象にソーシャルワークを実践することを想定して，資料8のように，家族，高齢者，地域，介護保険といったキーワードを基にした事例検討を用意し，ろう文化ソーシャルワーカーに求められる役割や価値観について再認識することを目的とした事例検討やディスカッションを設定することで，ろう者の支援には単なる個別支援だけに留まらず，様々なシステムやマンパワー，異文化間摩擦などといった事柄の理解が重要であることを振り返りながら，最終講義に向けて，受講生それぞれの課題を振り返り，抽出していく．

　最後の15コマ目の講義は，受講生が講義を通して，変化していった受講生自身のろう者像や視点について共有しながら，今後のろう者を対象にしたソーシャルワーク実践の課題について議論をし，全15コマの講義をまとめる．聴覚障害ソーシャルワーク総論の講義計画と学習目標を表5-2に示した．

5　ろう者学総論の試案

　2012年より7年間にわたって，日本社会事業大学で「聴覚障害ソーシャルワーク概論」を開講したが，当該科目の15コマで，ろう文化ソーシャルワーク実践の理論や技術の指導と同時に，ろう者学の基礎理論を十分に教授するためには，時間的制約があり，講義目標を達成することが困難な状況であった．また，学生が文化コンピテンシーの概念とろう者学の知識や理論を混同しやすいことから，2019年度から，「ろう者学総論」の開講を要望し，日本社会事業大学教授会に認められる運びとなった．ろう者学総論の構成は，第3章で議論したように，欧米におけるろう者学の主流理論や知見を中心に講義内容を組み立てている．指定教科書としては，ハーラン・レイン（2007）『善意の仮面—聴能主義とろう文化の闘い—』（原

表 5-2　聴覚障害ソーシャルワーク総論の講義計画と学習目標

回	講義計画と内容	ソーシャルワークを構成する3要素		
		知識	技術	価値
1	・ろう者の理解―医学的観点と文化的観点― オリエンテーション・自己紹介：バイリンガル・バイカルチュラル環境であること，席の配置は，「コ」もしくは「ヘ」の形で机を配置すること，また視線を確保するためにパワーポイントを配布するので，必要以上にメモに気をとられる必要はないことを説明する． 講義：医学モデル・社会モデル・文化言語モデルの視点から捉えるろう者・難聴者・中途失聴者の理解（資料1） -障害学とろう者学の基礎背景についての紹介 -障害とは何か？個人の障害（Impairment）と社会の障害（Disability）の紹介 -ろう者学と文化言語マイノリティの概念の紹介 グループ・ディスカッション：自分はろう者か？聴覚障害者か？聴者か？健聴者か？誰がラベルを決定するのか？ ミニ課題：医学モデル・社会モデル・文化言語モデルワークシートに例を記入し，次の講義に持参すること（資料2）	・医学モデル ・社会モデル ・文化言語モデル ・障害学 ・個人の障害 ・社会の障害 ・ろう者学の背景 ・文化言語マイノリティ	・自己覚知 ・アドボカシースキル ・バイリンガル・バイカルチュラルコミュニケーション・アプローチ	・多様性・個性の尊重 ・ストレングス ・社会正義 ・コミットメント ・バイリンガル・バイカルチュラル
2	・音声と手話 講義：ろう文化と手話（資料3） -音声言語や日本語対応手話と日本手話の構造の違いや社会における言語格差や差別について知り，なぜ言語学的知識が重要なのか理解する． -言語と文化との関係について文化人類学や社会学の定義から理解を深める．そして，ソーシャルワークの現場において，なぜ日本手話による直接支援や手話通訳が必要なのか，アドボカシーするための基礎知識について学ぶ -デフジョーク／デフアートと差別体験 -オーディズムの概念の紹介 ビデオ視聴：Audism Unveiled（2008） グループディスカッション：日本手話と日本語の意味の違いについて検証する．例：「まぁまぁ」「オーバー」「A: 明日の飲み会に参加？ B: 検討します」「目が安い」 ミニ課題：デフジョークを収集し，その背景についてまとめること	・手話に関する言語学的知識 ・音声言語が持つパワー ・日本手話にしかない表現や意味を知る ・ろう文化の定義 ・オーディズムの定義と構造 ・デフジョーク ・デフアート	・アドボカシースキル ・コミュニケーションアセスメント ・オーディズムのアセスメント ・インテーク技術	・クライエント中心視点 ・ストレングス視点 ・エンパワーメント ・バイリンガル・バイカルチュラル ・社会正義 ・人権 ・言語権
3	・ソーシャルワークの基本 講義：ジェネラリスト・ソーシャルワークの視点の重要性 -ミクロ・メゾ・マクロの概念の理解 -エコロジカル視点と環境の中の人間（Person in the Environment）の概念の理解 -ろう者を取り巻くライフサイクルとソーシャルワーク グループディスカッション：現在のろうコミュニティを取りまく諸問題をミクロ・メゾ・マクロの観点から取り上げ，問題解決のための支援計画について議論する ミニ課題：オーディズムの例を持参すること	・システム理論 ・エコロジカル視点 ・ミクロ・メゾ・マクロ視点 ・ろう者のライフサイクルの理解	・ジェネラリスト・ソーシャルワーク実践モデル ・発達アセスメントスキル	・ソーシャルワークの価値 ・ジェネラリスト・ソーシャルワーク視点 ・発達保障 ・社会正義

	内容			
4	・ろう・難聴者とソーシャルワーク **講義**：ろう・難聴者を対象にしたソーシャルワーク実践において求められる知識・技術・価値観 - Sheridan & White（2009）のろう者に関わるソーシャルワーカーに求められる15項目の知識や技術についての紹介 **参考文献の紹介**：Sheridan & White（2009）	・エンパワーメント ・ろう文化ソーシャルワークの定義と概念 ・ろう者に関わるソーシャルワーカーに求められる15の知識・技術	・ろう文化ソーシャルワーク実践モデル	・スペシフィック・ソーシャルワーク視点 ・社会正義
5	・ろう・難聴者福祉施策及び福祉サービス **講義**：文化資源と社会資源（資料4） - ろう・難聴者を対象にした社会福祉サービスの歴史と課題 - ろうあ相談員の歴史と制度の理解 - 手話通訳者の歴史と制度の理解 - 多文化ソーシャルワーク理論のうち、「文化資源」の概念の紹介 **グループディスカッション**：ろうコミュニティにおける文化資源について、グループで様々な例を出しあう	・ろうあ相談員制度 ・手話通訳・要約筆記 ・ろう・難聴関連施設 ・社会資源 ・文化資源 ・多文化ソーシャルワークの概念	・コミュニティ・ソーシャルワーク ・コミュニティ・アセスメントスキル ・文化コンピテンシー	・ネットワーキング ・多文化ソーシャルワークの視点
6	・ろう・難聴者を対象にした面接技法 **講義**：ろう者を対象にした面接方法とその技法（資料5） - ろう文化に即したアイコンタクト - 守秘義務 - ろうコミュニティの一員であるという安心感 - 自己開示 - コミュニケーションアセスメント - 様々な手話への対応 - ろう者の差別体験への共感 - ろうクライエントとの関係性 - 文化言語的フィーリング・フィードバック **ロールプレイ**：ろうクライエントとソーシャルワーカーを想定して、①医学モデルに沿った面接、②文化言語モデルに沿って、九つの面接技法を踏まえた面接、の2通りロールプレイを実施し、その後、グループでフィードバック、ディスカッションを実施する	・ろう者の行動や認知の理解 ・専門職倫理とジレンマ・適切な面接技術の理解 ・ろう者の視点や行動の理解 ・ろうコミュニティにおける守秘義務の理解	・ろう者に対する面接技法 ・文化言語的ジレンマの解消 ・ろう者のパーソナル・スペース ・ラポール形成	・ソーシャルワーク専門職倫理 ・文化言語モデル ・倫理判断スーパービジョン ・コンサルテーション
7	・ろう・難聴者を対象にしたアセスメント **講義**：文化言語モデルに基づいたアセスメント方法論 - 言語剥奪（Language Deprivation）の概念の紹介 - ろうアイデンティティとインターセクショナリティの概念の紹介 **事例検討**：ろうクライエントと聴者家庭の事例を読み込み、言語剥奪のリスクを始め、ミクロ・メゾ・マクロそれぞれのレベルにおけるストレングスと課題についてアセスメントをする。	・ストレングス視点 ・言語剥奪	・文化言語モデルの観点に基づいたアセスメント技術	・スペシフィック・ソーシャルワーク視点 ・文化言語モデル ・アカウンタビリティ
8	・ろう教育とスクールソーシャルワーク **講義**：ろう教育（特別支援教育）の枠組みと関連教育施策 - 特別支援学校、通級指導教室など、ろう教育の構造と課題の紹介 - ろう学校におけるスクールソーシャルワークやカウンセリングの現状 **事例検討**：人工内耳を希望する聞こえる両親からのプレッシャーと手話への憧れの間に揺れる難聴生徒に対するスクールソーシャルワーク実践の事例をもとに、文化言語モデルからのアプローチについて考察する（資料6）	・ろう教育制度 ・バイリンガル・バイカルチュラル教育・ろう児の発達や心理発達の理解 ・人工内耳とろう教育 ・医学モデル ・危機介入	・スクールソーシャルワークアセスメント ・ろう児の定型発達アセスメント ・ろう教育における抑圧と言説のアセスメント	・アドボカシー視点 ・社会正義 ・文化言語モデル ・スクールソーシャルワーク ・倫理判断 ・危機介入

9	・家族とソーシャルワーク **講義**：ろう児がいる聴者両親や家族への支援のあり方 - 早期発見・介入・教育の現状と課題 - バイリンガル・バイカルチュラルの概念の紹介 - 聞こえる両親の障害受容とは	・家族にとっての障害受容 ・早期発見早期介入の現状 ・家族システム論 ・DoD, DoH	・家族システムアプローチ	・ろう児の人権 ・アドボカシー ・バイリンガル・バイカルチュラル ・コミュニティ・アカウンタビリティ ・自己決定
10	・難聴・中途失聴者とソーシャルワーク **講義**：難聴者・中途失聴者の聞こえなさと心理社会的ニーズの理解 **例検討**：自身の聞こえなさに劣等感を感じ、アイデンティティクライシスを起こしている難聴者のニーズや社会資源について分析する．	・難聴者の定義とニーズ ・中途失聴者の定義のニーズ ・デフゲインの視点	・アイデンティティ・アセスメント ・ネットワーキング	・デフゲイン ・専門職連携 ・自己選択・自己決定 ・受容
11	・精神障害を持つろう・難聴者とソーシャルワーク **講義**：ろう者に対する多次元アセスメントモデル（資料7） - 精神障害を持つろう者を対象にしたアセスメントの方法論 -Zitterのアセスメントモデル - 精神保健領域における手話通訳モデルの紹介 **事例検討**：Zitterのアセスメントモデルを基に，精神障害を持つろう者やその家族の事例分析 **参考文献の紹介**：赤畑淳（2014）聴覚障害と精神障害をあわせもつ人の支援とコミュニケーション	・Zitterのアセスメントモデル ・精神障害を持つろう者の社会的入院 ・精神保健手話通訳のあり方	・Zitterモデルを活用したアセスメント技法 ・文化言語モデルに基づいたアプローチ	・人権 ・アドボカシー ・社会正義 ・文化言語モデル ・倫理判断
12	・盲ろう者とソーシャルワーク **講義**：盲ろう者の障害タイプ，盲ろう者のニーズや社会資源 - 盲ろう者を対象にした社会資源の紹介 - 盲ろう介助通訳者制度 - アッシャー症候群の紹介 **ビデオ視聴**：もうろうをいきる（2017）	・盲ろう者に関する心理社会的影響やニーズの理解 ・盲ろう解除通訳者 ・アッシャー症候群 ・盲ろう文化	・盲ろう者の生活アセスメント	・クライエント中心視点
13	・高齢ろう・難聴者とソーシャルワーク **講義**：高齢ろう・難聴者を支える社会資源と認知アセスメント **参考ビデオ資料**：東京都聴覚障害者自立支援センター（2005）手話で語る戦時体験 **事例検討**：無就学，教育機会に恵まれなかったろう者の現状，その課題について整理すること，また，無就学を始めとする高齢ろう者を念頭に，どのようにコミュニケーションを工夫するべきか，検討する．（資料8）	・無就学ろうあ者問題 ・ろうあ者を対象にした成年後見制度 ・老人虐待 ・高齢ろう者の手話 ・ろう者の認知症の特徴	・ろう者に適した回想法 ・ろう者に適した認知アセスメント ・生活アセスメント ・ろう高齢者を対象にしたケアマネジメント	・文化言語モデル ・自己決定・自己選択
14	・コーダとソーシャルワーク **講義**：コーダの基本的理解 - コーダ（Children of Deaf Adults: CODA）の定義の紹介 - ヤングケアラーの概念の紹介 - コーダにとって望ましいソーシャルワーク実践のあり方 **ビデオ視聴**：コーダ-ぼくたちの親は聞こえない-（2011） **参考文献の紹介**：澁谷智子（2009）コーダの世界-手話の文化と声の文化	・コーダに関する知識 ・コーダが抱える心理社会問題 ・ヤングケアラーの概念	・文化コンピテンシー ・社会資源や文化資源の開発 ・ネットワーキング	・多様性 ・社会正義 ・コミットメント ・倫理判断 ・ソーシャルアクション

15	・まとめ グループディスカッション：14回の授業を通して，学んだこと，今後，引き続き学んでいきたいことについて話し合い，フィードバックをする			
課題	**最終レポート** ・課題内容：ろう・難聴者に関するトピックをひとつ選択肢，文化言語モデルによるアセスメントの方法論を踏まえて，ミクロ，メゾ，マクロレベルそれぞれのニーズや課題についてアセスメントし，自分なりのベストプラクティスについて論ずること．また，三つ以上の参考文献を明記した上で，日本手話による手話ビデオ（パワーポイントのスライドなどを手話ビデオに挿入するかは任意）で提出すること（10分以下）			

文：Lane 1999）を採用する予定である．残念ながら，ろう者学に関する翻訳書は，まだ少なく，かつ日本版ろう者学の教科書はまだ発行されていないため，オーディズムやろう文化論など幅広くカバーしているハーランレインの教科書を採用するに至ったのである．ソーシャルワークを始め，ろう教育，手話通訳，臨床心理など様々な領域に応用できるよう，ろう者学の学問的背景に強く密接に結びついている批判的視点（Critical Pedagogy）を軸に，様々な言説や状況に対して，批判的・論理的に分析を展開することのできる視点を覚範することを講義目標として設定した．講義の導入に当たっては，医学モデルと文化言語モデル，それぞれの歴史的動向に触れながら，なぜ，ろう者学という学問領域が発展してきたのか，単にイデオロギーとしてではなく，学問としてのろう者学の存在意義や重要性ついて，受講生は学ぶこととなる．そして，第3章で述べたように，ろうコミュニティの定義やろうコミュニティの構成員とは誰のことを指すのか（p.99），様々な研究成果の理解を通して，共通理解を深めるコンテンツを作成した．3コマ目から6コマ目までは，社会構成主義や批判的理論といったポストモダン理論を紹介し，ろうコミュニティや現代社会を取り巻く様々な言説やパワーバランスについて議論しながら，当たり前のことを疑う姿勢，そもそも「ろう」とは何かといった批判的視点を涵養することを目的に設定している．その後は，第Ⅲ章で紹介した現在のろう者学の主な主流理論として知られている①ろう文化論，②オーディズム，③感覚指向論，④デフ

ゲイン，⑤ろう理論，⑥デフフッドを中心にそれぞれの理論背景，応用方法などについて，事例を交えながら学習させる．ろう文化の共通構成要素（p.46）や病理的視点も含めてろう者になる過程を重視するデフフッドの概念など，様々な視点を受講生それぞれの専門領域での実践に反映できるようさらなる理解を促す．

斉藤くるみ（2017: 42）は，「非日本手話者」は「日本手話者」を障害者として捉え，過小評価をする傾向があるため，日本手話，ろう文化のバイリンガル・バイカルチュラルの環境で，ろう者の講師を尊敬し，自分の手話力のなさを実感することこそが，ろう者に対する偏見の除去に最も効果的であると指摘している．さらに，聴者の受講生は，自らの聴者特権が失われる環境において，適切なフィードバックを受けることで，自身の聴者特権や異文化摩擦に気づき，かつ肯定的な異文化体験が可能となる．これは，ロチェスター大学医学部で実施されている医学部生を対象とした Deaf Strong Hospital というろう者と聴者の立場や特権が逆転する仮想空間において，聴者が自らの言語が通じず，通訳の支援を受けながら，治療体験をするというプログラムにおいてその効果が確認されている（Mathews, J., Parkhill, A., Schlehofer, D., Starr, M. & Barnett, S. 2011; Thew, Smith, Chang, & Starr 2012）．一方で，ろう学生も，これまでの生活環境や様々な出会いや関わりの中で，オーディズムの内在化（p.120）を引き起こし，自らを否定的存在としてのマイノリティ像で捉えてしまっている場合が少なくない．このようなろう学生が抱えているオーディズムの内在化による自己抑圧から解放するために，理論としてのオーディズムの理解や手話による教養大学におけるろう文化の継承の経験，また文化ロールモデルとしてのろう者の講師との肯定的交流といった学習を通して自己成長を促すことも重要なカリキュラム構成要素であると考える．さらに，第3章で述べたろうコミュニティ文化資本（p.124）の視点を活用し，文化言語マイノリティとしてのろうコミュニティが持つストレングスや文化資本の理解を通して，ろうコミュニティが受けている抑圧の正体やろう者とろうコミュニティとの関

係性，ろう者のレジリエンスについて
洞察する機会を設けている．

　最後に，「ろうコミュニティの今後
について」というテーマで，各々の受
講生が現在の社会構造やろう者に関す
る言説を踏まえた上で，短期的・長期
的視野に立ってろうコミュニティにお
いて，今後起こると想定される様々な
事柄について議論・考察して，講義を
締める形式になる．

　この講義は，多様な背景や経験を持
つ受講生に，ろう者学の知見を応用で

表5-3　ろう者学総論の講義
1　ろう者とは何か？
2　医学モデルと文化言語モデル
3　社会構成主義と言説
4　音声主義と聴能主義
5　フーコーとバイオパワー
6　Critical Pedagogy
7　ろう文化とろうコミュニティ
8　ろう者の歴史
9　優生思想と優生保護法
10　オーディズム
11　デフゲイン
12　感覚指向論
13　デフフッド
14　DeafCrit
15　ろうコミュニティの今後

出典：日本社会事業大学ろう者学総論

きるようにするという観点と，批判的理論を土台としたギャローデット大
学ろう者学部のカリキュラム構成要素と，学生それぞれのキャリアプラン
に応用できるように様々な講義を提供しているカリフォルニア州立大学ノ
ースリッジ校ろう者学部のカリキュラムに着想を得たものであり，2019
年度に提供することになった（表5-3）．日本のソーシャルワーク教育を始
め，一般の大学におけるリベラルアーツ教育においてろう者学が開講され
た試みはこれまでにないため，今後，受講生による評価やろうコミュニテ
ィからのフィードバックなどが重要となる．また，指定教科書についても，
現在日本語で出版されているろう者学に関する翻訳書を引き続き活用する
のか，日本語ですでに出版されている日本のろう者やろうコミュニティに
ついて記述されている文献から抽出するのか，適切な指定教科書の確定は
流動的である．そのため，現在出版されているろう者学に関する翻訳書を
始め，日本のろう者に関する文献の分析が課題となる．また，日本のろう
コミュニティの現状に沿ったろう者学の教科書が本来は必要なのではある
が，その出版には日本版ろう者学の研究蓄積が必要である．

6 「ろう者学総論」講義ノート

6-1 開講形態

「ろう者学総論」は，2019年度から選択必修科目として，「聴覚障害ソーシャルワーク総論」と隔年開講という形式で開講されている科目である．多忙な学生や社会人が参加しやすいように，土曜日開講の集中講義という形で開講する．特に，ろう者学に関する諸講義は，哲学や社会学，文化人類学といったポストモダン理論の視点が重要であり，講義だけではなく，フィールドワークが必須条件となるため，「聴覚障害ソーシャルワーク総論」のように3日間の集中講義ではなく，4週間かけて講義の内容を受講生それぞれの実生活を通して，様々な現象や視点を咀嚼しながら，講義に参加するという形にする．なお，講師（筆者）は，米国のろう者のための大学であるギャローデット大学でろう者学を履修したことがあり，かつ，本務の傍ら，ろう者学の理論を系統的に学んできたソーシャルワーカーである．ろう者学総論の受講対象者は，ろう者に関わる対人専門職を目指すろう学生や聴者学生，ろう者学やろう者の歴史に関心のある学生，現役のろう当事者ソーシャルワーカーや，手話通訳者である．ろう者と関わる対人専門職のためには，自身に利益をもたらしている聴者特権やその他の特権，抑圧体験，無意識の抑圧など，様々な権力構造や抑圧構造の自覚を促すことを目的に，ろう者学のカリキュラムを15コマという制限がある中で総論的にに構成している．なお，ろう者学総論では，バイリンガル・バイカルチュラル環境が基本であり，日本手話での講義参加が必須となる．哲学的なテーマを中心としたグループディスカッションに参加し，講義内容を理解するためには，アカデミックレベルの日本手話能力が求められる．ろう者を取り巻く様々な哲学的事象を理解するためには，手話が一つの学習ツールとして使えること，日本手話力とろうコミュニティとの繋がりがあることが望ましい．

6-2 講義概要とねらい

　2019年度から新しく開講したろう者学総論のシラバスに記載されている講義概要は，以下の通りである．

　　「本講義においては，欧米を中心に発展してきたろう者学（Deaf
　Studies）の歴史，理論，最新の知見などの基礎的学問基盤を概観し，医
　学的側面での聴覚障害者としての理解ではなく，文化的言語的存在とし
　てのろう者を取り巻く状況や問題について，各種理論から適切に捉え得
　る力量を習得するために，理論枠組みに基づいた分析視点について講義
　を通して学ぶ.」

　また，前述の講義概要に沿って，①ろう者学の各種理論並びにろう者の
歴史を理解する，②文化言語的視点並びに医学的視点について適切に理
解する，の2点を講義のねらいと到達目標として設定している．本講義
の講義形態は，反転教授法（Flipped Teaching）を採用し，基本的に受講生
は，指定された教科書の該当ページや参考文献，講義パワーポイントを講
義当日までに読み込み，かつ講義終了後から次回の講義までの1週間のフ
ィールドワークを通して記述した研究ノートを持参して，講義に参加する
ことが求められる．フィールドワークの目的は，文化人類学や社会学でい
うエスノグラフィー的観点を実際に経験すること，また手話サークルやろ
う者，聴者とのコミュニケーションを観察しながら，当たり前の風景をろ
う者学の理論を援用しながら分析することである．講義中は，それぞれの
受講生が持参した研究ノートや教科書から得られたインスピレーションを
基に，ろう者に関わる各種テーマについて批判的・論理的にグループで議
論することが求められる．つまり，当たり前の日常や認識，また「知って
いる」ことの意味について脱構築的に学習する姿勢が必要となる．成績評
価の方法論として，2回のミニレポート（40%），最終レポート（40%），研
究ノートの記述を含めた授業参加度（20%）で成績を評価する．

6-3　講義計画と学習目標

　ろう者学総論は，全 15 コマで構成され，特にソーシャルワーカーやろう学校教員，手話通訳者など対人専門職を目指す学生や社会人を受講生対象として想定し，ろう者学を構成する基礎理論を学ぶで構成されている．ろう者学を理解するためには，一般の社会学や文化人類学，哲学といった教養科目を履修していることが望ましいが，本講義では，ろう者学の理論枠組みを理解し，批判的思考というスキーマで，現実社会におけるろう者を取り巻く多種多様な事象を分析するための知識や理論を学習することを目標として，一コマ完結型で，様々な理論やテーマに沿って，講義計画を構成した．

　講義については，第 3 章で分析対象としたギャローデット大学ろう者学部を始めとするろう者学カリキュラムを参考にし，1 〜 2 コマ目は，「導入期」として，ろう者を取り巻く社会・心理学的，文化人類学的観点から，日本において長らく語られている「ろう者」，「聴覚障害者」，「難聴者」を意味し，構成する事象は何かという疑問点を持つことを目的に，脱構築の概念や分析手法を紹介しながらろう者学が目指す目的や背景について理解を促す．そのためには，バイリンガル・バイカルチュラル環境が保障され，受講生全員が安心して発言できることを明確に示し，共通理解を形成することが前提となる．最初の講義で，ろう者学の定義や歴史的背景についての共通理解の形成を図る．ろう者も含めて，受講生の多くが，これまでの生活環境や人間関係，また専門職トレーニングのカリキュラムを通して，無意識的にろう者を障害者として捉え，社会適応のための支援が必要な対象として見なしていることが多いのである．それらの既存の概念から脱却するために，なぜろう者学が必要なのか，どのようにろう者学という学問が発展してきたのかを学ぶことになっている（資料 9）．次いで，2 コマ目の講義は，障害学の概念を紹介した上で，医学モデル，社会モデル，文化言語モデルといったそれぞれの視点からろう者がどのように捉えられてきたのか，また，政治的，社会構造的に，どのようにろう者が障害者として作り上げられてきたのか，無意識の認知バイアスを解体するための講義計

画となっている（資料10）．また，社会モデルだけでは，ろう者を適切に捉え得ないこと，視覚障害者などのその他の障害者との差異の境界線について共通認識を深めることも重要である．

　導入期を経た3コマ目以降は，ろう者学を支える土台となる主なろう文化理論や論点に触れながら，ろう者学が取り組んできた各種抑圧の構造やろうコミュニティの内外で起きている事象などについて学ぶように組み立てられている．3コマ目は，ろう者学の基本的視点であるポストモダン理論の中核をなす社会構成主義について，その定義，理論背景を学ぶ計画である（資料11）．社会構成主義の基礎となる視点として，現実とは人々の認識によって社会的に構築されていると考える点に特徴がある．このような社会構成主義の視点を踏まえ，ろう者やろうコミュニティの問題が社会的にどのように形成されてきたのか，受講生自身が抱える無意識的な内面世界と現実世界で起きている事象の分析を通して，受講生それぞれが内在化してきた知識，歴史，社会，政治，権力，障害に対する認識を解体し，再構築する作業を経験することは，ろう者学を学ぶ上で重要なターニングポイントとなる．社会構成主義やポストモダン理論に関する適切な理解抜きに，4〜5コマ目の講義で議論する，ジャック・デリダの音声主義（Phonocentric）や脱構築（Deconstruction）の概念やミシェル・フーコーのバイオパワーの概念の理解は難しい．特にエビデンスベースドプラスティスなどといった科学的根拠に基づいた実証主義や本質主義に基づいたトレーニングを受けた対人専門職にとっては，これまでのトレーニング過程で生成された聴覚障害に対する視点や観点から脱却し，なぜ，ろう者はリハビリテーションや福祉の対象者として社会的に構築されたのかを理解するのは容易ではないと想定される．しかしながら，エンパワーメントやストレングス視点がソーシャルワーク実践の主流にある中で，ろう者に対する言説について適切に認識することは重要なことである．6コマ目の講義では，批判理論に基づいて，抑圧からの解放の手段としてのクリティカル・ペダゴジーの視点と方法論を学び，文化言語マジョリティによって，欠損

論的に抑圧されてきた文化言語マイノリティが社会的，歴史的に継承されてきた文化資本や言語，ネットワークなどの強さや価値観について，受講生が無意識のうちに生成してきた問題構造や認識を定義し直すことの重要性に焦点を当てる．講義の折り返し地点で，ろうコミュニティやろう文化の定義や両者の違い，またその他の文化言語マイノリティと異なる点などについて学習し（資料12），欧米のろうコミュニティと異なる日本特有のろうコミュニティの構造を批判的に理解するために，中村カレン（2006）の論文を基に，全日本ろうあ連盟と政治権力の関係性や歴史について議論をする．日本のろうコミュニティ独自の文化様式や文化継承についてのディスカッションを通して，ろう文化とろうコミュニティの定義の違いを理解する．8コマ目のろう者の歴史では，7コマ目の全日本ろうあ連盟の歴史を踏まえた上で，どのように，日本のろうコミュニティが市民性を得てきたのか（田門 2017），政治と権力とのつながりや今日の手話言語法運動に見られる，日本型ろうコミュニティの光と闇に切り込むグループディスカンションを設定している．9コマ目は，障害者コミュニティやろうコミュニティに影響を与えてきた優生思想についての理解を通して，現在のろうコミュニティが直面している優生思想について受講生に考えてもらう機会を設けている．優生思想は，聴者特権や抑圧と密接に関わっていること，いつの時代もマジョリティはマイノリティの生きる権利から人権までの広範囲にわたる範囲で影響を与えてきたことに注目する．また，相模原障害者障害者施設殺傷事件に見られるように，優生思想は過去の産物ではなく，いつの時代にも蔓延っている思想であるので，抵抗の学問としてのろう者学が現代において果たす役割について理解するために，あえて優生思想に関する講義を組み込んだ．これは，ギャローデット大学ろう者学部においても「抑圧とダイナミクス」などの講義の中で議論されていることである．抑圧や差別の具体化としてのろう者に対するオーディズムに関する定義や構造について 10 コマ目で学び，オーディズムという概念がろう者や聴者の内外面で影響を及ぼしていることを学習する（資料13）．11 コマ目～14

コマ目の講義では，デフゲイン，感覚指向論，デフフッド，ろうコミュニティ文化資本といった近年のろう者学において主流となっている理論を紹介し，様々な角度からろう者やろうコミュニティを捉える講義を提供する．特に，14 コマ目の DeafCrit の講義において，批判人種理論（Critical Race Theory）から派生したろうコミュニティ文化資本（資料 14）を基に，文化言語マジョリティによる同化主義的な文化言語統制やオーディズム，優生思想などに対抗し得る，ろうコミュニティが社会的・歴史的に継承してきた文化資本について，資料 14 のろうコミュニティ文化資本モデルに従って，議論をし，現在の状況と課題について議論する．それによって，最終講義のテーマであるろうコミュニティの今後について，受講生自身が取り組むべき課題を再認識し，ろう者学総論の目標への到達点を受講生同士で確認し，全 15 コマの講義を締める形になる．以下に，ろう者学総論全 15 コマの講義計画と学習目標を表 5-4 として示した．

7　まとめと考察

　本章では，ろう者学の知見を取り入れたソーシャルワーク教育の試みについて，実際の講義内容を例示しながら，これまでに第 1 章〜第 4 章で述べてきた，①ろう者を取り巻く言説，②ソーシャルワーク実践におけるろう者の状況，③ろう者学の構成要素，④ろう文化ソーシャルワーク教育の構成要素，と関連付けながら，日本におけるろう文化ソーシャルワーク実践の向上，そして，ソーシャルワーク教育におけるろう者の言説の脱構築を促す可能性を示した．日本社会事業大学手話による教養大学の「聴覚障害ソーシャルワーク総論」並びに「ろう者学総論」の意義，今後の課題を述べた．ソーシャルワーク教育の土台を支えるリベラルアーツ教育としての手話による教養大学は，ろう者や聴者の受講生が，ろう文化ソーシャルワーカーとしてのトレーニングを受ける前に，一人の市民として，特にろう者の場合には市民性形成の機会として重要である（田門 2017: 66）．ソー

表5-4　ろう者学総論の講義計画と学習目標

回	講義計画と内容	ソーシャルワークを構成する3要素		
		知識	技術	価値
1	・ろう者とは何か？ オリエンテーション／自己紹介： -バイリンガル・バイカルチュラル環境であること，席の配置は，「コ」もしくは「ヘ」の形で机を配置すること，また視線を確保するため，パワーポイントを配布するので，必要以上にメモに気をとられる必要はないことを説明する． -本講義の目標と構成についての説明． 講義：ろう者学とはなにか？なぜろう者学を学ぶのか？（資料9） -「ろう」とは -「障害」とは -ろう者学の定義 -ろう者学の歴史背景と構成要素 グループディスカッション：「ろう」とは何か？「聴覚障害」とは何か？いつ，どのように「ろう」になるのか？いつ聴覚障害になるのか？ 指定教科書レビュー課題：第1章「ろう者の表象 - 損傷モデルと文化モデル」p.22-58.	・クライエントとしてのろう者の視点の理解 ・ろう者学の定義 ・ろう者学の歴史	・バイリンガル・バイカルチュラルコミュニケーション ・自己覚知	・多様性 ・文化言語モデル ・バイリンガル・バイカルチュラル ・コミットメント ・アカウンタビリティ
2	・医学モデルと文化言語モデル 講義：医学モデルと文化言語モデル（資料10） -医学モデル・社会モデル・文化言語モデルの視点から捉えるろう者・難聴者・中途失聴者の理解 -ろう者学と障害学の歴史的背景についての紹介 -障害とは何か？個人の障害（Impairment）と社会の障害（Disability）の紹介 指定教科書レビュー課題：第3章「ろう者の表象 - 権力・政治・依存のデュエット」p.108-151.	・医学モデル ・パターナリズム ・ディスエンパワーメント ・文化言語モデル ・障害学と社会モデル	・自己覚知	・当事者主体・視点 ・文化言語マイノリティの視点
3	・社会構成主義と言説 講義：社会構成主義とろう者の言説（資料11） -普通とは -言説（ディスコース） グループディスカッション：いかにして，ろう者の問題が作られていくのか？ 指定教科書レビュー課題：第4章「言語的偏見とろう者社会」p.152-183.	・社会構成主義の理論構成 ・問題の構築過程 ・言説の構造 ・スティグマ	・社会構成主義に基づいたポストモダン・アプローチ	・社会正義 ・倫理判断 ・多様性
4・	・音声主義と聴能主義 講義：音声主義（Phonocentric）とは？ジャック・デリダが提唱し，批判した音声主義とは．そして，それを理解するための脱構築の概念についても講義する． グループディスカッション：いつから音声が優越的に認識されてきたのか．そもそも人間にとって，音声とは何か？どのような意味を持つのか． 指定教科書レビュー課題：第2章「ろう者の表象 - 植民地主義，聴能主義，ろう者の心理学」p.59-107.	・音声主義 ・脱構築 ・聴能主義 ・口話主義 ・パターナリズム		・社会正義 ・社会の構造 ・パワーバランス

5	・フーコーとバイオパワー **講義**：フランスの哲学者であるミシェル・フーコが提唱した「バイオパワー（生権力）」について講義をする。 - 知と権力，統治の関係性 - バイオパワーとろうコミュニティの関係 **グループディスカッション**：フーコーの枠組みを基に，ろう者やろうコミュニティがどのようにみなされ，構成されているのか？ **指定教科書レビュー課題**：第7章「生一権力対ろう児」p.284-333.	・フーコーの構造主義 ・バイオパワー	・クリティカルな視点に基づくアセスメント	・社会正義 ・エンパワーメント ・専門職倫理
6	Critical Pedagogy **講義**：抑圧からの解放の手段としてのクリティカル・ペダゴジーの視点と方法論 - クリティカル・ペダゴジーの背景にある批判理論（Critical Theory）の基礎概念の紹介 **グループディスカッション**：ろうコミュニティが受けている抑圧，特に，現在のろう教育についてどのように捉えるのか議論せよ． **指定教科書レビュー課題**：第5章「ろう教育 - メインストリーム（主流）とサイドストリーム（傍流）で溺死寸前」p.184-232.	・批判理論 ・クリティカルペダゴジー ・文化資源 ・抑圧の構成要素	・クリティカル・ソーシャルワークアプローチ	・抑圧の理解 ・抑圧からの解放 ・多様性 ・エンパワーメント ・社会正義
7	ろう文化とろうコミュニティ **講義**：ろう文化とろうコミュニティの定義（資料12） - 文化とは - コミュニティとは - ろう文化とは - ろうコミュニティとは **グループディスカッション**：ろう文化特有の文化様式とは継承方法とは？また，その他のマイノリティコミュニティと異なる点は何か？ **指定参考文献レビュー**：中村かれん（2006）「抵抗と同化」全日本ろうあ連盟と政治権力の関係』『社会科学研究』東京大学社会科学研究所紀要57（3-4），184-205.	・文化の定義 ・コミュニティの定義 ・ろう文化の構成要素 ・ろうコミュニティの構成要素 ・全日本ろうあ連盟の歴史と組織構造	・コミュニティソーシャルワーク ・ネットワーキング	・文化的感受性 ・文化言語モデル ・文化コンピテンシー
8	ろう者の歴史 **講義**：ろう者と医学の歴史 - アヴェロンの野生児とイタール - 聴覚障害はいつ，どこで発生したのか（検査，診断，記述） - ミラノ会議とろう教育 - 障害者運動とろう者の市民権獲得 **グループディスカッション**：ろうコミュニティに打撃を与えた日本における歴史的事実は何か？それらによって，ろうコミュニティがどのように変化したのか？	・欧米のろう者の歴史と市民権獲得 ・手話の言語学的解明の歴史 ・日本ろう運動の歴史 ・ろう運動と政治の歴史	・アドボカシースキル	・文化コンピテンシー ・文化言語モデル

	・優生思想と優生保護法 講義：優生思想の現実と優生保護法の歴史 - グラハム・ベルと優生思想 - わが国における優生保護法の歴史 - ろう者と強制不妊手術の現状 グループディスカッション：人工内耳の拡大並びに出生前診断は優生思想を内在しているのか？ 指定参考文献レビュー：山本起世子（2010）「障害児福祉政策と優生思想 -1960年代以降を中心として -」『田園学園女子大学論集』44, 13-26. 指定参考文献レビュー：全日本ろうあ連盟（2019）『都道府県別実態調査報告書』	・優生思想の構造 ・優生保護法の歴史 ・ろう者に対する強制不妊手術の歴史 ・人工内耳に対するろうコミュニティの反応	・政策分析スキル ・アドボカシースキル	・人権アドボカシー ・社会正義 ・リカバリー
10	・オーディズム 講義：オーディズムの定義と構造（資料13） グループディスカッション：オーディズムに該当する例を挙げよ. 指定参考文献レビュー：舘井菖（2017）「インドの教育現場におけるろう文化」『人間生活文化研究』27, 319-336.	・オーディズムの定義 ・オーディズムのタイプ ・聴者特権	・様々なレベルにおけるオーディズムの構造のアセスメント	・当事者主体 ・エンパワーメント ・抑圧からの解放 ・社会正義
11	・デフゲイン 講義：デフゲインの定義と概念 グループディスカッション：ろう者の視点や経験が聴者や難聴者, コミュニティに貢献した例とは何か？	・デフゲインの定義 ・難聴者や中途失聴者にとってのデフゲイン		・ストレングス視点 ・エンパワーメント ・デフゲイン
12	・感覚指向論 講義：感覚指向論（Sensory Orientation） - 感覚とはなにか？5感とはなにか？ - 聞こえないこととはなにか？ - 感覚が異なるとはどういうことか？ グループディスカッション：なぜ, ろう者によく見られる「ろう者の声」は, 聴コミュニティに受け入れられないのか？	・感覚指向論の定義 ・ろう者と聴者の感覚指向の違いの理解	・クライエントの感覚指向のアセスメント	・多様性 ・ストレングス視点 ・文化言語モデル
13	・デフフッド 講義：植民地主義とデフフッド - 植民地主義理論（ポストコロニアル理論） - デフフッドの概念 グループディスカッション：デフフッドの概念を取り入れた取り組みとは？ 指定参考文献レビュー：山下恵理（2012）「Deafhood With/Out Deafness—言語と身体の交差する地点（書評論文）」『Quadrante: クァドランテ：四分儀：地域・文化・位置のための総合雑誌』14, 207-213.	・デフフッドの定義 ・植民地主義理論 ・文化言語モデルの定義	・文化言語モデルアプローチ	・文化言語モデル ・人権 ・アドボカシー ・社会正義 ・コミットメント

14	・DeafCrit **講義**：ろうコミュニティ文化資本とは？（資料14） - 批判人種理論（Critical Race Theory）とDeafCrit - 批判的人種理論の五つの原理 -DeafCritとは - ろうコミュニティが持つ文化資本とは？ - ろうコミュニティ文化資本とは？ **グループディスカッション**：ろうコミュニティ文化資本モデルを活用し，ろうコミュニティが受け継いできた文化資本について議論せよ．	・批判人種理論の定義 ・DeafCritの定義 ・ろうコミュニティ文化資本モデル	・様々なレベルでの文化資本のアセスメント	・多様性 ・エンパワーメント ・ストレングス視点 ・社会正義
15	・ろうコミュニティの今後 **講義**：ろうコミュニティの過去・現在・未来- - 人工内耳や内耳再生などの医学の進歩 - 文化虐殺は起こりうるのか？ - Cyborgizationの概念とろう者 **グループディスカッション**：フーコーのバイオパワー，デリダの音声主義を踏まえて，今後のろうコミュニティがどうなるのか，グループで議論せよ．			
課題	・最終レポート ・課題内容：洋画「ガタカ」を視聴した上で，医学モデルと文化言語モデルのそれぞれの視点から，今後，ろうコミュニティがどのようになるのか二つ以上の理論をもとに論ぜよ．また，三つ以上の参考文献を明記した上で，日本手話による手話ビデオ（パワーポイントのスライドなどを手話ビデオに挿入するかは任意）で提出すること（10分以下） ・参考ビデオ教材：ガタカ（1997）			

シャルワーカーとして，ろう者に関わるという事象は，ろうのクライエントのロールモデルとなり，また彼らの市民性の形成に向けた側面支援をするということでもあり，リベラルアーツ教育として，また専門職養成のプログラムとしてのろう者学やその他の手話による教養大学のカリキュラムは，社会文化的に重要であり，さらにろうコミュニティの文化資源となり得る．ろう文化ソーシャルワーク教育のカリキュラムにおける構成要素として，①ろう者やその家族のライフサイクルのアセスメントや問題を取り入れたジェネラリスト・ソーシャルワーク実践の理論・方法論，②ろう者を対象にした面接技法やアセスメント手段などに焦点を当てたスペシフィック・ソーシャルワーク実践の理論・方法論，③日本手話の習得，④社会正義の視点と抑圧構造の理解，⑤ろう者学の基礎知識（ろう文化論，ゲフゲイン，オーディズム，）⑥手話に感する言語学的知識，⑦聴者特権などに

関する知識または自己覚知，⑧ろうコミュニティの社会資源並びに文化資源の理解，⑨文化言語モデルの理解，⑩批判理論（Critical Theory）の視点の醸成，が挙げられる．

　ろう者学は学際的領域であり，ろう者そのものの生活や抑圧について理解を深めることを目的としている学問である．日本におけるろう文化ソーシャルワーカーを養成するためのソーシャルワーク教育は未だ開発中であり，第4章でも述べた第一世代のろう当事者ソーシャルワーカーが，第二世代のろうソーシャルワーカーを養成し，第三世代，第四世代へと実践知や理論を継承する（p.175）という観点から考えると，日本では，聴者による医学モデルに基づいたソーシャルワーク教育を受け，ろう者を対象にソーシャルワーク実践現場で実績を積み重ねてきた野澤克哉氏やろうあ者相談員などが第一世代ろう当事者ソーシャルワーカーであり，筆者は，第二世代ろう当事者ソーシャルワーカーである．野澤氏やろうあ者相談員の実践知を受け継ぎ，かつ学問としてのろう者学の理論や知識を取り入れたソーシャルワークのあり方について，第三世代に継承する責務がある．第三世代のろう当事者ソーシャルワーカーは，今後，直面するであろう人工内耳装用者に対するソーシャルワーク実践や遺伝子医療，早期教育など，第一世代や第二世代が直面してこなかった新たなろう者のクライエントやろうコミュニティの危機に向き合い，そこから得られた知見をさらに次の世代に継承することが期待される．そのための土台として，ソーシャルワークの実践者やろうコミュニティの構成員の参加を得て，日本社会事業大学手話による教養大学やソーシャルワーク教育におけるろう文化ソーシャルワーク教育のあり方の探求を続けていくことの責務，意義を求め続けていくことは，文化言語マイノリティとして，またLadd（2003）が述べているように，ろうコミュニティの再建に必要な礎である．

終　章
総合考察と将来展望

1　総合考察

　本書では，社会構成主義の視点を取り入れたペイン理論や文化言語モデルの視点を前提として，「医学モデル」や聴コミュニティに抑圧されてきたろう者への，多様な意味世界が交錯した相互作用が展開されるろう者を対象にしたソーシャルワーク実践の変遷の日米比較を踏まえ，ろう文化ソーシャルワーク教育の国際的動向を検証し，日本の今後のソーシャルワーク教育に必要なカリキュラム及び講義の構築として「聴覚障害ソーシャルワーク総論」と「ろう者学総論」を実現させた.

　具体的には，ソーシャルワークの対象者としてのろう者が音声言語で構成された社会において，どのような社会的文脈で捉えられているのか，またろう者を対象としたソーシャルワーク実践のあり方を歴史的に探り，社会構成主義と文化言語モデルを軸に，ろう者を取り巻く諸言説を整理し，ろう者を対象とするソーシャルワーク実践の現状と課題を明らかにした.その結果，文化言語マイノリティとしてのろう者が医学モデルの枠組みで捉えられがちであること，また医学モデルに基づいた伝統的なソーシャルワーク実践によって不利益を被りやすいことを示した.それらを解決するための，ソーシャルワーク教育カリキュラムの構成要素としてのろう者学の理解や文化言語モデルの重要性や社会的意義を論考し，ソーシャルワーク教育におけるろう者学の位置付けを提案し，「ろう者学総論」のシラバ

スに反映させた.

1-1 ろう文化ソーシャルワーク

文化言語モデルに基づき，ろう者学の知見を包摂したソーシャルワーク実践は，ミクロのみならず，メゾ，マクロといった家族や集団からコミュニティや政策までの広範囲における様々な抑圧や歪曲された言説に対抗しうる実践モデルとして提唱が可能であると考える. また，ろう文化やオーディズム，ろうコミュニティ文化資本モデルなどの理論に見られるような反抑圧主義的な観点から聴コミュニティによる抑圧や差別に，文化言語モデルの立場から取り組むという意味では，原（2015）が提唱しているような「聴覚障害ソーシャルワーク」や「多文化ソーシャルワーク」という名称より，医学モデルの知見や弊害を排除し，文化言語モデルの観点からろう者学を取り入れ，ろう文化というアイデンティティを明確に打ち出した「ろう文化ソーシャルワーク」の方が，ろう者学を取り入れたソーシャルワーク実践の課題に鑑み，有効かつ適切であると考える. なお，ろう文化ソーシャルワークと表現すると，難聴者や中途失聴者，聴者の家族を排除しかねないのではという指摘が想定されるが，それに対しては，ろう者学には，デフゲインという視点があり，これは難聴者や中途失聴者も包括していること，さらに聴者特権やオーディズムは，難聴者や中途失聴者が日々感じている聞こえに関する抑圧やストレスを分析するのに有効な視点である. もちろん，ろう文化を受け付けない難聴者や中途失聴者に，ろう文化や文化言語モデルの要素を適応させたり，強制させる必要はない. 聴文化の多くの要素をアイデンティティとして持ちながら生活することも一つの選択肢として保障されるべきであり，二文化を持つことも承認されるべきである.

ろう文化ソーシャルワークに寄与することを目的とした「聴覚障害ソーシャルワーク総論」及び「ろう者学総論」といったろう文化ソーシャルワーク関連科目の構成要素として，①ろう者やその家族のライフサイクルの

アセスメントや問題を踏まえたジェネラリスト・ソーシャルワーク実践の理論・方法論，②ろう者を対象にした面接技法やアセスメント手段などに焦点を当てたスペシフィック・ソーシャルワーク実践の理論・方法論，③日本手話の習得，④社会正義の視点と抑圧構造の理解，⑤ろう者学の基礎知識（ろう文化論，ゲフゲイン，オーディズム，）⑥手話に関する言語学的知識，⑦聴者特権などに関する知識または，自己覚知，⑧ろうコミュニティの社会資源並びに文化資源の理解，⑨文化言語モデルの理解，⑩批判理論（Critical Theory）の視点の醸成，が必要となる．すなわち，ろう文化ソーシャルワークの核心は，文化言語モデルであり，Ladd（2013）が論じているようにろうコミュニティがこれまで受けてきた社会的不利からの復権に寄与するための「特別」なトレーニングやろう者学を取り入れたソーシャルワーク教育を，ろう当事者ソーシャルワーカーや非当事者である聴者ソーシャルワーカーが受けることが重要であり，かつ，解決の道程として示されるべきである．

1-2　ソーシャルワーク教育におけるろう者の言説と文化言語モデル

　ソーシャルワーク教育におけるろう者に関する言説は，ろう者を取り巻く社会的文脈や専門職の視点の影響を受けながら，ギャローデット大学を中心にソーシャルワーク教育の中に反映されてきた．赤畑淳（2014: 136）は，ろう者を対象としたソーシャルワーク実践とは，ろう者との一対一の個別支援を中心に，関係者や組織，支援者間の連携などのメゾ領域も見据え，社会資源や地域社会のみならず，文化言語まで広がるマクロ領域の相互作用現象を視野に入れた多層的かつ複合的相互支援が重要であるとし，社会文化システムとしてのろう文化の理解を通して，マイノリティとしてのろう者が抱える課題の普遍性・特殊性の認識が重要であると述べている．つまり，文化的に多様な人々に対応できる多文化ソーシャルワークに文化コンピテンシーの能力が求められ，かつ多様な人々の文化や言語を理解することが求められることと同じように，ろう者を文化的に多様な人々とし

て捉えた場合に，必然的にろう者学の履修が効果の点で倫理的にも求められる．このような文化言語マイノリティ自身による，マイノリティのためのソーシャルワークの理論化やその教育カリキュラムの重要性，社会的意義は，ろうコミュニティに限ったことではなく，黒人ソーシャルワークの歴史的動向でも証明されている．しかしながら，多文化ソーシャルワークやその教育カリキュラムとろう文化ソーシャルワークの間に見られるいくつかの重要な差異について，我々は慎重に考慮する必要がある．ろう文化ソーシャルワークが持つ，多文化ソーシャルワークにはない特殊性や複雑性として，①医学モデルから捉えられやすいこと，②身体的生理的には聴覚障害という身体的位相があることから障害者福祉の枠組みで捉えられること，③多くのろう児が聴者家族の下に生まれ，ろう文化の継承が普遍的ではないこと，④ろう者からろう児が必ず生まれるとは限らないこと，⑤音声主義（Phonocentrism）の弊害を受けること，⑥日本人として同化視されやすいこと，⑦手話通訳者がソーシャルワーク機能を兼ねる場合が珍しくないこと，⑧聴者特権に影響されやすいこと，が挙げられ，それらが多文化ソーシャルワーク（外国人・在日コリアン・アイヌ人・琉球人などを対象にしたソーシャルワーク）との大きな相違点であり，一括りに多文化ソーシャルワーク実践と同様であるとは言い難い．従って，ろう文化ソーシャルワークのための独自のソーシャルワーク教育が必要である．

2　本書の限界と課題

2-1　本書の限界

　本書は，主として手話を第一言語とし，かつろう文化に帰属意識を持つろう者を対象としたソーシャルワーク論について検証した上で，ろう者やろうコミュニティを対象としたソーシャルワーク実践が可能なソーシャルワーカーの教育カリキュラムの意義について検証した．しかし，第1章や第2章で述べたように，ろう者といっても様々であり，本研究における研

究対象やソーシャルワーク実践や教育カリキュラムの分析内容が，主に文化的ろう者（Culturally Deaf）であり，軽度難聴者や中途失聴者などの聴覚障害者には，拒絶する人もあり，彼らには，別の，あるいは追加の理論・方法を検証する必要がある．しかし，原（2015）は，様々な要因が複雑に絡み合うろう者や難聴者のソーシャルワーク領域において，「ろう者」，「難聴者」，「中途失聴者」と分類した上で，ソーシャルワーク実践をすることは不可能であると指摘している．ゆえに，ろう者学や文化言語モデルを取り入れたソーシャルワーク教育カリキュラム構成は，狭義には「文化的ろう者」への効果的なソーシャルワーク実践が教育目標であり，インパクトであると言えるが，広義に捉えた場合には，今後の研究の積み重ねによって，難聴者などを含め，視覚情報や視覚言語を重視する難聴者や中途失聴者の福利向上にも貢献し得ると考えるべきである．そのため，ソーシャルワーカーの実践知の積み重ねに応じて，常に新たな要素を教育カリキュラムに反映し，多様な聴覚障害者のニーズに合わせてソーシャルワーカーを養成するための効果的なプログラムを構築しなければならない．

　本書の限界として，ろう者学を取り入れたカリキュラムモデルを実施した上での介入研究，検証が行われていないことが挙げられる．日本ではろうコミュニティのソーシャルワーカーに対するニーズの調査を踏まえた上での介入研究は未だ実施できていない段階である．また本書の目的は，理論研究を行い，「ろう文化ソーシャルワーク」の定義付けをし，その上で，ろう文化ソーシャルワーカー実践を担うソーシャルワーカーの養成カリキュラムの意義を明確にし，モデル的科目を構築することであった．そこに通底するろう者学の理解に基づいた文化言語モデルを，日本のソーシャルワーク教育を始めとして，障害ソーシャルワークや多文化ソーシャルワークの潮流の中に，どのように位置付けていくのか，引き続き研究を継続していく必要性がある．新たに設置した科目の実施後，受講生の協力を得て，現場での実践レベルで検証をする．また，日本のろう文化に基づいたソーシャルワーク実践のコンピテンシーやろうあ者相談員やろう文化ソーシャ

ルワーカーを対象とした養成カリキュラムの開発などの介入実証研究に引き続き取り組む必要がある．

2-2　残された課題

　ろうコミュニティが長らく被ってきた医学モデルに基づいたソーシャルワーク実践の弊害からリカバリーするための方策として，医学モデルを否定し，文化言語モデルを取りれたろう文化ソーシャルワークが重要となることを本書で示した．社会正義の観点から，日本の伝統的なソーシャルワークに対する反省を求めることは，ろう文化ソーシャルワーカーとしての責務である．ろう文化ソーシャルワークに寄与するためのソーシャルワーク教育を展開するためには，聴コミュニティに所属する非当事者ソーシャルワーカーに対する啓発活動や教育といったソーシャルアクションが，ろう文化ソーシャルワーカーや教育関係者に求められる．これには，ろう当事者ソーシャルワーカーがロールモデルやリーダーとなってソーシャルアクションの先頭に立つだけではなく，ろう文化ソーシャルワークのトレーニングを積み重ねた非当事者の聴者ソーシャルワーカーが持つ潜在的なネットワーク機能や聴者特権も活用することで可能になると考えられる．

　多文化ソーシャルワークや黒人ソーシャルワークがマイノリティコミュニティとともにソーシャルアクションを起こし，その結果，ソーシャルワーカーや教育関係者に認識されるようになったのと同様に，日本におけるソーシャルワークの構造に，ろう文化ソーシャルワークを位置付けるためのソーシャルアクションを展開することは，結果的にアイヌ人や在日コリアンやその他のマイノリティ集団を対象にしたソーシャルワーク実践にも健全な利益をもたらすと考える．具体的には，ろう文化や文化資源などの基礎的知識を社会福祉士や精神保健福祉士の養成カリキュラムや国家試験出題基準に必須項目として位置付けるための，ろう文化ソーシャルワーク実践に関する研究活動の展開並びに，ソーシャルワーク関連団体や養成機関のネットワークを通しての政策的働きかけといったマクロレベルのソー

シャルワーク実践が求められる.

3 結論

　本書では，ろう者の社会生活上の諸問題やろうコミュニティに関わるソーシャルワーカーの専門性に着目し，そのためのソーシャルワーク教育カリキュラムやを主な研究対象とした.

　そして，以下の4点の研究目的について，論考，検証し，ソーシャルワーク教育を取り巻く社会的文脈や言説としての，ろうコミュニティやろう者を対象としたソーシャルワーク実践の動向や課題，ろう者学の歴史的変遷を踏まえた上で，ギャローデット大学ソーシャルワーク学部におけるソーシャルワーク教育の歴史やカリキュラム構成要素について分析し，ろう者学の知見を反映したソーシャルワーク教育の基礎的資料を提示し構成要素について考察した.研究の目的は，次の通りであった.

　(1) 文化言語マイノリティとしてのろう者のニーズや言説について，社会的文脈の観点から整理し，「ろう文化ソーシャルワーク」実践のために，ろう者の視点やろうコミュニティの構成要素を理解することが不可欠であることを示す.

　(2) ソーシャルワーカーがろう者の視点や意味世界を理解するための手段として，ろう者学が必須であることを示す.

　(3) ギャローデット大学におけるソーシャルワーク教育がろう者学を学問背景とする「文化言語モデル」に基づいて展開されていること，その分析を通して，ろう文化ソーシャルワーク教育のカリキュラムの構成要素を提示する.

　(4) 研究目的 (1) ～ (3) を踏まえた上で，本研究の成果とも言える，日本におけるろう文化ソーシャルワーカーの養成に寄与するためのモデル的教育カリキュラムとシラバスについて，その発展性や課題を示す.

　研究目的 (1) については，第1章，第2章において，ろう者やろうコ

ミュニティを取り巻く言説を明らかにし，また，ろう者を対象にしたソーシャルワーク実践に関わる文献を対象に分析を実施した．1970年から続く，文化言語マイノリティとしてのろう者の社会的認識の高まりに伴い，ろう者やろうコミュニティから自身の社会的地位の承認に向けたアドボカシー運動やろう文化ムーブメントが起き，ろう者の権利獲得やエンパワーメントが可能になった結果，ろう者学が発展したことが明らかになった．同時に，ソーシャルワーク実践に対する視点や教育プログラムも時代の潮流に合わせて，エンパワーメントやストレングス視点が取り入れられるようになり，より当事者としてのクライエント視点の理解が求められるようになった．ろう者学の発展は，ろう者を対象としたソーシャルワーク実践にも影響を与えていると結論付けた．

　研究目的（2）については，ろう者学の理論動向に焦点を当て，かつソーシャルワーク実践との関連性について検証した．また，「文化言語モデル」の概念を整理し，ろう文化ソーシャルワーク実践の重要性を示した．第3章では，主にギャローデット大学ろう者学部のカリキュラムを対象にシラバスの内容分析を実施し，文化言語モデルの構成要素やソーシャルワーカーに必要とされるろう者学に関する基礎知識や理論などをソーシャルワーク教育のカリキュラムの構成要素の検証に活かした．

　研究目的（3）については，文化言語モデルに基づく実践が可能なソーシャルワーカーの教育カリキュラムの構成要素について，ギャローデット大学ソーシャルワーク学部の教育カリキュラムを対象に，考察した．第4章において，ギャローデット大学ソーシャルワーク学部がこれまでに全米ソーシャルワーク教育連盟に提出したセルフ・スタディ・レポートや関連資料を分析対象に文献調査を実施し，分析結果をろうコミュニティに関わるソーシャルワーカーの教育カリキュラムの構成要素を示した．

　研究目的（4）については，研究目的（1）〜（3）で得られた知見を基に，ろう文化ソーシャルワークの円滑な実践を支えるソーシャルワーク教育の必要性を提案し，その具体的に必要な軸の視点を提示した．そして，

研究目的（2）と研究目的（3）を踏まえた上で，第5章において，日本社会事業大学で開講されている「聴覚障害ソーシャルワーク総論」及び「ろう者学総論」のシラバスの分析を通して，実践的教育の取り組みを文献研究や社会構成主義の観点から議論した．

　本書における研究の結果，ろう者を対象としたソーシャルワーク実践には，文化言語モデルの視点を取り入れるだけではなく，ソーシャルワーカー自身が適切なトレーニングを積み，自身が持つ抑圧や特権，文化的感受性についての自己認識を高め，当事者ソーシャルワーカーとしてろう文化とソーシャルワークの円滑な相互作用を促進することが重要であることが示された．今後は，ろう文化ソーシャルワークの普及に向けた努力が求められる．そのために，日本のソーシャルワーク教育における発想の転換やカリキュラムの再点検が欠かせない．第一に，ろう者を，医学モデルから捉えた聴覚障害者としての側面から，福祉的ニーズや支援計画を検討する伝統的なソーシャルワーク実践の対象から脱却し，文化言語的に多様性を提供する存在意義あるソーシャルワークの対象者として認識することが求められる．現在の日本におけるソーシャルワークはろう者を障害者福祉関連法規などの法的規定による厳密な区分でニーズを捉えているが，文化言語的抑圧を受けている人々としての，また聴コミュニティによって周縁化された人々としてのろう者やその関係者のストレングスや歴史にも光を当てる必要がある．クリティカル・ソーシャルワークの視点からも，文化言語マイノリティとしてのろう者やろうコミュニティがおかれている不平等や格差ないしは制度的な差別，またろうコミュニティを取り巻く抑圧状態や社会的言説に焦点を当て，文化言語的抑圧からの解放を目指すろう文化ソーシャルワーク実践及びそれを支えるろう者学の知見を取り入れたソーシャルワーク教育が必須である．今後は，日本のろうコミュニティのろう者学的研究を踏まえた，ろう文化ソーシャルワーク教育に関するさらなる介入研究が求められる．今後に残された課題として，①本書で提示したろう文化ソーシャルワーク教育の構成要素及びモデル案の効果や影響を明ら

かにすること，②日本版ソーシャルワーク教育システムの中で，ろう文化ソーシャルワークをどのように位置付けていくか，例えば，日本社会事業大学「手話による教養大学」の科目群や福祉の基礎的な科目との関連を考慮し，カリキュラムの構築を行うこと，③ジェネラリスト・ソーシャルワーカーの責務として，ろう者学的啓発活動やソーシャルアクションを行うことが必要である．

参考文献

〈和文参考文献〉

赤畑淳（2014）『聴覚障害と精神障害をあわせもつ人の支援とコミュニケーション―困難性から理解へ帰結する概念モデルの構築―』ミネルヴァ書房．

赤畑淳・高山亨太（2005）「聴覚障害学生の現場実習における現状と課題―実習生と実習指導者双方に生じた戸惑いに焦点を当てて―」『精神保健福祉』36（3），259．

秋山智久（2007）『社会福祉専門職の研究』ミネルヴァ書房．

浅原千里・柿本誠・平野華織（2004）「「社会福祉の主体者」としての力量養成と「障害学生の実習教育支援」の意義に関する考察―障害を有する学生の実習における「障害」体験分析より―」『日本福祉大学社会福祉実習教育研究センター年報』1, 52-56．

浅原千里（2005）「障害を有する学生の社会福祉実習支援システム形成に向けての実践と考察」『日本福祉大学社会福祉実習教育研究センター年報』2, 64-72．

安藤豊喜（2004）『聴覚障害者を差別する法令の改正を目指す中央対策本部報告書』聴覚障害者を差別する法令の改正を目指す中央対策本部 ,p.1．

石河久美子（2003）『異文化間ソーシャルワーク – 多文化共生社会をめざす新しい社会福祉実践』川島書店．

石河久美子（2012）『多文化ソーシャルワークの理論と実践――外国人支援者に求められるスキルと役割』明石書店．

市田泰弘・木村晴美（1995）「ろう文化宣言」『現代思想』23（5），pp.354-362．

市田泰弘・難波友加・伏原桃子ほか（2001）「日本手話母語話者人口推計の試み」『日本手話学会第27回大会予稿集』，pp.12 45．

一色峰与（2008）「行政におけるろうあ者相談員支援の実践」奥野英子編『聴覚障害児・者支援の基本と実践』中央法規 , pp.152-155．

伊藤冨士江（1998）「身体障害のある学生に対する社会福祉実習教育（1）―全国の社会福祉系大学を対象にした実態調査をもとに―」『聖カタリナ女子大学研究紀要』10, 3-15．

稲淳子（2006）「背聴覚障害者の精神保健支援と精神保健福祉士」『医療現場で働く聞こえない人々』現代書館 , pp.84-88．

稲垣智子（2013）「聴覚障害者のデフ・アイデンティティの発達に影響する要因の検討」『桜美林大学大学院心理学研究科修士論文』桜美林大学．

岩間暁子・ユ・ヒョヂョン（2007）『マイノリティとは何か――概念と政策の比較社会学』ミネルヴァ書房．

上農正剛（2007）「聴覚障害児の言語獲得における多言語状況」『Core Ethics』3, 43-58．

植村英晴（2001）『聴覚障害者福祉・教育と手話通訳』中央法規．

大杉豊（2015）「ろう者学教育コンテンツの開発―高等教育機関における聴覚障害学生向けの教育的支援を支える―」『情報処理』56（6），541-542．

大塚淳子（2002a）「つながりの豊かさと QOL の向上を実感できた事例――聴覚障害者へのコミュニケーション保障を中心としたかかわりからの気づき」『精神保健福祉』33（3），241．

大塚淳子（2002b）「障害受容への援助と生活支援 - 聴覚障害者の精神科医療に関わって」研究代表

者：大橋謙策『社会福祉系大学，専門学校，高等学校福祉科等におけるソーシャルワーク教育方法および教育教材の開発に関する研究』2000 〜 2001 年度三菱財団研究助成報告書，ソーシャルケアサービス従事者養成・研修研究協議会，pp.116-132.

大塚浮子（2013）「新生児聴覚スクリーニング検査の必要性に関する研究」『熊本学園大学紀要社会関係研究』19（1），99-144.

大野裕史・日上耕司・奥田健次・ほか（2004）「大学における障害のある学生への支援システムに関する調査研究」『吉備国際大学社会福祉学部研究紀要』9, 207-216.

岡村重夫（1983）『社会福祉原論』全国社会福祉協議会．

沖倉智美（1999）「社会福祉専門職を目指す障害を持つ学生の学校生活に関する支援—学生自身の力の獲得と支援のシステム化—」『ソーシャルワーク研究』24（4），272-278.

奥田啓子（2002）「ろう者をめぐるソーシャルワーク実践の基礎的考察——アメリカの専門誌にみる援助観の動向を中心として」『社会福祉学』43（1），155-164.

奥田啓子（2003）『ろう者をめぐるソーシャルワーク実践の基礎的研究』大正大学博士論文．

奥田啓子（2004）「障害者をめぐる言説の構築とソーシャルワーク実践—新たな言説（「聴覚障害者」から「ろう者」へ）の形成と協働の可能性を求めて—」『社会福祉学』44（3），3-12.

奥田啓子（2007）「障害者と「アイデンティティ」：ろう者を事例とする考察」『社会福祉学』48（2），43-54.

奥野英子編（2008）『聴覚障害児・者支援の基本と実践』中央法規．

甲斐更紗・鳥越隆士（2006）「ろう学校高等部生徒のアイデンティティに関する研究」『特殊教育学研究』44, 209-217.

加我君孝（2005）『新生児聴覚スクリーニング　早期発見早期教育のすべて　』金原出版．

片倉和彦（1991）「日本の精神科医と聴覚障害者との関わりの状況と課題」『リハビリテーション研究』69, 7-10.

金澤貴之（1996）「クレイムはどのように発せられるか」『現代社会理論研究』6, 43-50.

金澤貴之（1999）「作られる「社会問題」— 構築主義アプローチからのディスコース研究—」『言語』 28（1），47-51.

金澤貴之（2013）『手話の社会学』生活書院．

河崎佳子（2004）『きこえない子の心・ことば・家族』明石書店．

川淵依子（1983）『手話は心』財団法人全日本聾唖連盟．

神田和幸（2000）「ろう文化を考える」現代思想編集部編『ろう文化』青土社，pp.69-75.

管野奈津美・大杉豊・小林洋子ほか（2014）「ろう者学教育コンテンツの開発と共同利用の展望」『筑波技術大学テクノレポート』22（1），16-20.

北川清一・松岡敦子・村田典子（2007）『演習形式によるクリティカル・ソーシャルワークの学び——内省的思考と脱構築分析の方法』中央法規．

北島英治（2011）「ソーシャルワーク部門」『社会福祉学』52（3），94-105.

城戸禎子（2012）「『社会モデル』を採用するソーシャルワークの可能性」，堀正嗣編『共生の障害学—排除と隔離を超えて—』明石書店，112-136.

木下武徳（2008）「ろうあ者相談員の現状と課題」奥野英子編『聴覚障害児・者支援の基本と実践』中央法規，pp.145-159.

木村晴美（2007）『日本手話とろう文化』生活書院．

木村晴美（2008）「新しいろう教育を求めて」佐々木倫子・古石篤子編著『混乱・模索するろう教

育の現場～教育政策・言語政策のはざまで」慶応義塾大学湘南藤沢学会, pp.53-60.

木村晴美・市田泰弘 (1995)「ろう文化——言語少数者としてのろう者（ろう文化宣言）」『現代思想』23 (3), 354-362.

久保田純 (2016)『都市部の行政機関における支援を必要とする母子家庭へのソーシャルワーク——「当事者主体」に向けた「揺らぎ」に基づく合意形成——』東洋大学博士論文.

久保紘章 (2005)「ソーシャルワークの実践モデル」久保紘章・副田あけみ編『ソーシャルワークの実践モデル—心理社会的アプローチからナラティブまで—』川島書店, pp. ⅰ - ⅷ.

厚生労働省 (2015)『誰もが支え合う地域の構築に向けた福祉サービスの実現—新たな時代に対応した福祉の提供ビジョン—』厚生労働省.

厚生労働省 (2018)『平成 28 年生活のしづらさなどに関する調査（全国在宅障害児・者等実態調査）結果』厚生労働省.

国際ソーシャルワーク連盟 (2014)『ソーシャルワークのグローバル定義』国際ソーシャルワーク連盟.

小山隆 (2004)「社会福祉実践における自己決定の意義と課題 - 善行原則・無危害原則との関連で」同志社大学社会福祉学会編『社会福祉の思想・理論と今日的課題』筒井書房, 245-255.

斉藤くるみ (2007)『少数言語としての手話』東京大学出版会.

斉藤くるみ・高山亨太・岡田孝和 (2014)「国際交流による聴覚障がい者対応のソーシャルワークの確立をめざして」『日本社会事業大学研究紀要』60, 219-263.

斉藤くるみ (2017)「リベラルアーツ教育としての「日本手話」とろう文化」斉藤くるみ編『手話による教養大学の挑戦：ろう者が教え，ろう者が学ぶ』ミネルヴァ書房, pp.35-65.

斎藤文夫 (1999)「日本福祉大学における障害学生の受け入れと支援の取り組み」『リハビリテーション』, 鉄道身障者協会, p.417.

坂田浩子 (1999「聴覚障害者の自我同一性形成について」『ろう教育科学』32 (2), 61-81.

佐藤豊道 (2001)『ジェネラリスト・ソーシャルワーク研究：人間：環境：時間：空間の相互作用』川島書店.

佐藤学 (1996)『カリキュラムの批評——公共性の再構築へ』世織書房.

佐藤学 (1999)「カリキュラム研究と教師」安彦忠彦編『新版 カリキュラム研究入門』勁草書房, pp.157-158.

澁谷智子 (2012)「子どもがケアを担う時——ヤングケアラーになった人／ならなかった人の語りと理論的考察」『理論と動態』5, 2-23.

社会保障審議会福祉部会福祉人材確保専門委員会 (2018)『ソーシャルワーク専門職である社会福祉士に求められる役割等について』社会保障審議会福祉部会福祉人材確保専門委員会.

新保祐光 (2014)『退院支援のソーシャルワーク—当事者支援システムにおける「状況的価値」の形成—』相川書房.

全国手話通訳問題研究会 (2004)『支援費制度における聴覚障害者への情報保障とコミュニケーション支援のための調査研究報告書』全国手話通訳問題研究会.

仙台市 (2006)『軽度・中等度難聴者支援ガイドブック』仙台市.

全日本ろうあ連盟 (1988)『第 5 回全国ろうあ者相談員研修会資料集』全日本ろうあ連盟.

全日本ろうあ連盟 (1991)『第 8 回全国ろうあ者相談員研修会資料集』全日本ろうあ連盟.

全日本ろうあ連盟 (1993)『第 10 回全国ろうあ者相談員研修会資料集』全日本ろうあ連盟.

全日本ろうあ連盟 (1997)『第 13 回全国ろうあ者相談員研修会資料集』全日本ろうあ連盟.

全日本ろうあ連盟（2003）『聴覚障害者のための社会資源便利帖』全日本ろうあ連盟．

全日本ろうあ連盟（2004）『聴覚障害者への情報提供に関するニーズ調査研究報告書』全日本ろうあ連盟

全日本ろうあ連盟（2005a）『平成 16 年度聴覚障害者生活支援業務従事者研修会資料集』全日本ろうあ連盟．

全日本ろうあ連盟（2005b）『第 21 回全国ろうあ者相談員研修会資料集』全日本ろうあ連盟．

全日本ろうあ連盟（2005c）『21 世紀のろう者』全日本ろうあ連盟出版局．

全日本ろうあ連盟（2006）『第 22 回全国ろうあ者相談員研修会資料集』全日本ろうあ連盟．

全日本ろうあ連盟（2007）『聴覚障害者の相談の資格・認定に関する調査研究及び聴覚障害者相談支援へのケアマネジメント等の研修事業　平成 18 年度報告書』全日本ろうあ連盟．

全日本ろうあ連盟（1998）『財団法人全日本ろうあ連盟五〇年のあゆみ』，全日本ろうあ連盟出版局．

ソーシャルワーク教育団体連絡協議会（2016）『ソーシャルワーカー養成教育の改革・改善の課題と論点』ソーシャルワーク教育団体連絡協議会．

第 11 回世界ろう者会議組織委員会（1992）『第 11 回世界ろう者会議報告書』全日本ろうあ連盟出版局．

高山亨太（2007）『聴覚障害を持つ社会福祉専門職の就労の現状と課題』筑波大学大学院ヒューマン・ケア科学専攻修士論文．

高山亨太（2008）「ギャローデット大学における教育」奥野英子編『聴覚障害児・者支援の基本と実践』中央法規出版株式会社，pp.83-88.

高山亨太（2009）「社会福祉関連学会等における障害のある会員への支援の実態と課題」『リハビリテーション連携』9（2），116-121.

高山亨太（2017a）「ろう・難聴当事者ソーシャルワーカーの養成―その歴史と課題―」斉藤くるみ編『手話による教養大学の挑戦：ろう者が教え，ろう者が学ぶ』ミネルヴァ書房，pp.152-186.

高山亨太（2017b）「野澤克哉先生とソーシャルワーク―野澤先生に教えられたこと―」『野澤克哉追悼記念集』聴覚障害者問題研究会，pp.37-40.

高山亨太（2018）「米国における認定精神保健手話通訳士の現状と課題―アラバマ州の Statewide Mental Health Model の取り組みに着目して―」『手話と臨床実践』1, 15-22.

田川佳代子（2013）「クリティカル・ソーシャルワーク実践の理論素描」『愛知県立大学紀要社会福祉研究』15, 13-20.

滝沢広忠（1996）「聴覚障害者の心理臨床について」『杉山善朗教授退職記念論文集』札幌学院大学，117-123.

田島英行（2013）「当事者の"当事者性"と専門職の"当事者性"」『社会福祉学』53（3），79-82.

田中恵美子（2009）『障害者の自立生活と生活の資源：多様で個別なその世界』生活書院．

田門浩監修（2008）『手話と法律・裁判ハンドブック』生活書院．

田門浩（2012a）「ろうコミュニティのこれから」佐々木倫子編著『ろう者から見た「多文化共生」もうひとつの言語的マイノリティ』ココ出版，pp.241-242.

田門浩（2012b）「手話の復権―手話言語法運動の背景と法的根拠を考える―」『手話学研究』21, 81-96.

チョウ・K・スティーブン（1991）「米国の聾者に対する　精神衛生サービス――悪戦苦闘，目標達成，将来の夢」『第 11 回世界ろう者会議報告集』全日本ろうあ連盟，pp.145-149.

田門浩（2017）「ろう者が自らの「市民性」を涵養する権利と「日本手話」による教養大学―法律

学授業を題材として―」斉藤くるみ編『手話による教養大学の挑戦：ろう者が教え，ろう者が学ぶ』ミネルヴァ書房, pp.66-116.

長南浩人編（2005）『手話の心理学入門』東峰書房.

鳥越隆士（1999）「ろう教育における手話の導入」『兵庫教育大学研究紀要』19, 163-171.

長瀬修（1999）「障害学に向けて」石川准・長瀬修編『障害学への招待 - 社会，文化，ディスアビリティ』明石書店, 9-40.

長瀬修・東俊裕・川島聡（2008）『障害者の権利条約と日本――概要と展望』生活書院.

西川健一（2004）「耳の聞こえない精神障害者のケアから見えてくるもの」『精神看護』7（5）, 71-73.

日本身体障害者団体連合会（2002）『身体障害者相談員活動事例集　第3集』日本身体障害者団体連合会.

野澤克哉（1991）『聴覚障害者のケースワークⅡ』聴覚障害者問題研究会.

野澤克哉（2001）『聴覚障害者のケースワークⅣ』聴覚障害者問題研究会.

橋本眞奈美（2014）『「社会モデル」による新たな障害者介助制度の構築』明石書店.

原順子（2008）「聴覚障害ソーシャルワークの専門性・独自性と課題」『四天王寺大学紀要』46, 139-151.

原順子（2011）「文化モデルアプローチによる聴覚障がい者への就労支援に関する考察―ソーシャルワーカーに求められるろう文化視点―」『社会福祉学』51（4）, 57-68.

原順子（2012）「聴覚障害者の特性を考慮したソーシャルワーク実践のプロセス概念と枠組みに関する研究：聴覚障害ソーシャルワーカーへの質的調査から」『四天王寺大学紀要』54, 117-130.

原順子（2015）『聴覚障害者へのソーシャルワーク―専門性の構築をめざして―』明石書店.

ヴィラーク・ヴィクトール（2006）『日本における効果的な多文化ソーシャルワーク教育プログラムの構築―文化的力量のある社会福祉専門職の育成に向けて―』日本社会事業大学博士論文.

日和恭世（2014）「ソーシャルワーカーの実践観に関する一考察」『別府大学紀要』55, 73-83.

黄福寿（2007）「大学カリキュラムの分析枠組み―カリキュラム研究の展開を手掛かりとして―」『広島大学高等教育研究開発センター大学論集』39, 15-31.

藤邑正和（2002）「難聴者の障害受容過程に関する一考察」『ろう教育科学』44（1）, 13-23.

藤巴正和（2003）「青年期の聴覚障害者におけるアイデンティティの問題と支援のあり方について」『総合保健科学：広島大学保健管理センター研究論文集』19, 51-58.

古田弘子・吉野公喜（1994）「ろうの両親をもつ聴覚障害児の実態について」『ろう教育科学』36（1）, 37-45.

前田直子・森下裕子（1984）「聾児をもつ聾の母親を取り巻く諸問題」『ろう教育科学』26（2）, 79-96.

松岡和美（2015）『日本手話で学ぶ手話言語学の基礎』くろしお出版.

松岡克尚（2007）「『障害者ソーシャルワーク』への展望―その理論的検討と課題―」『ソーシャルワーク研究』33（2）, 4-14.

三島亜希子（2005）「誘いの受け方，断り方――社会福祉実習指導の問題点」倉本智明編『セクシュアリティと障害学』明石書店, pp.268-294.

三島亜希子（2015）「ソーシャルワークのグローバル定義における多様性（ダイバーシティ）の尊重―日本の社会福祉教育への「隠れたカリキュラム」視点導入の意義―」『ソーシャルワーク学会誌』30, 1-12.

森壮也（1999）「ろう文化と障害，障害者」石川准・長瀬修編『障害学への招待』明石書店，pp.156-183

森壮也（2010）「手話とろう文化」松井亮輔・川島聡編『概説障害者の権利に関する条約』法律文化社，314-31.

森壮也（2017）「経済学と手話言語学をろう者の母語で語ること」斉藤くるみ編『手話による教養大学の挑戦：ろう者が教え，ろう者が学ぶ』中央法規出版，pp.210-240.

谷口明広（2005）「障害当事者活動と社会リハビリテーションとの関連性」『リハビリテーション研究』125, 26-29.

安彦忠彦編（1999）『新版カリキュラム研究入門』勁草書房．

山口県ろうあ連盟（2005）『聴覚障害者百人に聞きました』山口県ろうあ連盟．

山口利勝（2003）『中途失聴者と難聴者の世界—見かけは健常者，気づかれない障害者—』一橋出版．

山本博之（2016）「我が国におけるソーシャルワーカー養成の過去，現在そして未来：日米のソーシャルワーカー養成課程を比較して」『田園調布学園大学紀要』,11, 23-36.

若狭重克・小沼春日（2004）「障害のある学生の実習配属支援の現状と課題— 2003 年度社会福祉援助技術現場実習施設・機関への訪問記録の分析を通して—」『北海道浅井学園大学人間福祉研究』7, 73-92.

〈英文参考文献〉

Anderson, G.B. and Dunn, L.M.（2016）"Assessing Black Deaf History: 1980s to the Present", *Sign Language Studies*, 17（1）, 71-77.

Anderson, Y.（1975）"The Deaf as a Subculture", Social Work Program ed, *An Orientation to Deafness for Social Workers*, 21-26.

Anglin-Jaffe, H.（2015）"De-Colonizing Deaf Education: An Analysis of the Claims and Implications of the Application of Post-Colonial Theory to Deaf Education", Lesnik-Oberstein, K.ed. *Rethinking Disability Theory and Practice*, Springer.

Armstrong, D.（2014）*The History of Gallaudet University: 150 Years of a Deaf American Institution.* Gallaudet University Press.

Ashcroft, B. Griffiths, G. and Tiffin, H. eds.（1998）*Key Concepts in Post-Colonial Studies*, Routledge.

Bahan, B.（2009）"Sensory Orientation", *Deaf Studies Digital Journal*, 1.

Bahan, B.（2014）"Senses and Culture: Exploring Sensory Orientation", Bauman, H.D. and Murray, J. eds. *Deaf Gain: Raising the Stakes for Human Diversity,* University of Minnesota Press, 233-254.

Bahan, B. and Bauman, H. D.（2000）*Audism: Toward a Postmodern Theory of Deaf Studies*, Deaf Studies VI Conference.

Bahan, B. and Nash, J.（1996）"The Formation of Signing Communities", Deaf Studies IV: Visions of the Past, Visions of the Future, 1-26.

Baker, C. and Cokely, D（1980）*American Sign Language,* TJ Publishers.

Bangs, D.（1993）"Deaf Studies: Building Bridges, Building Pride", Bangs, D. ed. *Deaf Studies III: Bridging Cultures in the 21st Century,* 25-44, Gallaudet University, Continuing Education and Outreach.

Barclay, D. and Delotte-Bennett, M.（2016）*Baccalaureate Program in Social Work Self-Study Report,* Gallaudet University.

Barnartt, S. & Scotch, R.（2001）*Disability Protects: Contentious Politics 1970-1999,* Gallaudet University Press.

Barnes, S., Seabolt, D., and Vreeland, J.（1992）"Deaf Culturally Affirmative Programming for Children with Emotional and Behavioral Problems", *JADARA*, 26（2）, 13-17.

Bauman, H.（2004）. "Audism: Exploring the Metaphysis of Oppression", *Journal of Deaf Studies and Deaf Education*, 9（2）, 239-246.

Bauman, H.D.（2008）*Open Your Eyes: Deaf Studies Talking,* University of Minnesota Press.

Bauman, H.D. and Murray, J.（2009）"Reframing: From Hearing Loss to Deaf Gain", *Deaf Studies Digital Journal*, 1, 1-10.

Bauman, H.D. and Murray, J.（2014）*Deaf Gain: Raising the Stakes for Human Diversity,* University of Minnesota Press.

Bauman, H.D. and Murray, J.（2016）"Deaf Studies", Genie, G. and Boudreault, P. eds. *Deaf Studies Encyclopedia,* Sage Publication, pp.272-276.

Babbidge, H.D.（1964）. *Education of the Deaf–A Report to the Secretary of Health, Education, and Welfare,* Advisory Committee on the Education of the Deaf.

Bell, J.M.（2014）*The Black Power Movement and American Social Work,* Columbia University Press.

Benedict, B.S. and Sass-Lehrer, M.（2007）"Deaf and Hearing Partnerships: Ethical and Communication Considerations", *American Annals of the Deaf*, 152（3）, 275-282.

Bent-Goodley, T. (2006) "Oral Histories of Contemporary African American Social Work Pioneers", *Journal of Teaching in Social Work,* 26, 181-199.

Bent-Goodley, T., Snell, C.L., & Carlton-LaNey, I. (2017) "Black Perspectives and Social Work Practice", *Journal of Human Behavior in the Social Environment,* 27 (1-2), 27-35.

Berger, P. and Luckman, T. (1996) *The Social Construction of Reality,* Doucbleday.

Bienvenu, M.J. (1991) "Deaf Studies in the 90's: Meeting a Critical Need", *Deaf Studies for Educators,*Gallaudet University, pp.17-32.

Bienvenu M.J. (2016) "Deaf theory", In Genie, G. & Boudreault, P. eds., *Deaf Studies Encyclopedia,*Sage Publication, pp.282-284.

Blankmeyer, T. (2017) "Gene Therapy: A Threat to the Deaf Community?", *Impact Ethics.*

Boston University (2018) *Academic Catalog; BS in Deaf Studies,* Boston University.

Breivik, J.K., Haualand, H., and Solvang, P. (2002) *Rome: A Temporary Deaf City: Deaflympics 2001,* Stein Rokkan Centre for Social Studies.

Brown, L. and Strega, S. (2005) *Research as Resistance: Critical Indigenous and Anti-Oppressive Approaches,* Canadian Scholar's Press.

Brown, M. (2000) *Baccalaureate Program in Social Work Self-Study Report,* Gallaudet University.

Brown, M. (2008) *Baccalaureate Program in Social Work Self-Study Report,* Gallaudet University.

Brueggemann, B. (1999) *Lend Me Your Ears: Rhetorical Constructions of Deafness,* Gallaudet University Press.

Brueggemann, B. (2010) "The Tango or, What Deaf Studies and Disability Studies Do-Do", In Burch, S. and Kafer, A. eds. *Deaf and Disability Studies,* Gallaudet University Press, pp.245-265.

Cambell, C. and Baikie, G. (2012) "Beginning at the Beginning: An Exploration of Critical Social Work", *Critical Social Work,* 13, 67-81.

Cohen, D. & Harrison, M. (1982) *The Curriculum Action Project: A Report of Curriculum Decision Making in Australian Schools.* Macquarie University.

Cokely, D. and Baker-Shenk, C (1991) *American Sign Language: A Teacher's Resource Text on Grammar and Culture,* Gallaudet University Press.

Colvin-Burgue, A., Davis-Maye, D., and Zugazaga, C.B. (2007) "Can Cultural Competence Be Taught? Evaluating the Impact of the SOAP Model", *Journal of Social Work Education,* 43 (2), 223-241.

Corson, B. (1991) "Deaf Studies: A Framework for Learning and Teaching", *Deaf Studies for Educator Conference Proceeding,* pp.7-16.

Crow, L. (1996) Including All of Our Lives: Renewing the Social Model of Disability. Barnes, C., and Mercer, G. eds. *Exploring the Divide,* Disability Press.

CUSN Department of Deaf Studies (2019) BA Deaf Studies Program Catalog, California State University, Northledge.

Department of Social Work (1975) *An Orientation to Deafness for Social Worker,* Gallaudet University.

Department of Social Work (1992) *Department of Social Work Self-Study Report,* Gallaudet University.

Department of Social Work (1993) *Department of Social Work Self-Study Report Addendum,* Gallaudet University.

Department of Social Work (1994) *Master's Program in Social Work Self-Study Report,* Gallaudet University.

Department of Social Work（2000）*Self-Study for Program Review BA Program in Social Work and MSW Program,* Gallaudet University.

Devore, W., and Schlesinger, E.G.（1999）*Ethnic-Sensitive Social Work Practice 5th Edition,* Allyn & Bacon.

Eckert, R.C.（2010）"Toward a Theory of Deaf Ethnos: Deafnicity-D/deaf（Homaemon-Homoglosson-Homothreskon）", *Journal of Deaf Studies and Deaf Education,* 15（4）, 317-333.

Erting, D.（1978）"Language Policy and Deaf Ethnicity in the United States", *Sign Language Studies,* 19, Summer, 139-152.

Fernandes, J.K. and Myers, S.S.（2009）Inclusive Deaf Studies: Barriers and Pathways, *Journal of Deaf Studies and Deaf Education,* 15（1）, 17-29.

Fleischer, L.（1991）"Deaf Studies: The Next Step", In Juanita Cebe ed. *Deaf Studies for Educators: Conference Proceeding, Gallaudet University,* pp.149-154.

Fleischer, F., Garrow, W., and Narr, R.F.（2015）"Developing Deaf Education", Murawski and Scott eds. *What Really Works in Secondary Education?,* Thousand Oaks, pp.289-305.

Frank, S.（1969）"The Reality of Being Deaf", *Journal of Rehabilitation of the Deaf,* 2, 2-5.

Galcia-Fernandez, C.M.（2014）*Deaf-Latina/Latino Critical Theory in Education: The Lived Experiences and Multiple Intersecting Identities of Deaf-Latina/o High School Student,* The University of Texas at Austin Dissertation.

Gallaudet University（1971）*Annual Report,* Gallaudet University.

Gallaudet University（1991）*Affirmative Action Plan for Deaf, Hard of Hearing, and Disabled People,* Gallaudet University.

Gallaudet University（2017）*Annual Report,* Gallaudet University.

Gannon, J.（1981）*Deaf Heritage: A Narrative History of Deaf America,* National Association of the Deaf.

Gary, R. and Gary, L.（1994）"The History of Social Work Education for Black People 1900-1930", *The Journal of Sociology and Social Welfare,* 21（1）, 67-81.

Gertz, G.（2003）*Dysconscious Audism and Critical Deaf Studies: Deaf Crit's Analysis of Unconscious Internalization of Hegemony within the Deaf Community*（Unpublished Doctoral Dissertation）, University of California, Los Angeles.

Gertz, G.& Boudreault, P.（2016）"Introduction", In Genie, G. and Boudreault, P. eds. *Deaf Studies Encyclopedia,* Sage Publication, p.xxix.

Giddens, A.（1990）*The Consequences of Modernity,* Polity Press.（=1993, 松尾精文・小幡正敏訳『近代とはいかなる時代か？』而立書房）

Glickman, N.（1986）"Cultural Identity, Deafness, and Mental Health", *Journal of Rehabilitation of the Deaf,* 20（2）, 1-10.

Glickman, N.（1996）*Cultural Affirmative Psychotherapy with Deaf Persons,* Routledge.

Glickman, N.（2003）. "Culturally Affirmative Mental Health Treatment for Deaf People: What It Looks Like and Why It is Essential", In Glickman, N.S. and Gulati, S. eds. *Mental Health Care of Deaf People: A Culturally Affirmative Approach,* Lawrence Erlbaum Associates Publishers, pp.1-32.

Glickman, N.ed.（2013）*Deaf Mental Health Care,* Routledge.

Glickman, N.S. and John C.C.（1993）Measuring Deaf Culture Identities: A Preliminary Investigation, *Rehabilitation Psychology,* 4, 275-283.

Golos, D.B., Moses, A.M., and Wolbers, K.A.（2012）Culture or Disability? Examining Deaf Characters in

Children's Book Illustrations, *Early Childhood Education Journal*, 40（4）, 239-249.

Gournaris, M. J., Hamerdinger, S., & Williams, R.C.（2013）Creating a ulturally Affirmative Continuum of Mental Health Services: The Experiences of Three States. Glickman, N. ed. *Deaf Mental Health Care*, Routledge,138-180.

Green, J.W.（1998）*Cultural Awareness in the Human Services: A Multi-Ethnic Approach*, Allyn & Bacon.

Greenwood, B. and Van Cleve, J.（2008）*A Fair Chance in the Race of Life: The Role of Gallaudet University in Deaf History*, Gallaudet University Press.

Gutierrez, L., Zuniga, M. & Lum, D. eds.（2004）*Education for Multicultural Social Work Education: Critical Viewpoints and Future Directions*, Council on Social Work Education Press.

Hall, C., Slembrouck, S and Sarangi, S.（2006）*Language Practices in Social Work*, Routledge.

Hall, W.（2017）"What You Don't Know Van Hurt You: The Risk of Language Deprivation by Impairing Sign Language Development in Deaf Children", *Maternal and Child Health Journal*, 21（5）, 961-965.

Harris, J. and Bamford, C.（2001）"The Uphill Struggle: Services for Deaf and Hard of Hearing People-Issues of Equality, Participation and Access", *Disability and Society*, 16（7）, 969-979.

Harvey, M.（2003）*Psychotherapy with Deaf and Hard of Hearing Persons: A Systematic Model*, Lawrence Erlbaum Associates.

Hill, R.B.（1997）*The Strengths of African Families: Twenty-Five Years Later*, R & B Publisher.

Hoffmeyer, D.（1975）*A Rationale for Developing a Deaf Studies Program*（Unpublished Master's Thesis）, California State University, Northledge.

Holcomb, T.（2013）*Introduction to American Deaf Culture*, Oxford University Press.

Hester, C.（1972）"Training the Deaf in Social Work: An Undergraduate Program in a Mental Health Setting", *Journal of Rehabilitation of the Deaf*, 6（2）, 68-72.

Higgins, P.C.（1987）"The Deaf Community", In Higgins, P.C. and Nash, J.E. eds. *Understanding Deafness Socially*, Charles C Thomas Publisher, pp.151-170.

Holly E.（1974）Marriage Counseling with Deaf Clients, *Journal of Rehabilitation of the Deaf*, 8（2）.

Humphries, T.（1977）*Community Across Cultures and Language Learning*, Union Graduate School Ph.D Dissertation.

Hynes, D.（1988）*Social Work with Deaf People*, Social Work Monographs, Norwich.

Jackson, P.（1968）*Life in Classrooms*, Rinehart and Winston.

Joan, C.（1982）"A Comparative Study of Change in Attitudes toward Deafness among Hearing Adolescents", *Journal of Rehabilitation of the Deaf*, 16, 16-22.

Johnson, R.E（1994）"Sign Language and the Concept of Deafness in a Traditional Yucatec Mayan Village", In Erting, C.J., Johnson, R.E., Smith, D.L., and Snider B.D. eds. *The Deaf Way: Perspective from the International Conference on Deaf Culture*, Gallaudet University Press, pp.102-109.

Jones, R.（1987）"California State University, Northledge", In Van Cleve, J. ed. *Gallaudet Encyclopedia of Deaf People and Deafness*, McGraw-Hill Book, pp.163-164.

Kannapell, B.（1993）"The Power Structure in the Deaf Community", Bangs, D. ed. *Deaf Studies III: Bridging Cultures in the 21st Century*, 163-169, Gallaudet University, Continuing Education and Outreach.

Katz, C.N.（1999）"A Partial History of Deaf Studies", *Deaf Studies VI: Making the Connection, Conference*

Proceedings, pp.119-136.

Katz, C.N. （2000） *A History of the Establishment of Three Bachelor of Arts Degree-Granting Deaf Studies Program in America* （Unpublished Doctoral Dissertation）, Lammer University.

Kelly, A.B. （1998） "A Brief History on the Field of Deaf Studies", *Disability Studies Quarterly*, 18 （2）, 118-124.

Kelly, V. （1999） *The Curriculum-Theory and Practice*, Paul Chapman Publishing.

Klimentova,E., Docekal V., and Hynkova, K. （2017） "Hearing Children of Deaf Parents – A New Social Work Client Group", *European Journal of Social Work*, 20 （6）, 846-857.

Ktepi B. （2016） "Deaf Studies Programs", In Gertz, G. and Boudreault, P. eds. The Sage Deaf Studies Encyclopedia, SAGE Publications, pp.280-281.

Kyle （2017） *The Centre for Deaf Studies at University of Bristol*, Centre for Deaf Studies.

Ladd, P. （2003） *Understanding Deaf Culture: in Search of Deafhood*. Multilingual Matter.

Lane, H. （1984） *When the Mind Hears: A History of the Deaf*, Random House.

Lane, H. （1991） "Deaf Studies Before and After the Revolution", In Earting, C. ed. *The Deaf Way : Perspectives from the International Conference on Deaf Culture*, Gallaudet University Press, pp.838-845.

Lane, H. （1992） *The Mask of Benevolence Disabling the Deaf Community*, Dawn Sign Press.

Lane, H. （1994） "Deaf Studies Before and After the Revolution", In Erting, C. ed. *The Deaf Way: Perspectives from the International Conference on Deaf Culture*, Gallaudet University Press, pp.838-845.

Lane, H. （1999） *The Mask of Benevolence Disabling the Deaf Community*, Dawn Sign Press.

Lane, H. （2005） "Ethnicity, Ethics, and the Deaf World", *Journal of Deaf Studies and Deaf Education*, 10 （3）, 291-310.

Lane, H., Hoffmeister, R., & Bahan, B. （1996） *A Journey into the Deaf World*, Dawn Sign Press.

Langholtz, D.J. （1991-1992） The Deaf Gay/Lesbian Client; Some Perspectives, *JADARA*, 25 （3）.

Lash, S. （1994） "Reflexivity and its Doubles", In Beck, U. and Giddens, A. eds. *Reflexive Modernization*, Polity Press, pp.110-173.

Leigh, I.W. and Lewis, J. （2010） "Deaf Therapist and the Deaf Community: Issues to Consider", Leigh, I.W. ed. *Psychotherapy with Deaf Clients from Diverse Groups*, Gallaudet University Press.

Leigh, I.W. （2001） "Curriculum Considerations", In Beattie, R.G. ed. *Ethics in Deaf Education: The First Sic Years*, Academic Press, pp.143-166.

Levine, E. （1956） *Youth in a Soundless World: A Search for Personality*, New York University Press.

Lovat, T.J. & Smith, D.L. （2003） *Curriculum: Action on Reflection*, Social Science Press.

Lucas, C. and Valli, C. （1989） Language Contact in the American Deaf Community, Lucas, C. ed, *The Sociolinguistics of the Deaf Community*, Academic, pp.11-40.

Lum, D. （2011） *Culturally Competent Practice: A Framework for Understanding Diverse Groups and Justice Issues*, Brooks/Cole Cengage Learning.

Markowicz, H. and Woodward, J. （1978） "Language and the Maintenance of Ethnic Boundaries in the Deaf Community", *Communication and Cognition II*, 1, 29-38.

Marschark, M. and Spencer, P. E. （2000） *The Oxford Handbook of Deaf Studies in Language*, Oxford Library of Psychology.

Marsiglia, F.and F., Kulis, S. (2014) *Diversity, Oppression, and Change: Culturally Grounded Social Work,* Lyceum.

Martin, E.P. & Martin, J.M. (1995) *Social Work and Black Experience,* NASW Press.

Mason, T.V. (2008) *Master's Program in Social Work Self-Study Report,* Gallaudet University.

Mason, T.V. and Mounty, J.L. (2005) "Maximizing Access to Licensure for Deaf and Hard of Hearing Social Workers, Mounty", In J.L. and Martin, D.S. eds, *Assessing Deaf Adults: Critical Issues in Testing and Evaluation,* Gallaudet University Press, pp.149-155.

Mathews, J., Parkhill, A., Schlehofer, D., Starr, M., and Barnett, S. (2011) "Role-Reversal Exercise with Deaf Strong Hospital to Teach Communication Competency and Cultural Awareness", *American Journal of Pharmaceutical Education,* 75 (3), 1-10.

Mawwell-McCaw, D. and Zea, M. (2011) "The Deaf Acculturation Scale (DAS) : Development and Validation of a 58-Item Measure", *The Journal of Deaf Studies and Deaf Education,* 16 (3), 325-342.

McDonnell, P. (2016) Disability, Deafness and Ideology in the Late Twentieth and Early Twenty-First Centuries, *Educ. Real.,* 41 (3), 777-788.

McLaughlin, H., Brown, D. and Young A.M. (2004) "Consultation, Community and Empowerment - Lessons from the Deaf Community", *The Journal of Social Work,* 4 (2), 153-166.

McLaughlin H, Young A.M, and Hunt R. (2007) "Edging the Change. Action Research with Social Workers and Hard of Hearing Service Users to Achieve Best Practice Standards". *Journal of Social Work,* 7 (3), 288-306.

Meek, D. (2020) "Dinner Table Syndrome: A Phenomenological Study of Deaf Individuals' Experiences with Inaccessible Communication", *The Qualitative Report,* 25 (6), 1676-1694.

Merry, S. (1991) "Law and Colonialism", *Law and Society Review,* 25, 889-992.

Miller-Nomeland, M. (1991) "Update on Deaf Studies: What's Happening in Your School", *Perspectives in Education and Deafness,* 9 (3), 15-17.

Miller-Nomeland, M. and Gillespie, S. (1993) *Kendal Demonstration Elementary School Deaf Studies Curriculum Guide,* Gallaudet University.

Moore, E. and Delotte-Bennett, M. (2016) *Master's Program in Social Work Self-Study Report,* Gallaudet University.

Moore, E and Mertens, D. (2015) "Deaf Culture and Youth Resilience in Diverse American Communities", In Theron, L., Liebenberg, L., and Ungar, M. eds, *Youth Resilience and Culture-Commonalities and Complexities,* Springer Publisher.

Mori, S. (2010) "Testing the Social Model of Disability", In Burch, S. and Kafer, A. eds. *Deaf and Disability Studies,* Gallaudet University Press, pp.235-244.

Morris, J. (1993) *Independent Lives? Community Care and Disabled People,* Palgrave Publisher

Moses, C. (1990) *Final Report: An MSW Curriculum Specialization for Aging and Hearing Loss,* Gallaudet University.

Murphy, B. (1970) *An Ethnic Studies' Program In a School for the Deaf, Country School Bulletin, Information Paper Number 4,* National Center on Deafness Library.

NASW (1996) *The NASW Code of Ethics,* NASW Press.

NASW (2001) *NASW Standards for Cultural Competence in Social Work Practice,* NASW Press.

Norton, D. (1978) *The Dual Perspective: Inclusion of Ethnic Minority Content in the Social Work Curriculum,* Council on Social Work Education Press.

O'Brien, D. and Emery, S.D. (2014) "The Role of the Intellectual in Minority Group Studies: Reflections on Deaf Studies in Social and Political Contexts", *Qualitative Inquiry,* 20 (1), 27-36.

Obasi, C. (2008) Seeing the Deaf in "Deafness", *Journal of Deaf Studies and Deaf Education,* 13 (4), 455-465.

Oliver, M., Sapey, B., and Thomas, P. (1999) *Social Work with Disability People,* Palgrave Macmillan.

Padden, C. (1980) "The Deaf Community and the Culture of Deaf People", In Baker, C. and Battison, R. eds, *Sign Language and the Deaf Community: Essay in Honor of William C. Stokoe,* National Association of the Deaf, pp.89-104.

Padden, C. (1989) The Deaf Community and the Culture of Deaf People, Wilcox, S. ed. *American Deaf Culture: An Anthology,* Linstok Press, 1-16.

Padden, C. and Humphries, T. (1988) *Deaf in America: Voices from a Culture,* Harvard University Press.

Padden, C. and Humphries, T. (2005) *Inside Deaf Culture,* Harvard University Press.

Padden, C. and Markowicz, H. (1976) *Cultural Conflicts between Hearing and Deaf Communities,* National Association of the Deaf.

Panara, R. (1974) "Deaf Studies in the English Curriculum", *The Deaf American,* pp.15-17.

Payne, M. (2006) *What is Professional Social Work?,* Policy Press.

Payne, M. (2014) *Modern Social Work Theory,* Oxford University Press.

Peter, S.J. (1977) "Polarization of Deaf People", *Journal Rehabilitation of the Deaf,* 10, 10-13.

Pinderhughes, E. (1989) *Understanding Race, Ethnicity and Power: The Key to Efficacy on Clinical Practice,* Free Press.

Pimentel, A. (1975) "The Deaf Community as a Social Service Resource", In Social Work Program ed. *An Orientation to Deafness for Social Workers,* Gallaudet University Social Work Program, pp.65-74.

Polakoff, D. (1972) "Social Work : A Career For The Deaf Person", *Journal of Rehabilitation of the Deaf,* 6 (2), 61-67.

Polakoff, D. (1976) *Application for Accreditation Baccalaureate Social Work Program,* Gallaudet College.

Polakoff, D. (1980) *Application for Reaccreditation- Modified Self-Study,* Gallaudet College.

Pollard, R.Q. Jr. (1994) "Public Mental Health Service and Diagnostic Trends Regarding Individuals Who are Deaf or Hard of Hearing", *Rehabilitation Psychology,* 39 (3), 147-160.

Pomerants, A. (1984) "Agreeing and Disagreeing with Assessments: Some Features of Preferred/ Dispreferred Turn Shapes", In Akinson, M.J. and Heritage, J. eds.. *Structures of Social Action: Studies in Conversation Analysis.* Cambridge University Press, 57-101.

Potter, J. (1991) *Deaf Studies Curriculum,* Minnesota School for the Deaf.

Power, D. (1981) "Principles of Curriculum and Methods Development in Special Education", In Swann, W. ed. The Practice of Special Education, Oxford University Press, pp.264-285.

Pray, J. (1983) *Application for Re-Accreditation Baccalaureate Social Work Program,* Gallaudet College.

Pray, J. (1998) *Master's Program in Social Work Self-Study Report,* Gallaudet University.

Preston, P. (1995) "Mother Father Deaf: The Heritage of Difference", *Social Science and Medicine,* 40 (11), 1461-1467.

Rainer, J.D., Altshuler, K.Z., and Kallmann, F.J. (1963) *Family and Mental Health Problems in a Deaf*

Population, New York State Psychiatric Institute.

Rogers, K. and Young, A.（2011）"Being a Deaf Role Model: Def People's Experiences of Working with Families and Deaf Young People", *Deafness and Education International,* 13（1）, 2-16.

Rosen, R.（2012）"Sensory Orientations and Sensory Designs in the American Deaf world", *Sensory Design Reviews,* 7（3）, 366-373.

Rothman, J.C.（2010）"The Challenge of Disability and Access: Reconceptualizing the Role of the Medical Model", *Journal of Social Work in Disability & Rehabilitation,* 9, 194-222.

Saito, K. and Takayama, K.（2018）*The Project for Language Rights of Deaf and Hard of Hearing in Japanese Higher Education.* European Council Language Rights: Issues and Good Practices, Warsaw, Poland（Conference Presentation, September 22, 2018）.

Sanders, E.G.（1986）"The Establishment of a Deaf Studies Major", *Journal of American Rehabilitation for the Deaf,* 19（3-4）, 19-23.

Schein, J.（1968）*The Deaf Community: Studies in the Social Psychology of Deafness,* Gallaudet University Press.

Schein, J. and Delk, M.（1974）*The Deaf Population of the United States,* Gallaudet University Press.

Schiele, J.H.（1996）"Afrocentricity: An Emerging Paradigm in Social Work Practice", *Social Work,* 41, 284-294.

Schlesinger, H. and Meadow, K.（1972）*Sound and Sign: Childhood Deafness and Mental Health,* University of California Press.

Schrieber, F.（1981）Priority Needs of Deaf People, Schein, J. ed. A *Rose for Tomorrow : Biography of Frederick C. Schrieber,* National Association of the Deaf, pp.74-77.

Schon, D.（1983）*The Reflective Practitioner: How Professionals Think in Action,* Basic Books.

Shapiro, J.P.（1993）No Pitty: People with Disabilities Forging a New Civil Rights Movement, Three Rivers Press.（=1999, 秋山愛子訳「別の文化を祝福するろう者」『憐れみはいらない - 全米障害者運動の軌跡』現代書館 , pp.115-158.）

Sheppard, K. and Badger, T.（2010）"The Lived Experience of Depression among Culturally Deaf Adults", *Journal of Psychiatric and Mental Health Nursing,* 17, 783-789.

Sheridan, M.A.（1993）*An Integrative Strengths Based Transactional Paradigm,* Ohio State University.

Sheridan, M.A.（1999）Strengths Based Transactional Deafness Paradigm, *Journal of the Amrican Deafness and Rehabilitation Association,* 33（1）, 1-9.

Sheridan, M.A.（2001）*Inner Lives of Deaf Children: Interviews and Analysis,* Gallaudet University Press.

Sheridan, M.A., and White, B. J.（2009）"Deaf and Hard of Hearing", *In Encyclopedia of Social Work 20th Edition,* Oxford University Press.

Sheridan, M, White, B., and Mounty, J.（2010）"Deaf and Hard of Hearing Social Workers Accessing Their Profession: A Call to Action", *Journal of Social Work in Disability and Rehabilitation,* 9（1）, 1-11.

Sheridan, M., Boettcher, R. & Riemenschneider, A.（1989）*The Ohio State University Graduate Social Work Training Program in Deafness and Mental Health: A Proposal to Ohio Department of Mental Health,* The Ohio State University College of Social Work.

Sinnott, C., Looney, D. and Martin, S.（2012）"Social Work with Students Who are Deaf or Hard of Hearing", *School Social Work Journal,* 36（2）, 1-14.

Social Work Program ed.（1975）*An Orientation to Deafness for Social Workers,* Gallaudet University

Social Work Program.

Solomon, A. (2014) "Deaf Loss" , In Bauman, HD and Murray J. eds. *Deaf Gain: Raising the Stakes for Human Diversity,* University of Minnesota Press, pp. v-viii.

Solomon, B.B. (1976) *Black Empowerment: Social Work in Oppressed Communities,* Columbia University Press.

Stepleton, L. (2015a) "The Disabled Academy: The Experiences of Deaf Faculty at Predominantly Hearing Institutions", *Thought & Action,* 31 (2) , 55-69.

Stapleton, L. (2015b) "When Being Deaf is Centered: d/Deaf Women of Color's Experiences with Racial/ Ethnic and d/Deaf Identities in College", *Journal of College Student Development,* 56 (6) , 570-586.

Stewart, L. (1981) "Counseling the Deaf Client", In Setin, L., Mindel, E., & Jabaley, T.eds. *Deafness and Mental Health,* Grune & Stratton, pp.133-159.

Stokoe, W.C. (1960) *Sign Language Structure: An Outline of the Visual Communication System of the American Deaf,* University of Buffalo.

Sue, D.W. (2006) *Multicultural Social Work Practice,* Wiley.

Sussman, A.E. (1988) "Approaches to Counseling and Psychotherapy Revisited", In Watson, D., Long, G., Taff-Watson, M., & Harvey, M. eds. *Two Decades of Excellence: A Foundation for the Future,* American Deafness and Rehabilitation Association, pp.2-15.

Takayama, K. (2017) Disaster Relief and Crisis Intervention with Deaf Communities: Lessons Learned from the Japanese Deaf Community, *Journal of Social Work in Disability & Rehabilitation,* 16 (3) , 247-260.

Thew, D., Smith, S., Chang, C., and Starr, M. (2012) The Deaf Strong Hospital Program: A Model of Diversity and Inclusion Training for First-Year Medical Students, *Academic Medicine: Journal of the Association of American Medical Colleges,* 87 (11) , 1496-1500.

Torres, M. (1995) "Post-Modern Perspective on the Issues of Deafness as Culture Versus Pathology", JADARA, 29 (2) , 1-7.

Tuccoil, T. (2008) *Hearing Privileges at Gallaudet?* (Unpublished Master's Thesis) , Gallaudet University.

Tugg v. Towey. (1994) *864 F. Supp.* 1201 S.D. Fla.

Turkington C. (2000) *Living with Hearing Loss: The Sourcebook for Deafness and Hearing Disorders,* Facts on File.

Tyler, R.W. (1949) *Basic Principles of Curriculum and Instruction,* University of Chicago Press.

Valente, J.M. (2011) Cyborgization: Deaf Education for Young Children in the Cochlea Implantation Era, Qualitative Inquiry, 17 (7) , 639-652.

Van Cleve, J. ed. (1987) *Gallaudet Encyclopedia of Deaf People and Deafness,* Gallaudet University Press.

Vernon, M. (1969) "The Final Report", In Grinker ed., *Psychiatric Diagnosis, Therapy and Research on the Psychotic Deaf,* Washington DC: U.S. Department of Health, Education, and Welfare, Social and Rehabilitation Services, 13-37.

Vernon, M. and Makowsky, B. (1969) "Deafness and Minority Group Dynamics", *The Deaf American* 21, 11, 3-6.

Vernon, M. and Leigh, I.W. (2007) "Mental Health Services for People Who Are Deaf", *American Annals of the Deaf,* 152 (4) , 374-381.

Wax, T.M. (1990) "Deaf Community Leaders as Liaisons between Mental Health and Deaf Cultures",

JADARA, 24-2, 33-40.

Wax, T.M. (1995) Deaf Community, *Encyclopedia of Social Work 19th Edition,* NASW Press, pp.679-684.

Woll, B and Ladd, P. (2010) "Deaf Community", In Marschark, M. and Spencer, P. eds. *The Oxford Handbook of Deaf Studies, Language and Education Volume 1,* pp.159-172.

Woodward, J. (1982) *How You Gonna Get to Heaven if You Can't Talk with Jesus: on Depathologizing Deafness,* Silver Spring: T.J. Publishers.

Weinberg, N. and Sterritt, M. (1986) "Disability and Identity: A study of Identity Patterns in Adolescents with Hearing Impairments", *Rehabilitation Psychology,* 31, 95-102.

White, B. (2006) Disaster Relief for Deaf Persons: Lessons from Hurricanes Katrina and Rita. *The Review of Disability Studies: An International Journal,* 2 (3) , 49-56.

Wolstein, E. (1975) "Social Work with Deaf People", In Social Work Program ed. *An Orientation to Deafness for Social Workers,* pp.75-83.

Woodward, J. and Markowicz, H. (1975) "Some Handy New Ideas on Pidgins and Creoles: Pidgin Sign Language", International Conference on Pidgin and Creole Language.

Yosso, T. (2005) "Whose Culture Has Capital? A Critical Race Theory Discussion of Community Cultural Wealth", *Race Ethnicity and Education,* 8 (1) , 69-91.

Young A.M, Hunt R, G. Loosemore-Reppen, H. McLaughlin, and S. Mello Baron. (2004) . "A Profile of 15 Social Work Services with Deaf and Hard of Hearing People in England", *Research Policy and Planning,* 22 (1) , 31-46.

資　料

ろう者とは？

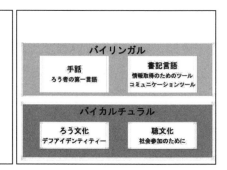

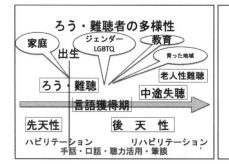

障害を捉えるモデル

	医学モデル	社会モデル	言語・文化モデル
障害とは	異常・疾病	個性	なし
社会適応の手段	治療・リハビリ	社会側の改善	手話・文化
社会保障の課題	福祉・保健	人権問題	ろう者としての生き方の保障
	国際生活機能分類（ICF）普遍的・統合的・相互作用モデル		ろう者学

1990年代までの一般的な
聴覚障害心理学のテキストでの記述

- 自己中心的
- 利己的
- 依存的
- 無責任

- 顕示的
- 攻撃的
- 無頓着
- 非共感的

聴覚障害が直接、社会性の問題を引き起こすという
科学的根拠はない
ろう・難聴当事者や専門家からの批判   ×

　聴覚障害ソーシャルワーク総論ミニ課題：医学モデル・社会モデル・文化言語モデルの観点から，ろう者や難聴者に関する言説やステレオタイプ，事柄を記入せよ．

医学モデル（障害は個人に起因するという考え方）	社会モデル（障害は社会に起因するという考え方）	文化言語モデル（ろう者は手話やろう文化を持つマイノリティであるという考え方）
例：耳が聞こえない	例：みんなで筆談をすればいい	例：ろう者は障害者ではない

ろう文化と手話

ろう・難聴者の理解

ろう者学
言語的文化的側面

聴覚障害学
医学的側面

ろう文化と聴文化

言語化・視覚化する文化

察・推測する文化

木村 (2007)

日本手話と日本語

- 「まぁまぁ」
- 「検討します」
- 「目が安い」
- 「ありますか」

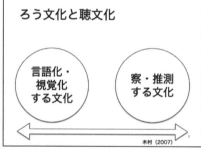

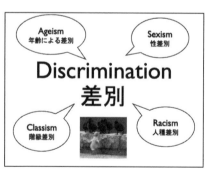

オーディズム（Audism:聴能主義）

- 聞こえること、また聞こえに起因する言動などが優れていると考える概念
- ろう者に対する偏見
- 聞こえる文化にたった視点による言動による差別
- ろう者の能力を低く見る見方

文化資源と社会資源

文化とは？

- 人の集団がもつ独自の生活様式と共有された価値観、信念、意味

ろう者の経験と当事者性

ろう者自身がどんな方法がもっとも良いものであるかを自身の経験から知っており、その方法は常に積極的に採用されるべきである

つまり、従来では
「ろう者のやり方（the deaf way）」や
「ろう者の世界（the deaf world）」と
言われていたのが、
現在は「ろう文化（Deaf culture）」
として知られている（Padden 1996）

National Association of the Deaf (1982)

Green(1992)の文化的理解の5要素

1. 自分自身の限界に気づくこと
2. 文化的差異に関心を持つこと
3. クライエント主体に系統立てて学習すること
4. 文化的資源を活用すること
5. 多様性と結びつくこと

ろう・難聴者支援における
文化的資源とは？

例：学校とコミュニティ

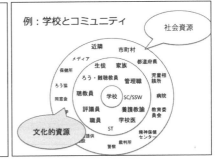

ろう者の視点に基づいた面接技法とコンピテンシー

ろう・難聴者当事者専門職の意義

- ろうセラピストは、以下の3点で聴セラピストとは異なる臨床経験、視点を持つ
  (Gulati, 2003; Harvey, 2003; Leigh ら, 1991)
- ろう・難聴者の内面的側面や経験に対する繊細なアセスメント
- コミットメント
- ラポート（信頼関係）形成

©Kota Takayama   2

ろう者の言語外的知識

- Deaf Extralinguistic Knowledge: DELK
- ろう通訳者の研究から派生した視点（NCIEC 2009）
- 「ろう通訳者と聴通訳者の大きな差異は、ろう者の世界をろう通訳者自身が直接体験を通して、言語や抑圧体験や差別などの体験、また言語以外の知識が形成されていることである」

©Kota Takayama   3

ろう者の視点の理解
Understanding Deaf perspective（高山 2017）

ろう・難聴者
Deaf and Hard of Hearing

- コミュニティ Community
- 行動と認知 Behavior and cognition
- 価値観 Value
- 言語・コミュニケーション Language and communication

影響 Influence　　アプローチ Approach

- 言語的文化的側面 Linguistic and cultural perspective
- 専門家 Professional 価値観 Value 技術 Skills 知識 Knowledge
- 医学的側面 Medical perspective

文化的言語的視点を取り入れた面接技法（高山 2017）

- アイコンタクト
- 同じデフコミュニティーのメンバーであるという安心感・守秘義務
- 文化的言語的フィーリング・フィードバック
- 多様な手話、コミュニケーション手段への適用
- ろう者に対する差別体験への共感（オーディズム）
- 自己開示
- コミュニケーションアセスメント

©Kota Takayama   5

【事例】

　13歳の都会の公立聾学校に通学する中学部1年生．聴力は60dBほどの先天性感音性難聴であったが，中学部入学前後に聴力が低下し，現在は100dB以上の重度感音性難聴である．家族は共働きの両親，高校1年生の姉，小学校5年生の弟の5人家族である．小学校までは難聴学級が併設されている地域の小学校に通学していた．家庭内でのコミュニケーション手段は主に音声言語であったが，聴力低下後は会話が少なくなった様子である．学校では，手話によるコミュニケーションを習得しつつあり，ほとんど音声言語に頼ることなく，コミュニケーション可能になっている．学校では聾学校出身の生徒との関係構築がうまく行かずに，孤立しがちな状況が散見されている．学業面での成績は問題なく，優秀な方である．少しずつ休みがちになってきているが，不登校には至っていない．スクールソーシャルワーカーとしては，体験を目的とした面談を実施しており，面識はあるが，スクールソーシャルワーカーのところに面談の希望は寄せられていない．母親がスクールソーシャルワーカーのところに面談にきて，「家庭内でのコミュニケーションがとれなくなってきたことに苦しんでいる．息子に人工内耳をすすめているが，本人が頑に受け入れてくれない．医者も失聴期間が短い方が予後はいいと言っているので，スクールソーシャルワーカーさんからも本人に説明してもらえませんでしょうか．」と訴えがあった．本人は人工内耳手術を否定しており，一方的な話をする母親との関係は悪くなるばかりで，家庭内でも孤立しつつある．

ろう者に対する 多次元アセスメント モデル

ろう者に対する
多次元アセスメントモデル (Zitter, S. 1996)

・4つの領域から、**ストレングス**、**ウィークネス** を
アセスメントし、必要な介入内容を明らかにする

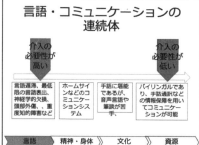

言語・コミュニケーションの連続体

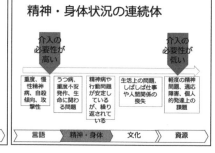

精神・身体状況の連続体

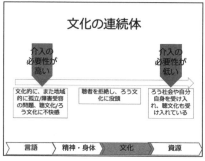

文化の連続体

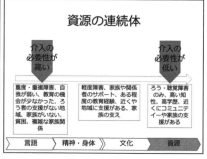

資源の連続体

256

【事例】

　ろう女性，78歳．都内のろう学校小学部卒業，両親もろう者で，本人にとっては日本手話が第一言語であり，書記日本語はどちらかといえば苦手としている．14歳から23歳まで繊維工場にて勤務経験あり．現在，都営住宅で1人暮らし中．

　23歳のときに，ろう者の夫と結婚し，2人の子ども（聞こえる娘，ろう者の息子，現在，それぞれ52歳，49歳．）に恵まれたものの，7年前に夫がガンにより死去．現在の主な収入は年金と息子からの仕送りのみとなっている．

　主な支援者としては，息子，民生委員，地域の手話通訳者，同じ件家住宅の近隣の方々である．聞こえる娘は，聞こえる夫の家族の偏見もあり，やむなく母親との距離を置いている．地域との付き合いは，ほとんどない状況．以前は，夫が地域のろう協会で障害者運動に関わっていたが，本人はろう者の友人は少ない状況．必要なときのみ息子を通して市民サービスを受けるが，介護保険等に関する知識などはほとんどない状況．以前，デイサービスを利用したことがあるが，音声言語が理解できず，孤独感を感じたことにより，福祉サービスの利用を拒絶した経緯がある．

　1人でぼーっとする時間が増えた母親を心配した息子が，区役所福祉課に相談をしたことで，今後の福祉サービス利用を検討することになった

ろう者学とは

文化的差異
vs
障害

スティグマ

異文化の
人々が
抱える問題

- 言葉の障壁
- 文化・価値・習慣の違い
- サポートシステムの欠如
- 社会システムの違いと情報不足
- 自ら選択した移住か、
  望まない移住か

どのように
見える？

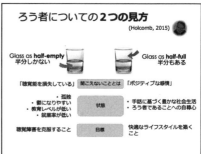

ろう者は
言語文化的マイノリティー
なのか？

ろう者学（Deaf Studies）とは

- ろう者像をあらゆる視点で学問的に捉えたもので、社会学、文化人類学、フェミニズム等から示唆を得て構築された学問 (Bauman 2007)

- 主たる内容
  - ろう者の歴史、ろう文化、ろう教育、手話学、手話通訳、言語学とコミュニケーション、ろう者の心理学、ろう者の社会学、ろう文学、デフコミュニティ、制度や法律、ろう運動

ろう者学のはじまり

(Marschark and Humphries, 2009)

ろう者の言語、
コミュニティ、文化の研究

University of BRISTOL
ブリストル大学で
ろう者学センターを設立
1984年

1994年
ギャローデット大学にて
ろう者学のプログラムを設置

ろう者の暮らしについて、
社会学、文化人類学、民族学などの
多学問領域から追究する

ろう者学の主な理論

デフゲイン
Deaf gain
(Bauman, 2015)

感覚的指向
Sensory orientation
(Bahan, 2015)

手話は固有のマイノリティ言語である
Sign Language is a
distinct minority language
(Stokoe, 1960)

オーディズム
Audism
(Humphries, 1975)

ろう文化の植民地化
Deaf culture is colonized culture
(Ladd, 2003)

文化言語モデル
Model of culture and ethnicity
(Lane, 2005)

医学モデル と 文化言語モデル

障害を捉えるモデル

	医学モデル	社会モデル	言語・文化モデル
障害とは	異常・疾病	個性	なし
社会適応の手段	治療・リハビリ	社会側の改善	手話・文化
社会保障の課題	福祉・保障	人権問題	ろう者としての生き方の保障
	国際生活機能分類（ICF）普遍的・統合的・相互作用モデル		ろう者学

障害学

- ディスアビリティ（社会の障害）：社会が負担を負えば解決するような障害のこと
- インペアメント（個人の障害）：社会が負担を負っても解決しない障害、あるいは障害からディスアビリティを差し引いた残りがインペアメント
- 「障害、障害者を社会、文化の視点から考え直し、従来の医療、リハビリテーション、社会福祉、特殊教育といった「枠」から障害、障害者を解放する試みである」

障害と聞こえないこと（社会モデル）

- 熊谷晋一郎さん（脳性麻痺の小児科医師）
  - 自立は、依存先を増やすこと、希望は絶望を分かち合うこと
    - 「依存先が限られてしまっている人たち」のこと。健常者は何にも頼らずに自立していて、障害者はいろいろなものに頼らないと生きていけない人だと勘違いされている。けれども真実は逆で、健常者はさまざまなものに依存できていて、障害者は限られたものにしか依存できていない。依存先を増やして、一つひとつへの依存度を淺くすると、何にも依存してないかのように錯覚できます。"健常者である"というのはまさにそういうことなのです。世の中のほとんどのものが健常者向けにデザインされていて、その便利さに依存していることを忘れているわけです。」
    - TOKYO人権　第56号より

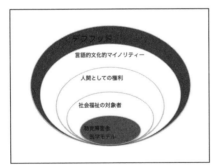

社会構成主義と
ろう者の関する言説

- Lane(1992)
  - 「ろう（者）」の社会的リアリティーは、「障害者」と「言語的マイノリティー」という2つの言説（ディスコース）がある。

Higgins(1987)

- ろう者に関する社会的リアリティーについて「ろう者の社会的リアリティーとは、ろう者とろう者に出会う人々が与えるろう者への反応を通して構築される。また、その人々とは、聴者だけではなく、ろう者の場合もある。」とし、ろう者の社会問題が様々なディスコース空間の中で構築されてきた問題であることを示唆している。

障害と聞こえないこと（社会モデル）

- 熊谷晋一郎さん（脳性麻痺の小児科医師）
  - 自立は、依存先を増やすこと、希望は絶望を分かち合うこと
    - 「依存先が限られてしまっている人たち」のこと。健常者は何にも頼らずに自立していて、障害者はいろいろなものに頼らないと生きていけない人だと勘違いされている。けれども真実は逆で、健常者はさまざまなものに依存できていて、障害者は限られたものにしか依存できていない。依存先を増やして、一つひとつへの依存度を浅くすると、何にも依存してないかのように錯覚できます。"健常者である"というのはまさにそういうことなのです。世の中のほとんどのものが健常者向けにデザインされていて、その便利さに依存していることを忘れているわけです。」

TOKYO人権　第56号より

ろう者の経験と当事者性

- National Association of the Deaf（1982）
  「ろう者自身がどんな方法がもっとも良いものであるかを
  　自身の経験から知っており、
  　その方法は常に積極的に採用されるべきである」

- つまり、従来では
  「ろう者のやり方（the deaf way）」や
  「ろう者の世界（the deaf world）」と言われていたのが、
  現在は「ろう文化（Deaf culture）」として
  知られている（Padden 1996）

ろうコミュニティが受けている抑圧
（Woodward 2003）

- ろう者が他のマイノリティーと異なる点は

① 医学・病理学的に捉えられるため「劣った者」としての観点をもたれる

② ろうの両親の家庭に生まれてくるろう児は10%以下であるため、ほとんどのろう児は異なる文化集団に帰属する

③ ろうコミュニティが、マジョリティの言語による2重の言語的抑圧を受ける

ろう文化
と
ろうコミュニティ

文化における５つの特質

(Holcomb, 2015)

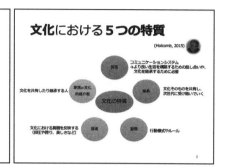

デフコミュニティへの４つの経路

ろうコミュニティ vs ろう文化

・ろうコミュニティとろう文化はしばしば混同して使われる
　　　　　　　　　　　　　　　　　　　　　(Bechter, 2008)

・**コミュニティ**：その地域に住む人の中で形成されるグループ
　　ろうコミュニティの場合は地域の縛りはなく、
　　同じ価値観や目標を有する人同士で形成される(Padden, 1989)

・**文化**：そのコミュニティのメンバーの中で共有し、
　　　　継承される信念や価値観、生活様式、習慣(Batas and Plog, 1990)
　　ろう文化は自分たちの暮らしを高めるのを助けてくれる (Holcomb, 2015)

オーディズム

オーディズム（Audism:聴能至上主義）
ハンフリーズ 1977

- 聞こえること、また聞こえに起因する言動などが優れていると考える概念
  - ろう者や難聴者に対する偏見
  - 聞こえる文化にたった視点による差別
  - ろう者の能力を低く見る見方

主な定義

- 個人の能力は、聴力と聴者の行動に基づいて判断されるという考え。(Humpheries 1975)
- "聞こえる"ことの支配、再構築、そして訓練をデフコミュニティのなかに権威づけようとする。(Lane 1992)
- 聞こえる力、能力が優先、優越される社会。(Adapted from wellman)
- 音声中心に適応させようとする、言い換えるならば、言語とは人間の象徴、話すものであり、すなわち、音声言語を持たないろうは人間でなく問題視される。(Bruggemann 1999 and Bahan and Bauman 2000)

手話・ろう文化
マイノリティー（少数者）

ろう者差別（オーディズム）

同じではない！

障害者差別

音声言語・聴文化
マジョリティー（多数者）

オーディズムと社会正義

- オーディズム（Audism）／聴能至上主義
  - 聞こえること、また聞こえに起因する言動などが優れていると考える差別概念（Humphries 1977）

社会正義（Social Justice）の観点からもソーシャルワークや対人援助専門職が取り組むべき課題

ろうコミュニティ
文化資本

Yosso 2005: Community Cultural Wealth

・文化的資源・資本
・人種的マイノリティの文化的資源の位置付けをCritical Race Theory(批判的人種理論：CRT)の視点から論じた
  ・「有色人種コミュニティは、6つの「文化的財産／富」＝新たな「文化資本」を持っているという。いずれも従来の文化資本理論や価値観においては、「資本」として見なされにくかったもの。」

2018/12/9   ©Kota Takayama   2

Deaf Community Cultural Wealth

Deaf Community Cultural Wealth

あとがき

　私がこの世に生を受けて40年，そして，聴覚障害者として生きて37年．3歳時に，身体障害者手帳3級に該当する聴覚障害により，突然，聞こえる家族とともに聞こえない世界に突き落とされ，17歳まで手話やろう者の世界を知らない難聴者として生きてきた．17歳のある時期，手話に出会い，ろうの先輩にろう文化の面白さ，ろう者の生活の現実を教えてもらい，ろうコミュニティというもう一つの世界を知った．その後，米国のギャローデット大学大学院での留学生活を通して，文化言語的ろう者として生きると決意してから，14年が経つ．この中で常に私の人生の核心にあったのは「まえがき」で記したように，ろう・難聴者を取り巻く社会状況や不全感であり，それらを解決したいという一人のろう者としての正義感であった．そして，ろう者のやり方や視点を取り入れたソーシャルワークのあり方が必要であるという問題意識が本書の出発点となった．なぜ，人々の福利や社会正義を追求するソーシャルワーク実践が，ろう・難聴者に対する抑圧に加担しているのだろうかと，その違和感を違和感のままで放置するのではなく，その仕組みや政治的イデオロギーについて追求することが必要だと思い，学問の世界の扉を叩いた．ろう者の世界での当たり前は特殊なようでいて，実は特殊ではないのである．実際には，ソーシャルワーク実践がその当たり前を取り入れるための受け皿ができていないだけなのである．それでも，ろう者の世界では長い間，その文脈が受け継がれてきており，決して特別なことではないエピソードがたくさんあり，それらは社会という時間軸の中で流れているのである．医学モデルに基づいた抑圧の歴史を繰り返さないためにも，ソーシャルワーカーや専門職がろう者の間で受け継がれている経験やエピソード，また聴こえに基づいた抑圧の構造を知り，新たな社会正義に向けて省察を試みるきっかけとなれば幸いである．ろう文化ソーシャルワークという用語そのものは，決して特

別であるべきではないし，むしろその他の領域でのソーシャルワーク実践に貢献しうるものであるべきだろう．まだまだ解決しなければならない物事が多く残っているが，まずは本書について読者や関係者の皆様から忌憚のないご意見をいただきながら，研究を発展させていきたいと考えている．

　最後になってしまったが，この本を書くにあたっては，本当に多くの方のお世話になった．本書は，私の問題意識を土台として，ろう者に寄与しうるソーシャルワークやその教育カリキュラムのあり方について博士論文としてまとめたものである．私に問題意識を持たせてくれたろう者の方々，ろう者の精神保健に関わる道を教えてくださった故・野澤克哉氏の支えなしには，今の私はいなかっただろう．そして，日本社会事業大学大学院社会福祉研究科の斉藤くるみ先生，植村英晴先生に辛抱強く博士論文を指導していただいた．ろう当事者として，「ソーシャルワーク教育に切り込むことには意味がある」と支えていただいたことの安心感を，私はいつまでも大切にしたい．これは，ろう者学の研究者である Dr. Paddy Ladd がろう者の問題を捉え直す時には，安心感を持って議論できるスペースが学問の発展には必要だという指摘しているように，次世代のろう者と協働する上で，安心感のあるスペースというのは欠かせない．この安心して学問を営むことができた経験は，私の研究者人生の礎となった．

　また，研究者人生を歩み始めた頃，奥野英子先生や森壮也先生，大杉豊先生から大きな刺激を受けた．研究している分野は異なっていても，ろう者に貢献しうる学問を追求する姿勢について，先生方の背中から多くのことを学んだ．

　そして，本書の出版にあたっては，生活書院の高橋淳さんには，出版の相談からかなり無理を通して，本書の出版を引き受けていただいた．生活書院の「『生きることが活きる』ための出版を目指すということ…中略…そして，『生活者』にきちんと届き，読まれる，言葉を変えていうなら，当事者から無縁ではない実践的な知を，形にしていく」という理念に感動して，生活書院からの出版しか考えていなかった私の願いを心よく引き受

け，それを実現し，編集作業まで携わってくださったことに感謝してもし
きれない．

　最後に，この本ができあがるまで，陰日向なく支えてくれた妻の皆川愛
や家族に感謝したい．あらめて，手話で「ありがとう」．

2022 年 4 月

高山亨太

本書のテキストデータを提供いたします

　本書をご購入いただいた方のうち、視覚障害、肢体不自由などの理由で書字へのアクセスが困難な方に本書のテキストデータを提供いたします。希望される方は、以下の方法にしたがってお申し込みください。

◎データの提供形式＝CD-R、メールによるファイル添付（メールアドレスをお知らせください）。

◎データの提供形式・お名前・ご住所を明記した用紙、返信用封筒、下の引換券（コピー不可）および200円切手（メールによるファイル添付をご希望の場合不要）を同封のうえ弊社までお送りください。

●本書内容の複製は点訳・音訳データなど視覚障害の方のための利用に限り認めます。内容の改変や流用、転載、その他営利を目的とした利用はお断りします。

◎あて先
〒160-0008
東京都新宿区四谷三栄町6-5 木原ビル303
生活書院編集部　テキストデータ係

【引換券】

ろう者学と
ソーシャルワーク教育

【著者略歴】

高山亨太
（たかやま・こうた）

　神奈川出身のろう者。現職は、ギャローデット大学大学院ソーシャルワーク研究科准教授兼研究科長。精神保健福祉士、社会福祉士。筑波大学大学院博士後期課程満期単位取得退学、ギャローデット大学大学院修士課程修了（第2期日本財団留学奨学金事業奨学生）、日本社会事業大学大学院博士後期課程修了。博士（社会福祉学）、修士（心身障害学）、修士（ソーシャルワーク）。専門分野は、精神保健、ろう者学、障害学。

　ろう・難聴者の相談機関や米国での児童相談所での勤務経験を経て、帰国後、都立中央ろう学校や都立葛飾ろう学校にてスクールカウンセラーとして活躍。また、金町学園（ろうあ児施設）、東京都聴覚障害者生活支援センター、東京聴覚障害者自立支援センター、聴力障害者情報文化センターなどにてソーシャルワーカーとして勤務。その後、東海大学健康科学部社会福祉学科実習指導担当講師を経て、2014年よりギャローデット大学に助教として着任。2019年より現職。日本人ろう者としては、初めてのギャローデット大学で終身在職権（テニュア）を認められた教員である。

　主な著者に、
「ギャローデット大学における教育」奥野英子編『聴覚障害児・者支援の基本と実践』（2008年、中央法規出版：83-90）
「社会福祉分野で働く聴覚障害者の現状と課題」奥野英子編『聴覚障害児・者支援の基本と実践』（2008年、中央法規出版：141-144）
「ろう・難聴当事者ソーシャルワーカーの養成──その歴史と課題」斉藤くるみ編『手話による教養大学の挑戦──ろう者が教え、ろう者が学ぶ』（2017年、ミネルヴァ書房：172-209）など

ろう者学とソーシャルワーク教育

発　行━━━ 2022 年 4 月 25 日　初版第 1 刷発行
著　者━━━ 高山亨太
発行者━━━ 高橋　淳
発行所━━━ 株式会社　生活書院
　　　　　　〒 160-0008
　　　　　　東京都新宿区四谷三栄町 6-5 木原ビル 303
　　　　　　Ｔ Ｅ Ｌ 03-3226-1203
　　　　　　Ｆ Ａ Ｘ 03-3226-1204
　　　　　　振替 00170-0-649766
　　　　　　http://www.seikatsushoin.com
印刷・製本━━ 株式会社シナノ

Printed in Japan
2022 © Takayama Kota
ISBN 978-4-86500-140-2

手話の社会学──教育現場への手話導入における当事者性をめぐって

金澤貴之著 　　　　　　　　　　　　　　　A5 判並製　392 頁　本体 2800 円

聾者が聾者であるために、聾コミュニティが聾コミュニティとして存続し続けるために、手話
が獲得できる教育環境が聾者にとって不可欠なのだ。「聾者が聾者であること」の生命線とも言
える、教育現場における手話の導入をめぐる意思決定のパワーポリティクスに焦点をあて、聾
者にとっての手話の存否に関わる本質的問題に迫る。

日本手話とろう文化──ろう者はストレンジャー

木村晴美著 　　　　　　　　　　　　　　　A5 判並製　296 頁　本体 1800 円

「容貌は日本人。だけど、ちょっと違う。そう、日本にいるろう者は、日本手話を話し、ろう文
化を持つストレンジャー」と高らかに宣言する著者が、なぜ日本語と日本手話は全く違う言語な
のか、なぜ日本語対応手話じゃだめなのか、なぜろうの子どもたちに日本手話での教育を保障し
てと訴えているのかなどなどを、ときにはユーモアを交えときには怒りをこめて語りかける。

日本手話と日本語対応手話（手指日本語）──間にある「深い谷」

木村晴美著 　　　　　　　　　　　　　　　A5 判並製　162 頁　本体 1500 円

似て非なる日本手話と日本語対応手話 (手指日本語)。そもそも手話とそうでないものを並べる
ことのおかしさを明かす。解説編の第 1 部と、著者自身の写真表現を使用した豊富な例文でそ
の違いを明らかにする実例編の第 2 部で構成された、手話話者、手話を学ぶ人、言語に関心を
もつすべての人の必読書。

障害のある先生たち──「障害」と「教員」が交錯する場所で

羽田野真帆、照山絢子、松波めぐみ編著 　　　A5 判並製　264 頁　本体 2500 円

見えにくい存在である「障害のある先生」について知るためのきっかけとなること、「障害のあ
る先生」について知りたいと思ったときに、最初に手にとってもらえる本であること、そして、「障
害のある先生」についてのイメージや語られ方を解きほぐすこと。「障害のある先生」を多様性
に拓く中から「教員という職業」そのものもとらえ返す！

日本手話とろう教育──日本語能力主義をこえて

クァク・ジョンナン著 　　　　　　　　　　　A5 判並製　192 頁　本体 2500 円

ろう文化宣言から龍の子学園、そして明晴学園へ。日本手話と日本語の読み書きによるバイリ
ンガルろう教育の展開をその前史から現在まで詳述。言語権を議論の軸にすえ、日本手話によ
るろう教育を一つの選択肢としてひろげることだけでなく、多言語社会日本のありかた自体を
問い直すことを目指した必読の書。